ポケット判

実用
四字熟語
新辞典

高橋書店編集部 編

高橋書店

はじめに

昔から日本人が日常的に使ってきた四字熟語は、慣用句として引用され、成句や格言、中国の故事来歴を背景にしたものが多いことで知られています。しかし、新聞に目を通すと「規制緩和」「最後通牒」など、故事成語ではない近代に生まれたこれらの語も適言として用いられ、またそれを見聞きしない日はありません。

そこで本書は、成句や故事来歴に基づく四字熟語を主に、「現代社会や日常生活から生み出され、一般に定着・浸透し、使用頻度の高い四字熟語」も収録しました。

見出し語はいたずらに増やすことなく精選し、五十音順に配列した各語には、簡潔な解釈と、適切さを重視した用例を掲載。巻末には「テーマ別」「五十音順」の二種類の索引と、手紙やスピーチに使える実用例文も付録としてまとめています。

実用性に富み、携帯にも便利な本書を、日常生活のあらゆる場面でご利用いただくことを願っております。

高橋書店編集部

凡例

◆項目

日常生活でよく使われる四字熟語を945語に精選し、類義語・対義語を含めた総数1911語を収録した。

◆配列

原則として四字熟語の読みの五十音順に配列し、同音の語は漢字の画数の少ない順とした。ページ上段左右端の見出し語は、左側は最初の見出し語、右側は最後の見出し語の読みで、それぞれの語の音の上から三文字を示した。

◆索引

熟語の意味から検索できる＜テーマ別索引＞、五十音順から検索できる＜収録語総合索引＞を設けた。

本文に用いた記号一覧

(解説) 誤記・誤読・誤用・書き換え・読み換え、また、語の入れ換え、読み下しの語、故事来歴など幅広く掲載した。

(用例) 使い方の参考として、それぞれ1〜3例ずつ例示した。

(出典) 典拠となった書名などを示した。なお作品名の長いものについては単に詩としたものもある。

(類義) 見出し語と同義・類義の代表的な語句を示した。

(対義) 見出し語と対義・反意の代表的な語句を示した。

合縁奇縁《あいえんきえん》

人と人との交わりは、縁という不思議な力によるものであるということ。縁は異なもの。

(解説)人間関係全般にいうが、とくに男女の間柄について使うことが多い。「合縁」は「相縁」「愛縁」、「奇縁」は「機縁」とも書く。

(用例)＊よく**合縁奇縁**と申しますが、新郎新婦はきっと生まれたときから赤い糸で結ばれていたのでしょう。
＊きみと酌み交わすのもまさしく**合縁奇縁**だ。

相碁井目《あいごせいもく》

何事にも実力の違いはあるということ。

(解説)人にはおのずと力の差があることを、囲碁の勝負にたとえていったもの。「相碁」は実力の差がない者どうしが打つ碁。「相棋」とも書く。「井目」は弱いほうがハンデをもらい、碁盤上にあらかじめ石を9個置いて対戦すること。「正目」と書くのは誤り。

(用例)＊経験年数ではこちらが上なのに**相碁井目**で、弟にはテニスの勝負で一度も勝ったことがない。

愛別離苦《あいべつりく》

(対義) 怨憎会苦《おんぞうえく》

愛する者と別れる苦しみ。親子や夫婦など、親しい者どうしの生別、死別の悲しみやつらさ。

(解説)仏教でいう「八苦」の一つ(「四苦八苦《しくはっく》」参照)。「苦」とは「思いのままにならないこと(不如意)」をさす。語の構成は「愛別離」＋「苦」。

(用例)＊人間、**愛別離苦**は避けられないとはいえ、母の死を目《ま》のあたりにするのはつらいものだ。
＊愛し合う二人でも**愛別離苦**からは逃れられない。

あ

曖昧模糊《あいまいもこ》

(類義) 五里霧中《ごりむちゅう》・朦朧模糊《もうろうもこ》
(対義) 一目瞭然《いちもくりょうぜん》・明明白白《めいめいはくはく》

本質がはっきりせず不確かなさま。ぼんやりしていて紛らわしいこと。また、その状態。

(解説)「曖昧」も「模糊」も不明瞭なさま。「模糊」は「糢糊」とも書く。

(用例) *最近の**曖昧模糊**の政策は、我々庶民にはさっぱりわからない。
*自分が**曖昧模糊**とした知識しか持っていない事柄に対しては、軽々しく口にすべきでない。

青息吐息《あおいきといき》

非常に困難なときや、悲しいときに発するため息。また、そのため息をつく状態。

(解説)「青息」は、苦しんだり悩んだりしているときに堪えかねてもらす息。「吐息」はため息のこと。同類の熟語を重ねて、意味を強め、語調をととのえている。

(用例) *荷が重い仕事を任され毎日、**青息吐息**だ。
*長引く不況の影響は深刻で、**青息吐息**の中小企業が絶えない。

悪因悪果《あくいんあっか》

(類義) 因果応報《いんがおうほう》・自業自得《じごうじとく》
(対義) 善因善果《ぜんいんぜんか》

悪い行いには、必ず悪い報いや結果が伴うものだということ。悪いことをしたら必ず悪い結果につながるのだから、行いを慎めという教え。

(解説)「悪因」は悪い原因、「悪果」は悪い結果。

(用例) *そんなふうにいつまでものらくらしていると、今に**悪因悪果**で自分が苦しむことになるぞ。
*こうして自分がひどい目に遭って、**悪因悪果**ということを身をもって知りました。

悪逆無道《あくぎゃくむどう》

(類義) 悪逆非道《あくぎゃくひどう》・極悪非道《ごくあくひどう》
大逆無道《たいぎゃくむどう》・暴虐非道《ぼうぎゃくひどう》

人の道に背いたはなはだしい悪事。また、そのようなひどい悪事を行うこと。

(解説)「悪逆」とは十悪の一つで、父母や主君を殺すような大罪。「無道」は人の道に外れること。「ぶどう」「ぶとう」とも読む。「悪逆無道の輩《やから》」などと使う。

(用例) ＊あの**悪逆無道**な振る舞いにはもう我慢できない。
＊たとえ**悪逆無道**と非難されようとも、この難局を乗り越えるためにはその方策しかないだろう。

悪事千里《あくじせんり》

悪い行いや評判は、隠していてもすぐに世間に知れ渡ってしまう。悪いうわさほど広まりやすいということ。

(解説) 成語の「好事門を出《い》でず、悪事千里を行く」から。たんに「悪事千里を走る(伝わる)」などとも使う。

(用例) ＊たった一人でも、客に不愉快な思いをさせると、**悪事千里**でたちまち店の評判が下がってしまう。
＊**悪事千里**を走る、もはや信用が失墜した。

(出典)「北夢瑣言《ほくぼうさげん》」

悪戦苦闘《あくせんくとう》

(類義) 苦心惨憺《くしんさんたん》・千辛万苦《せんしんばんく》

非常に困難な状況で必死に、努力したり闘ったりすること。死に物狂いで不利な状況に立ち向かうさま。

(解説)「悪戦」は不利な戦況で戦うこと。「苦闘」は苦しみながら闘うこと。苦戦。

(用例) ＊同業他社がひしめく中、先代社長は**悪戦苦闘**の末に自社を再建させた。
＊強豪を相手に**悪戦苦闘**して、ようやく決勝戦までこぎ着けた。

握髪吐哺《あくはつとほ》

(類義) 一饋十起《いっきじっき》・吐哺捉髪《とほそくはつ》

優れた人材を求めるのに熱心なこと。才能のある人物を確保しようと躍起になること。

(解説) 中国の周公旦《しゅうこうたん》は、来客があると入浴中なら洗いかけの髪を握り(握髪)、食事中なら口の中の食べ物を吐き出し(吐哺)て、すぐに出迎えたという故事から。「吐哺握髪」ともいう。

(用例) ＊人材採用のポイントは、**握髪吐哺**の精神だ。

(出典)「韓詩外伝《かんしがいでん》」

悪木盗泉《あくぼくとうせん》

(類義) 瓜田李下《かでんりか》

どれほど困窮しても、けっして悪事を働いてはならないという戒め。また、悪事に近づいて人に疑われるようなことをしてはいけないということ。

(解説) 質の悪い木の陰で休んだり、悪泉の水を飲んだりするだけでもその身が汚れるということから。

(用例) ＊公務についている者は人一倍、**悪木盗泉**の戒めを念頭において行動すべきだろう。

(出典) 陸機《りくき》「猛虎行《もうここう》」

阿鼻叫喚《あびきょうかん》

(類義) 死屍累累《ししるいるい》

悲惨な状況での苦しみに泣き叫び、救いを求めるさま。きわめて悲惨でむごたらしいことのたとえ。

(解説)「阿鼻」「叫喚」は共に、仏教の八大地獄の一つ。「阿鼻地獄」は、もっとも苦しい責めを受け続ける無間《むけん》地獄。「叫喚地獄」は獄卒の責めに泣き叫ぶ地獄。

(用例) ＊事故現場は**阿鼻叫喚**のちまたと化していた。
＊私たちは、世界を二度と戦争という**阿鼻叫喚**の地獄にしてはなりません。

蛙《あ》鳴《めい》蟬《せん》噪《そう》

(類義) 蛙《あ》鳴《めい》雀《じゃく》噪《そう》・喧《けん》喧《けん》囂《ごう》囂《ごう》
春《しゅん》蛙《あ》秋《しゅう》蟬《ぜん》・驢《ろ》鳴《めい》犬《けん》吠《ばい》

やかましいばかりで実りのない議論や、内容の乏しい下手な文章のこと。むだが多くて中身が伴わないこと。

(解説) 蛙《かえる》や蟬《せみ》がやかましく鳴くことから、うるさいばかりでなんの役にもたたないこと。「蟬噪蛙鳴」ともいう。

(用例) ＊問題点の曖昧な会議では、**蛙鳴蟬噪**になる。
＊この論文は**蛙鳴蟬噪**で、文章をただ飾りたててあるだけで論旨が不明だ。

(出典) 蘇軾《そしょく》の詩

阿《あ》諛《ゆ》追《つい》従《しょう》

(類義) 阿《あ》諛《ゆ》曲《きょく》従《しょう》・曲《きょく》意《い》逢《ほう》迎《げい》
揣《し》摩《ま》迎《げい》合《ごう》・世《せ》辞《じ》追《つい》従《しょう》

相手に気に入られようと、お世辞を言ったりへつらったりすること。また、そのことば。

(解説) 「阿諛」「追従」は共に、相手におもねりへつらうこと。「追従」を「ついじゅう」と読むのは誤り。「阿諛追従の輩《やから》」などと使う。

(用例) ＊**阿諛追従**を好まない剛直な生き方に共感する。
＊上司に**阿諛追従**するだけではなく、時には自分の意見をはっきり言うことも必要だ。

暗《あん》雲《うん》低《てい》迷《めい》

(類義) 前《ぜん》途《と》多《た》難《なん》

暗く重苦しい雲が空に低く垂れこめていること。そこから、悪いことが起こりそうな不安な状態。先の困難が予想されること。

(解説) 「暗雲」は、今にも雨が降りだしそうな雲。

(用例) ＊不況で業界が**暗雲低迷**しているとはいえ、回復の兆しは見えている。
＊**暗雲低迷**の時期が続いていても、当社はつねに強気の策を打ちだしています。

安居楽業《あんきょらくぎょう》

(類義) 安家楽業《あんからくぎょう》・安土楽業《あんどらくぎょう》
(対義) 兵荒馬乱《へいこうばらん》

現状に満足して、自分の仕事を楽しんですること。

(解説) 善政が敷かれ、世の中が平和で人々が安心して暮らしていることから。「楽業」を「がくぎょう」「らくごう」と読むのは誤り。

(用例) ＊政治がよくなって、人々が**安居楽業**で暮らせるようになれば、世情もおのずと安定するものだ。
＊やっと**安居楽業**の生活を送れ、ほっとしました。

(出典)「漢書《かんじょ》」貨殖伝《かしょくでん》

安車蒲輪《あんしゃほりん》

(類義) 安車軟輪《あんしゃなんりん》

老人をいたわり、大切にすること。また、賢者を優遇し、懇ろにもてなすこと。

(解説)「安車」は、老人や女性が座って乗れるような小さな車。「蒲輪」は、蒲《がま》の穂で覆って振動を和らげ、乗り心地をよくした車輪。

(用例) ＊お年寄りには**安車蒲輪**を心がけて接している。
＊経済界の重鎮を**安車蒲輪**の待遇で顧問に迎えた。

(出典)「漢書《かんじょ》」申公伝《しんこうでん》

安心立命《あんじんりつめい》

(類義) 安心決定《あんじんけつじょう》

心を安んじて身を天命に任せること。利害に動じず、心を惑わされないこと。また、そのような心境。

(解説)「安心」は「あんしん」とも読み、「安身」とも書く。「立命」は天与を信じ、まっとうすること。「りゅうみょう」とも読む。「立命安心」ともいう。

(用例) ＊引退後は**安心立命**し、浩然《こうぜん》の気を養っている。
＊ 40 年間勤め上げた社を去るにあたり、今は**安心立命**の境地です。

安全神話《あんぜんしんわ》

確実な裏づけもないのに、絶対に安全であると信じられていること。

(解説)「神話」は、実体は不確かなのに長いあいだ人々によって絶対的と信じ込まれている事柄。「…の安全神話が崩れた」など、否定的に使うことが多い。

(用例)＊大震災によって原発の**安全神話**が崩れた。
＊開園以来続く乗り物の「無事故」は、もはや**安全神話**となって来園客のあいだで定着しています。

暗中模索《あんちゅうもさく》

(類義) 暗中模捉《あんちゅうもそく》・五里霧中《ごりむちゅう》
(対義) 明明白白《めいめいはくはく》

暗闇の中で手探りするように、手がかりや糸口などがつかめないままに、あれこれとやってみること。

(解説)「暗中」は「闇中」とも書く。「模」は「摸」の書き換え。

(用例)＊十分な資材も先例もないため、新製品開発は**暗中模索**の段階です。
＊どう生きるかと**暗中模索**した青春期が懐かしい。
＊打開策は**暗中模索**だ。

(出典)「隋唐嘉話《ずいとうかわ》」

安寧秩序《あんねいちつじょ》

世の中が平和で落ち着いていること。安全と秩序が保たれていて不安のないさま。

(解説)「安」「寧」は共に、安らかな状態をいう。「秩序」は物事の正しい順序。

(用例)＊どんなに平和な時代でも、**安寧秩序**を保つ努力を怠ってはならない。
＊犯罪都市の悪名高い当地に住んでみると、日本の**安寧秩序**がいかにありがたいかよくわかる。

唯唯諾諾《いいだくだく》

類義 百依百順《ひゃくいひゃくじゅん》・付和雷同《ふわらいどう》
対義 志操堅固《しそうけんご》

事の善悪を考えず、ひたすら相手の意見に従い、他人の言いなりになるさま。

解説「唯唯」は逆らわずに他人の意見に従うこと。「易易」と書くのは誤り。「諾諾」はうなずくこと。

用例 ＊**唯唯諾諾**としていては、よい仕事などできない。
＊親孝行もいいが、いつまでも**唯唯諾諾**たる息子では自立できないぞ。

出典「韓非子《かんぴし》」八姦《はちかん》

遺憾千万《いかんせんばん》

類義 残念無念《ざんねんむねん》・切歯扼腕《せっしやくわん》
千恨万悔《せんこんばんかい》・無念千万《むねんせんばん》

不本意で心残りなこと。物事が思いどおりにいかず、このうえなく残念に思うこと。

解説「遺憾」は、恨みを残したり残念に思ったりすること。「遺感」と書くのは誤り。

用例 ＊社内から犯罪者を出したことはまことに**遺憾千万**で、深くお詫《わ》び申し上げます。
＊しきりに**遺憾千万**と、繰り返し謝罪したが誠意は伝わってこなかった。

意気軒昂《いきけんこう》

類義 意気衝天《いきしょうてん》・意気揚揚《いきようよう》
対義 意気消沈《いきしょうちん》・意気阻喪《いきそそう》

意気込みがさかんであること。元気や勢力がよく威勢のよいさま。誇らしげで自信に満ちあふれているさま。

解説「意気」は元気があふれ出ること。「軒」も「昂」も高く上がること。

用例 ＊十数年ぶりに甲子園への出場権を得た母校の後輩球児たちは、**意気軒昂**として球場に赴いた。
＊祖父は精力的に郷土史の研究に取り組み、ますます**意気軒昂**である。

意《い》気《き》消《しょう》沈《ちん》

(類義) 意気阻喪《いきそそう》・垂頭喪気《すいとうそうき》
(対義) 意気軒昂《いきけんこう》・意気揚揚《いきようよう》

元気をなくしてしょげかえること。落ち込んで打ち沈むこと。また、その状態。

(解説)やる気をもって始めたことが失敗したときに使う。「消沈」は衰え沈むこと。「銷沈」とも書く。

(用例)＊努力の甲斐《かい》なく志望校には合格できず、**意気消沈**してしまった。
＊そのくらいのミスならよくあるさ、**意気消沈**するまでもない。

意《い》気《き》投《とう》合《ごう》

(類義) 意気相投《いきそうとう》・情意投合《じょういとうごう》
(対義) 不倶戴天《ふぐたいてん》

互いの意見や気持ちが一致すること。

(解説)「意気」は気概や気持ち。「投合」は二つのものが互いにぴったり合うこと。

(用例)＊**意気投合**した二人は、ついに結婚に至った。
＊初対面にもかかわらず**意気投合**し、交渉がとんとん拍子に進んだ。
＊仕事では犬猿の仲だが、酒席では釣りの話ですっかり**意気投合**だ。

意《い》気《き》揚《よう》揚《よう》

(類義) 意気軒昂《いきけんこう》・意気衝天《いきしょうてん》
(対義) 意気消沈《いきしょうちん》・意気阻喪《いきそそう》

得意そうで威勢がよく、いかにも誇らしげなさま。鬼の首を取ったよう。

(解説)「揚揚」は誇らしげなさま。「陽陽」と書くのは誤り。

(用例)＊あんまり**意気揚揚**に振る舞っていると、今に足をすくわれるよ。
＊商談をまとめて帰国した彼は、出迎えを受けた空港に**意気揚揚**とした足取りでやってきた。

(出典)「史記《しき》」晏嬰伝《あんえいでん》

異口同音《いくどうおん》

(類義) 異口同辞《いくどうじ》・異口同声《いくどうせい》
異人同辞《いじんどうじ》

皆が口をそろえて同じことを言うこと。また、大勢の人の意見が一致すること。

(解説)「異口」は多くの人の口の意。「異句」と書くのは誤り。「同音異口」ともいう。

(用例) ＊建設反対を**異口同音**に訴えた。
＊彼が今度のプロジェクトの責任者に適任であることを、出席者全員が**異口同音**に認めた。

(出典)「宋書《そうしょ》」庾炳之伝《ゆへいしでん》

意志薄弱《いしはくじゃく》

(類義) 薄志弱行《はくしじゃっこう》・優柔不断《ゆうじゅうふだん》

(対義) 意志堅固《いしけんご》・剛毅果断《ごうきかだん》

意志が弱くて決断力や忍耐力に欠けること。また、人の意見に流されやすく、決めたことをすぐに翻すこと。

(解説)「意志」を「意思」と書くのは誤り。

(用例) ＊**意志薄弱**で、最後までやり遂げたことは一つとしてない。
＊感情に溺れ、自分で決めたことさえ守れない**意志薄弱**さがなんとも情けない。
＊**意志薄弱**な姿勢では、目標に到達できない。

石部金吉《いしべきんきち》

(類義) 四角四面《しかくしめん》

石や金でできているかのように、堅物で、融通のきかない人。木仏《きぶつ》金仏《かなぶつ》石仏《いしぼとけ》。

(解説) ひどく生真面目で男女のことに疎い人を、人名めかしてからかったことば。さらに堅さを強調して「石部金吉金兜《かなかぶと》」などともいう。

(用例) ＊**石部金吉**よろしく、反対の一点張りだ。
＊規則規則と、そんな**石部金吉**のようなやり方ではなく、もっと柔軟に対処すべきだ。

医食同源《いしょくどうげん》

病気の予防には、まず日常の食生活に気を配ることが大切だということ。

(解説)「医食」は医薬と食事。薬と食べ物はもともと同じ源という意から。

(用例)＊中高年に多い生活習慣病は、**医食同源**に心がけて節制するだけでかなり緩和されます。
＊**医食同源**を実践している父は、80 歳を過ぎてもなおかくしゃくとしている。

以心伝心《いしんでんしん》

(類義) 教外別伝《きょうげべつでん》・拈華微笑《ねんげみしょう》
不立文字《ふりゅうもんじ》・維摩一黙《ゆいまいちもく》

わざわざ思ったことを口にしなくても、互いの心と心で通じ合うこと。

(解説)もとは仏教で、ことばにしにくい悟りの境地を心で伝えることをいった。「意心」と書くのは誤り。「以心伝心の仲」「以心伝心で知れる」などと使う。

(用例)＊結婚生活が 30 年目にもなると妻とは**以心伝心**で、通じ合うようになるから不思議ですね。

(出典)「禅源諸詮集都序《ぜんげんしょせんしゅうとじょ》」

異端邪説《いたんじゃせつ》

(類義) 異端異説《いたんいせつ》・異端邪宗《いたんじゃしゅう》

正統からはずれている意見や立場など。正統と認められない学説や、主流ではない少数派の主張。

(解説)「異端」は、社会やその時代で正統とされるものからはずれていること。「邪説異端」ともいう。

(用例)＊たとえ**異端邪説**と非難されようとも、この件に関しては自分の信念を曲げることはできない。
＊たんなる妄想とばかりに**異端邪説**を退けてしまうのは狭量にすぎる。

一《いち》意《い》専《せん》心《しん》

(類義) 一所懸命《いっしょけんめい》・一心不乱《いっしんふらん》
専心専意《せんしんせんい》・無我夢中《むがむちゅう》

脇目もふらず、一心に物事に集中すること。一つのことだけに心を砕くこと。

(解説)「専心」は「摶心」とも書く。「一意専心に努める」などと使う。「専心一意」ともいう。

(用例) ＊**一意専心**こそが最後までやり遂げる秘訣《ひけつ》だ。
＊病気も完治しましたので、これからは初心に返り、**一意専心**して職務に取り組みます。

(出典)「管子《かんし》」内業《ないぎょう》

一《いち》衣《い》帯《たい》水《すい》

(類義) 衣帯一江《いたいいっこう》

一本の帯のような狭い川や海峡のこと。また、それを境に隣り合っているような、極めて近い関係。

(解説)「衣帯」は「帯」、「水」は川や海の意。語の構成は「一」＋「衣帯」＋「水」。「一衣帯水の地」などと使う。

(用例) ＊関門海峡は難所で、本州と九州を隔てる**一衣帯水**として知られている。
＊経済の発展には**一衣帯水**の国との協力が必要だ。

(出典)「南史《なんし》」陳後主紀《ちんこうしゅき》

一《いち》言《げん》居《こ》士《じ》

何事にも必ず一言、口をはさまなければ気のすまないたちの人。

(解説)「一言」は「いちごん」とも読む。「居士」は、もとは在家で仏道を修行する男性のことをさす。また、男性の戒名の下につける号。「一言抉《こじ》る」からきたとの説もある。

(用例) ＊発言者が**一言居士**でも聞き流してはならない。
＊**一言居士**のせいか、皆に煙たがられている。

一期一会《いちごいちえ》

一生にただ一度きりであること。人との出会いは大切にすべきだという戒め。

(解説) 千利休《せんのりきゅう》の弟子、山上宗二《やまのうえそうじ》のことば。「一期」は仏教語で生まれてから死ぬまでのあいだ。どの茶会も、一生に一度と思って誠意を尽くすべきだということ。

(用例) ＊取材の仕事では、その人との出会いは**一期一会**と考えて、準備万端ととのえて臨むようにしなさい。

(出典) 「茶湯一会集《さとういちえしゅう》」

一言半句《いちごんはんく》

(類義) 一言片句《いちごんへんく》・片言隻句《へんげんせきく》
(対義) 千言万語《せんげんばんご》

ほんのわずかなことば。短い一言。

(解説) 「一言」「半句」は共に、ごくわずかなことば。「一言」は「いちげん」とも読む。「一言半句も…ない」などと、下に打ち消しのことばを伴って使うことが多い。

(用例) ＊貴重な特別講義だったので、**一言半句**も聞き逃すまいと懸命に聞き入りました。
＊講演を成功させる秘訣《ひけつ》は、**一言半句**もおろそかにせずに原稿を何度も練り直すことです。

一字千金《いちじせんきん》

(類義) 一言千金《いちげんせんきん》・一字百金《いちじひゃっきん》
一字連城《いちじれんじょう》

きわめて立派な文字や詩文。また、恩師の教えをたたえるときにもいう。

(解説) 一字が千金にも値するということから。「一字千金の重み」などと使う。

(用例) ＊これは長年探し求めていた**一字千金**の名作だ。
＊いくら有名な先生の書物だといっても、すべてが**一字千金**に値するわけではない。

(出典) 「史記《しき》」呂不韋伝《りょふいでん》

一日千秋《いちじつせんしゅう》

(類義) 一刻千秋《いっこくせんしゅう》

一日会わないと、ずいぶん長いあいだ会っていないように感じられること。待ち遠しくて、一日が千年にも感じられること。待ち焦がれることのたとえ。三秋の思い。

(解説)「一日三秋」からきたことば。「一日」は「いちにち」とも読む。「一日千秋の思い」などと使う。

(用例)＊この合格通知を**一日千秋**の思いで待っていた。
＊あなたにお会いしたこの日までの一年間は、**一日千秋**でした。

一汁一菜《いちじゅういっさい》

(類義) 節衣縮食《せついしゅくしょく》・粗衣粗食《そいそしょく》
(対義) 三汁七菜《さんじゅうしちさい》・食前方丈《しょくぜんほうじょう》

わずか一椀《わん》の汁物と一品のおかずだけの食事。転じて、質素で粗末な食事のたとえ。

(解説)「菜」はおかずのこと。修行僧や奉公人などは、このような食事が多かったといわれる。「一汁一菜の暮らし」などと使う。

(用例)＊毎日の散歩と**一汁一菜**の食生活が健康の秘訣《ひけつ》だ。
＊**一汁一菜**を続けていると、それ以上食べたいと思わなくなるうえに、感謝の気持ちさえ湧いてくる。

一樹百穫《いちじゅひゃっかく》

人材を育成することは、大きな利益をもたらすということ。また、大きな計画を成し遂げるには、人材を育てなければならない、ということのたとえ。

(解説)「一樹」は、一本の木を植えること。「百穫」は、百倍の収穫のこと。「百獲」と書くのは誤り。

(用例)＊当社は**一樹百穫**をモットーに、新人研修に力を入れています。

(出典)「管子《かんし》」権脩《けんしゅう》

一族郎党《いちぞくろうどう》

(類義) 一家眷族《いっかけんぞく》

血縁関係を持つ者と、その従者や家来。また、家族やその縁故者。あるいは、利益を共にする集団のたとえ。

(解説)「郎党」は「郎等」とも書き、「ろうとう」とも読む。もとは主君と血縁関係にない家臣を区別していった。「一族郎党を引き連れる」などと使う。

(用例)＊**一族郎党**が一堂に会する。
＊先祖から受け継いできた家業を私の代で廃業しては、**一族郎党**の面目が失われてしまいます。

一諾千金《いちだくせんきん》

(類義) 季布一諾《きふのいちだく》
(対義) 軽諾寡信《けいだくかしん》

いったん承諾したら確実にやり遂げること。転じて、信義に厚く約束をけっして破らないこと。また、その約束。

(解説)中国・楚《そ》の季布は信義に厚く、「黄金百斤(または千斤)よりも季布の一諾のほうが価値がある」といわれた故事から。「一諾」は、ひとたび承知すること。

(用例)＊調子のよい返事ばかりで**一諾千金**の重みを知らない者に、この仕事を任せるわけにはいかない。

(出典)「史記《しき》」季布伝《きふでん》

一念発起《いちねんほっき》

(類義) 一念発心《いちねんほっしん》・一心発起《いっしんほっき》
感奮興起《かんぷんこうき》・緊褌一番《きんこんいちばん》

それまでの考えを改め、ある目標に向かって熱心に取り組むこと。

(解説)「一念」はひたすら思い込むこと。もとは仏教語で、仏道に入り悟りを開こうと決意することから。「発起」を「はっき」と読むのは誤り。

(用例)＊3年の空白はあるが**一念発起**して大学院に入り、もう一度研究を続けることにした。
＊結婚を機に、**一念発起**で禁煙した。

一罰百戒《いちばつひゃっかい》

見せしめのため、最初の一人を厳しく罰すること。一人を罰して、ほかの多くの人々が同じ罪を犯さないよう戒めとすること。

(解説)一つの罰で百人の戒めにすることから。

(用例)＊犯罪は予防が肝心ですから、小さなことでも**一罰百戒**を念頭に置いて対処してください。
＊最初に不正に手を染めた者を厳しく処分することで、**一罰百戒**の効果があった。

一部始終《いちぶしじゅう》

(類義)一伍一什《いちごいちじゅう》

物事の始めから終わりまで。こまごまとしたいきさつのすべて。事のなりゆき。

(解説)もとは、一部(一冊)の書物の始めから終わりまでのことをさした。

(用例)＊新郎新婦が結婚に至るまでの**一部始終**を、私から皆さんにお話しいたします。
＊事件の**一部始終**を明らかにするためには、どうしてもあなたの協力が必要なのです。

一望千里《いちぼうせんり》

(類義)一望千頃《いちぼうせんけい》・一望無垠《いちぼうむぎん》
眺望絶佳《ちょうぼうぜっか》・天涯一望《てんがいいちぼう》

一目ではるかかなたまで見渡せるほど見晴らしがよいこと。また、そこから見える美しい景色。

(解説)一里は約 3.9 キロメートル。「一望千里の眺め」などと使う。

(用例)＊山頂で**一望千里**を眺めるように、仕事でも全体を見渡しながらやってみることだ。
＊**一望千里**の名所で広げる弁当の味は格別で、満腹感と共に眼福も得られます。

一枚看板《いちまいかんばん》

一座の代表的な役者。転じて、大勢の中の中心人物。

(解説) 歌舞伎で、出し物の演目やおもな役者の名前を一枚の看板に書いて掲げたことからできたことば。一枚の看板に名前がのる役者ほどの主要な人物、また「一着しかない衣服」の意味もある。

(用例) ＊わが校野球部の**一枚看板**は四番を打つ一年生だ。
＊壇上の**一枚看板**の演技に目を奪われた。
＊盛装は無理です。この服装が**一枚看板**なので。

一網打尽《いちもうだじん》

(類義) 一網無遺《いちもうむい》

多くの悪人や敵対する者たちをひとまとめにしてとらえること。

(解説)「一網」は一つの網。「打尽」はとり尽くすこと。網を一度打っただけで、多くの魚をとり尽くすことから。「犯人を一網打尽にする」などと使う。

(用例) ＊犯人一味の逮捕は**一網打尽**とはいかないらしい。
＊悪質な窃盗団を**一網打尽**にする。

(出典)「宋史《そうし》」范純仁伝《はんじゅんじんでん》

一目瞭然《いちもくりょうぜん》

(類義) 一目即了《いちもくそくりょう》・明明白白《めいめいはくはく》
(対義) 曖昧模糊《あいまいもこ》・五里霧中《ごりむちゅう》

一目見ただけで、はっきり了解すること。ぱっと見ただけでも様子が明らかにわかること。

(解説)「瞭然」は「了然」とも書く。

(用例) ＊どんなに精巧につくられていても、専門家が鑑定すれば真偽など**一目瞭然**だ。
＊部屋の住人がどんな性格か、あの散らかった机を見れば**一目瞭然**だ。

(出典)「朱子語類《しゅしごるい》」

一陽来復《いちようらいふく》

厳しい冬が終わって、暖かい春がめぐってくること。悪いことが続いたあとに、よいことが起こること。

(解説) もと易《えき》の語で、「復」は陰暦11月、または冬至をさす。「一陽」は初春の気配。縁起をかつぐ意味で「来福」と書くこともあるが、本来は誤り。

(用例) ＊つらくても**一陽来復**を信じて努め励みましょう。
＊経済が活性化し、景気も**一陽来復**の兆しだ。

(出典)「易経《えききょう》」復《ふく》

一粒万倍《いちりゅうまんばい》

わずかなものから多くの利益を得ることから、ささいなものでも軽んじてはいけないという戒め。「稲」の異名。

(解説) 一粒の種から一万倍もの収穫があるということから。小さな善行が実を結んでよいことが起こることにもいう。

(用例) ＊小さな仕事でも、地道にこつこつやれば**一粒万倍**で、利益をもたらしてくれます。

(出典)「報恩経《ほうおんきょう》」

一蓮托生《いちれんたくしょう》

事のよしあしにかかわらず、仲間と行動や命運を共にすること。おもに悪い結末を予想したときに使う。

(解説) もとは、善行を積んだ者どうしは、死後、極楽浄土で同じ蓮《はす》の上に生まれ変わるという仏教の教えから。「一蓮」は一つの蓮の花で、「一連」と書くのは誤り。「托生」は命を託す意で、「託生」とも書く。

(用例) ＊こうなったら**一蓮托生**、死なばもろともだ。
＊**一蓮托生**の共同事業だから倒産の損失も同等さ。

一路平安《いちろへいあん》

類義 一路順風《いちろじゅんぷう》

旅立つ人に対し「どうぞご無事で」と、道中の安全を祈って言うことば。

解説「一路」を「いちじ」と読むのは誤り。「一路平安なれ」などと使う。船旅のはなむけは「一路順風」という。

用例 ＊お二人の結婚生活が**一路平安**でありますことをお祈り申し上げます。

＊鉄道事故に遭い、**一路平安**どころじゃなかった。

出典「紅楼夢《こうろうむ》」

一攫千金《いっかくせんきん》

類義 一攫万金《いっかくばんきん》

一度に大金を手に入れること。たいした苦労もなく巨万の富を得ること。濡《ぬ》れ手で粟《あわ》。

解説「一攫」はひとつかみ。「一獲」と書くのは、本来は誤り。「一攫千金を狙う」などと使う。

用例 ＊元手が不要で**一攫千金**の丸もうけだなんて、うまい話には裏があるはずだ。

＊若い頃、**一攫千金**を夢みて渡米した祖父は、文字どおりアメリカンドリームを実現したのです。

一家団欒《いっかだんらん》

類義 親子団欒《おやこだんらん》・家族団欒《かぞくだんらん》

家族全員が集まり、むつまじく和やかに過ごすこと。

解説「団」はひとかたまりに集まること、「欒」はからみあうの意で、「団欒」は円居《まどい》のこと、親しい者が集まりうちとけるということ。「団欒する」という動詞的用法もあり、「一家で団欒する」ということ。

用例 ＊日曜日の夕飯は楽しい**一家団欒**の時間だ。

＊急な来客で、**一家団欒**に邪魔が入った。

＊孤独な主人公が**一家団欒**を回想して、哀泣した。

一《いっ》喜《き》一《いち》憂《ゆう》

(類義) 一喜一怒《いっきいちど》・一顰一笑《いっぴんいっしょう》

(対義) 順逆一視《じゅんぎゃくいっし》・泰然自若《たいぜんじじゃく》

状況のちょっとした変化に、いちいち喜んだり悲しんだりすること。喜びと悲しみが交互に訪れること。そこから、周囲の情勢に振り回されることにも使う。

(解説)「喜」はよろこぶこと。「憂」は心配すること。

(用例) ＊目先のテストの点数などに**一喜一憂**せずに、自分の将来をしっかり見据えて勉強しなさい。

＊テレビの開票速報が流れるたびに、後援会の誰もが**一喜一憂**する。

一《いっ》気《き》呵《か》成《せい》

(類義) 一瀉千里《いっしゃせんり》

物事を中断せず一度に仕上げること。特に、文章を一息に書きあげること。

(解説)「一気」は一息、一呼吸の意。「呵成」を「あせい」と読むのも「可成」と書くのも誤り。

(用例) ＊原稿はいつも、締め切り間際に書斎に籠もり**一気呵成**に書き上げる。

＊仕事は、集中して**一気呵成**にやってしまったほうが、あとあと楽になる。

一《いっ》騎《き》当《とう》千《せん》

(類義) 一人当千《いちにんとうせん》

人並みはずれたすばらしい能力や経験などをたたえることば。抜群に実力のある優れた人のたとえ。千人力。

(解説) もとは、一人の騎兵で千人を相手にできるほど強いという意から。「一騎当千の兵《つわもの》」などと使う。

(用例) ＊**一騎当千**の兵ばかりが集められたことから、このプロジェクトにかける社長の意気込みが伝わる。

＊仕事では**一騎当千**と評される新郎ですが、新婦には、やさしい夫になるでしょう。

一挙一動《いっきょいちどう》

(類義) 一言一行《いちげんいっこう》

手を挙げたり体を動かしたりする、ちょっとした動作。一つ一つの小さな動き。一挙手一投足。

(用例)「一」は「ちょっと」の意。「挙動」は、立ち居振る舞いのこと。

(用例) ＊今、ここにいる私たちの**一挙一動**が、世間の耳目を集めているということを忘れてはいけない。
＊売り場では、お客様に失礼のないよう、つねに**一挙一動**に注意してください。

一国一城《いっこくいちじょう》

ほかからの干渉・援助を受けずに独立していること。

(解説) 一つの国と一つの城の意で、それを領有していることから。「一国一城の主《あるじ》」などと使う。

(用例) ＊狭いけれど念願のマイホームを手に入れた。これで俺も晴れて**一国一城**の主だ。
＊今は会社勤めだが、いずれベストセラー作家として**一国一城**になる夢を持ち続けている。
＊この事務所が私の**一国一城**の活動拠点です。

一刻千金《いっこくせんきん》

短い一時が千金にも値するほどに貴重であること。楽しい時間や、よいときが過ぎ去りやすいのを惜しんでいうことば。時間を浪費することへの戒めにも使う。

(解説)「一刻」は、日本では約30分、中国では約15分のこと。「千金一刻」ともいう。

(用例) ＊きみと過ごす時間は、まさに**一刻千金**だ。
＊つねに**一刻千金**の思いで仕事に取り組みなさい。

(出典) 蘇軾《そしょく》の詩

一切合切《いっさいがっさい》

類義 森羅万象《しんらばんしょう》

なにもかも皆。残らずすべて。すっかり。

解説「一切」「合切」は共に「すべて」の意で、強調するために重ねている。「合切」は「合財」とも書く。

用例 ＊いつもごひいきにしていただいておりますので、**一切合切**含めてこのお値段でいかがでしょうか。
＊たとえ**一切合切**を失っても、若いのだから、いざとなればやり直せるさ。
＊**一切合切**、彼が悪いと決めつけなくてもいい。

一子相伝《いっしそうでん》

類義 一家相伝《いっかそうでん》・父子相伝《ふしそうでん》

学問や技芸などの奥義を、わが子のうちの一人だけに伝えて、ほかには秘密にしておくこと。秘伝を門外不出にして密《ひそ》かに伝えていくこと。

解説「相伝」は代々伝えていくこと。

用例 ＊**一子相伝**を守り抜くより、広く世間に知らせて役立ててもらうほうが、世の中のためになります。
＊なんでも機械がやってくれる時代だが、**一子相伝**のこの技法は大切に守らなければならない。

一視同仁《いっしどうじん》

類義 怨親平等《おんしんびょうどう》・公平無私《こうへいむし》

対義 依怙贔屓《えこひいき》

誰かれの区別なく、平等に遇すること。すべての人を分け隔てなく慈しみ、差別しないこと。

解説「仁」は思いやりや慈しみの心。「同仁」を「同人」と書くのは誤り。

用例 ＊私は教育者として、いつも**一視同仁**を心に刻んで子どもたちに接してきました。
＊お客様には、つねに**一視同仁**の精神で接している。

出典 韓愈《かんゆ》「原人《げんじん》」

一瀉千里《いっしゃせんり》

(類義) 一気呵成《いっきかせい》・一瀉百里《いっしゃひゃくり》

物事が非常に速くはかどること。文章や弁舌がうまく、よどみなくすらすらと流れること。

(解説)「瀉」は水が流れること。川の水はいったん流れだすと、たちまち千里もの距離を流れ下ることから。

(用例) ＊演説が**一瀉千里**で、こちらも引き込まれて、納得してしまう。

＊これほどの仕事でも、四人もいれば**一瀉千里**に片づくだろう。

一宿一飯《いっしゅくいっぱん》

親しくもないのに、一晩泊めてもらったり食事をいただいたりして、他人の世話になること。そんなすこしの恩も忘れてはならないとの戒め。一飯の恩。一飯の報い。

(解説) 昔、ばくち打ちには他人の世話になったことを一生の恩義とする風潮(仁義)があった。

(用例) ＊あの日の**一宿一飯**に深謝します。

＊ちょっとお手伝いしただけですから、**一宿一飯**の恩義だなんておおげさに考えないでください。

一唱三嘆《いっしょうさんたん》

(類義) 一読三嘆《いちどくさんたん》

優れた詩文に接して感動し、繰り返し何度も味わうこと。すばらしい詩や音楽をたたえることば。

(解説) 昔、先祖の御霊屋《みたまや》の祭りで、一人がうたえば、三人がそれに合わせてうたったことから。

(用例) ＊師範がうたい始めると**一唱三嘆**、皆が和した。

＊人々の心に残り、次の世代に読み継がれる文章こそ、**一唱三嘆**の名文といえるだろう。

(出典)「礼記《らいき》」楽記《がくき》

一笑千金《いっしょうせんきん》

(類義) 一顧傾城《いっこけいせい》・傾城傾国《けいせいけいこく》

美しい女性がほんのすこし笑うだけで千金の価値があるということ。また、それほどに美しい女性のこと。

(解説)「一笑」は微笑《ほほえ》むこと。「千金一笑」ともいう。

(用例) ＊新郎は初対面のときの、新婦の**一笑千金**の笑顔に、一目で心を奪われたそうです。

＊「銀幕の女王」と称されるだけあって、あの女優の**一笑千金**はひときわ目を引く。

(出典) 崔駰《さいいん》「七依《しちい》」

一触即発《いっしょくそくはつ》

(類義) 一髪千鈞《いっぱつせんきん》・危機一髪《ききいっぱつ》
剣抜弩張《けんばつどちょう》・刀光剣影《とうこうけんえい》

きわめて緊迫した情勢。ちょっと触れただけで爆発しそうな、非常に危険が差し迫っている状態。ささいなことを契機に重大な事態が生じかねない危険な状況。

(解説) おもに悪いことが起こりそうな場合に使う。

(用例) ＊派閥争いは、ついに**一触即発**かという危機的状態にまで発展した。

＊利害の対立する両大国の関係が悪化し、まさに**一触即発**の事態に陥った。

一所懸命《いっしょけんめい》

(類義) 一意専心《いちいせんしん》・一心不乱《いっしんふらん》
無我夢中《むがむちゅう》

命がけで取り組むこと。全力を尽くして物事に打ち込むさま。必死。一心。

(解説)「一生懸命」は、このことばから転じた。もとは、主君から賜った一所(一つの所領)を命がけで守り、生活の糧としたことから。

(用例) ＊社員が**一所懸命**働いた結果、今の繁栄がある。

＊どんな仕事でも**一所懸命**に取り組む姿に、心を打たれた。

一進一退《いっしんいったい》

進んだりあと戻りしたりする。病状や情勢などが、よくなったり悪くなったりを繰り返し、進展がないこと。

(解説)状況が変わらないことにいらだちや不安を感じるときに使う。

(用例)＊危機は脱しましたが、病状は**一進一退**といったところで、まだ予断を許しません。
＊長引く景気の低迷は**一進一退**の状勢で、未《いま》だ底が見えない。

一心同体《いっしんどうたい》

(類義)異体同心《いたいどうしん》・寸歩不離《すんぽふり》
相即不離《そうそくふり》・表裏一体《ひょうりいったい》

複数の人や物が一つであるかのように強く結びついていること。

(解説)「一心」を「一身」と書くのは誤り。仲むつまじい夫婦や、団結の強いペア・チームに対してよく使われる。

(用例)＊一家に次々と襲いかかった災難も、家族全員が**一心同体**になることでなんとか乗り越えてきた。
＊小人数でも、全員が**一心同体**となっているから、目標に向かって効率よく仕事ができる。

一心不乱《いっしんふらん》

(類義)衣帯不解《いたいふかい》・一意専心《いちいせんしん》
一所懸命《いっしょけんめい》・無我夢中《むがむちゅう》

一つのことに集中して、周囲に心を奪われたりしないこと。なにかに熱中して、ほかを顧みないさま。

(解説)「一心」はここでは一つの物事に集中した心のこと。「一心不乱に打ち込む」などと使う。

(用例)＊**一心不乱**に看病してくれたからこそ、死の淵《ふち》から抜けだすことができました。
＊今まで昼行灯《ひるあんどん》といわれていたのに、なにを思ったか急に**一心不乱**に仕事を始めた。

一世一代《いっせいちだい》

(類義) 一世一度《いっせいちど》
(対義) 日常茶飯《にちじょうさはん》

一生のうちでただ一度だけであること。

(解説)役者などが引退するときに、最後の舞台で得意の芸を披露して引き際を飾ったことから。ふだんとは異なる大きなことをするときに使う。「一世」は「いっせい」とも読む。

(用例)＊皆を説得するため**一世一代**の大芝居を打った。
＊今度の仕事は**一世一代**、最初で最後の大仕事のつもりでやらせてもらいました。

一石二鳥《いっせきにちょう》

(類義) 一挙両得《いっきょりょうとく》・一発双貫《いっぱつそうかん》
(対義) 一挙両失《いっきょりょうしつ》・一挙両損《いっきょりょうぞん》

一度の手間で二つの利益を得ることのたとえ。

(解説)一つの石を投げて、二羽の鳥を同時にとらえることから。利益が多いことをかけて「一石三鳥」などと使うこともある。幕末の漢学者が英語のことわざ(To kill two birds with one stone.)からつくった訳語。

(用例)＊散歩は健康にいいし、いろいろな発見もあるから**一石二鳥**ですよ。
＊欲張って**一石二鳥**を狙うと、ろくなことがない。

一殺多生《いっせつたしょう》

多くの人を生かすためには、一人を殺すのもしかたがないということ。大利のためには、小害を成すこともやむをえないということ。

(解説)「一殺」は「いっさつ」とも読む。「多生」は、「たせい」と読むのも「他生」と書くのも誤り。「一殺多生の理《ことわり》に任せる」などと使う。

(用例)＊**一殺多生**とはいえ彼一人を裁くのは忍びない。
＊社の一員を解雇するのは**一殺多生**でつらい。

一致団結《いっちだんけつ》

(類義) 群策群力《ぐんさくぐんりょく》・上下一心《しょうかいっしん》
同心協力《どうしんきょうりょく》・二人三脚《ににんさんきゃく》

多くの人が、同じ目的のために心を一つにしてまとまること。人々が力を合わせ、助け合って物事をいっしょに行うこと。

(用例) ＊彼らの横暴に対し、我々は**一致団結**して闘うので、ご協力をお願いします。
＊この不況を乗り越えるには、社員の**一致団結**にかかっている。
＊仲間との**一致団結**でどうにか苦境を乗りきれた。

一知半解《いっちはんかい》

(類義) 言者不知《げんしゃふち》・半知半解《はんちはんかい》

すこし知っているだけで、十分に理解し自分のものにしていないこと。知識が半端なこと。半可通。なまかじり。

(解説) 一つのことを知っていても半分しか理解していないということから。

(用例) ＊**一知半解**のまま説明すると、相手を混乱させる。
＊恥ずかしいのは無知ではなく、**一知半解**をまるで熟知しているかのように得意げに話すことだ。

(出典)「滄浪詩話《そうろうしわ》」詩弁《しべん》

一張一弛《いっちょういっし》

(類義) 緩急自在《かんきゅうじざい》

弓や琴などの弦を、強く張ったり緩めたりすること。ここから、人に対しては、時には厳格に、時には寛大にほどよく接するように、との戒め。飴《あめ》と鞭《むち》。

(解説) 相場が小さな変動を繰り返すことにもいう。「一弛一張」ともいう。

(用例) ＊優れた指導者は**一張一弛**の呼吸を会得している。
＊教壇に立つときは、つねに**一張一弛**を心がける。

(出典)「礼記《らいき》」雑記《ざっき》

一朝一夕《いっちょういっせき》

類義 一旦一夕《いったんいっせき》

非常に短い時間。ひと朝やひと晩のような、きわめてわずかな期間のたとえ。

解説「一朝一夕には…できない」などと、下に打ち消しのことばを伴って使うことが多い。「一夕」を「いちゆう」と読むのは誤り。

用例 ＊何十年も生きてきた偉人の足跡を、**一朝一夕**で描くのは難しいだろう。

出典「易経《えききょう》」坤《こん》

一長一短《いっちょういったん》

類義 一利一害《いちりいちがい》・一得一失《いっとくいっしつ》
尺短寸長《せきたんすんちょう》

人や物事に対しよい点もあれば悪い点もある、また、長所もあれば短所もあって完全ではないということ。

解説「一」は「あるいは～」の意。「長」は「長所」、「短」は「短所」のこと。「一短一長」ともいう。

用例 ＊どの型式にも**一長一短**があるから、まずは試乗して、いちばん運転しやすい車を買えばいい。
＊これらの企画はどれも**一長一短**で、これという決め手に欠ける。

一刀両断《いっとうりょうだん》

類義 一剣両段《いっけんりょうだん》・快刀乱麻《かいとうらんま》

一太刀で、物を真っ二つにすることから、きっぱりと思いきって処理すること。また、物事をすみやかに決断すること。快刀、乱麻を断つ。

解説「両断」は「両段」とも書く。

用例 ＊案件は難儀で、**一刀両断**とはいかない。
＊なんでもすぐに**一刀両断**に片づける強引なやり方には、あまり感心しないね。

出典「朱子語類《しゅしごるい》」

一得一失《いっとくいっしつ》

(類義) 一利一害《いちりいちがい》・一長一短《いっちょういったん》

一つの得があれば、その一方では損失があるということ。一方がよく、もう片方が不都合なときにもいう。

(解説)「一失一得」ともいう。

(用例) ＊いっしょに事業を起こそうと友人に誘われたが、**一得一失**が否めず、なかなか決心がつかない。
＊どれだけ損得を考えても、長い目で見れば**一得一失**で、最後には帳尻が合うものだ。

(出典)「無門関《むもんかん》」

一顰一笑《いっぴんいっしょう》

(類義) 一喜一憂《いっきいちゆう》

顔をちょっとしかめたり、ちょっと笑ったりすること。顔に現れるささいな感情の変化。機嫌。

(解説) この場合の「一」は「ちょっと」の意。「顰」は顔をしかめること。「嚬」とも書く。「一笑一顰」ともいう。

(用例) ＊彼の**一顰一笑**を見逃すまいと、熱心に見入った。
＊調和は大切だが、他人の**一顰一笑**に同調してばかりいては大成しない。

(出典)「韓非子《かんぴし》」内儲説《ないちょせつ》

意馬心猿《いばしんえん》

(対義) 虚心坦懐《きょしんたんかい》・明鏡止水《めいきょうしすい》

走り回る馬や騒ぎたてる猿のように、落ち着かないこと。煩悩や欲情を抑えかねて心が混乱すること。

(解説)「心」を「身」と書くのは誤り。「心猿意馬」ともいう。

(用例) ＊**意馬心猿**の毎日から逃れたいと思っていても、我々凡人は誘惑に弱いから難しい。
＊真面目な彼が色恋沙汰で問題を起こすとは、よっぽど**意馬心猿**だったのだろう。

(出典)「参同契《さんどうけい》」

威風堂堂《いふうどうどう》

(類義) 威風凜凜《いふうりんりん》・威武堂堂《いぶどうどう》・耀武揚威《ようぶようい》

威厳に満ちていて立派なこと。犯しがたい気品があふれていて堂々としているさま。

(解説)「威風」は周囲を圧倒するような威厳。威光がほかに及ぶようなものをいう。

(用例) ＊強豪相手との乱戦を制しての優勝だっただけに、**威風堂堂**と行進していた。
＊長年、学会を率いてきた自信からか、その姿は**威風堂堂**、まったく隙がない。

韋編三絶《いへんさんぜつ》

(類義) 眼光紙背《がんこうしはい》・熟読玩味《じゅくどくがんみ》

繰り返し本を読むこと。読書に熱心なことから、学問に熱心であるたとえ。

(解説) 孔子《こうし》は「易経《えききょう》」を繰り返し読んだので、とじひも（韋編）が三度も切れたという故事による。「韋編三たび絶つ」と訓読したりもする。

(用例) ＊好んで学べば**韋編三絶**、知識はしぜんに身につく。
＊文献の**韋編三絶**で論文を仕上げた。

(出典)「史記《しき》」孔子世家《こうしせいか》

意味深長《いみしんちょう》

(類義) 意在言外《いざいげんがい》・微言大義《びげんたいぎ》

発言や文章に、奥深い意味や含みがあること。また、言外に別の意味が含まれていること。

(解説)「深長」を「慎重」「伸長」「深重」と書くのは誤り。「意味深」などと縮めて使うこともある。

(用例) ＊部長の**意味深長**な発言が、後の話題になった。
＊まさかそんなことはないだろうと言いながら、表情は**意味深長**だった。

(出典) 朱熹《しゅき》「論語序説《ろんごじょせつ》」

陰陰滅滅《いんいんめつめつ》

(類義) 陰陰鬱鬱《いんいんうつうつ》

気分や雰囲気が、暗くうっとうしいさま。また、陰気でものさびしいさま。

(解説)「陰陰」は薄暗く陰気なさま。「隠隠」「蔭蔭」と書くのは誤り。「滅滅」は生気がなく暗いさま。

(用例) ＊悲観して**陰陰滅滅**とした気分だったが、一晩寝たらなんだかまたやる気が出た。

＊クライマックスの**陰陰滅滅**たるリアルな場面が観客の目を釘《くぎ》づけにした。

因果応報《いんがおうほう》

(類義) 悪因悪果《あくいんあっか》・前因後果《ぜんいんこうか》
福善禍淫《ふくぜんかいん》

人の行いの善悪に応じてその報いがあること。

(解説)「因果」とは、もとは仏教語。前世の行いが現世に、現世の行いが来世に報いとなって現れることをいう。おもに悪いことに対して使われる。

(用例) ＊困ったときに誰にも助けてもらえなかったのは、日頃の言動による**因果応報**だ。

＊年をとって若い頃の行いを思いだすたび、**因果応報**の感を強くします。

慇懃無礼《いんぎんぶれい》

(類義) 慇懃尾籠《いんぎんびろう》・馬鹿慇懃《ばかいんぎん》

あまりにていねいすぎて、かえって失礼な感じがすること。うわべは礼儀正しくていねいだが、心の中では尊大で、相手を見くだしていること。

(解説)「慇懃」はきわめて礼儀正しいこと。

(用例) ＊口先ばかりていねいでも、お客様に対する誠意がなければ、**慇懃無礼**というものだ。

＊あの接客は**慇懃無礼**にも程があり、次はもう利用する気になれない。

因循《いんじゅん》姑《こ》息《そく》

(類義) 因循苟且《いんじゅんこうしょ》

古くからのやり方にこだわって、根本的な改善をせずにごまかすこと。一時的な策しかとらないこと。また、消極的でぐずぐずしていること。

(解説)「因循」は、これまでのものに寄りかかる、とらわれること。「姑息」は間に合わせ、一時しのぎのこと。

(用例) ＊小手先だけの**因循姑息**な策では、解決できない。
＊考え方が**因循姑息**だから、現状維持はできても飛躍は望めない。

印象《いんしょう》批《ひ》評《ひょう》

芸術作品などを評価するさい客観的な基準によらず、その作品を見て自分自身が受けた個人的な印象や感動を基準とする評価のこと。

(解説) 19 世紀半ば頃に、フランスで起こった文芸評価の一つ。その典型的な具現者としては W. ペーター（イギリスの批評家）が有名。

(用例) ＊著者の**印象批評**で書かれた文献は役にたたない。
＊この傑作は、誰にも**印象批評**されたくない。

飲水《いんすい》思《し》源《げん》

(類義) 飲水知源《いんすいちげん》・飲流懐源《いんりゅうかいげん》
(対義) 得魚忘筌《とくぎょぼうせん》

物事の基本を忘れないことのたとえ。とくに、世話になった人の恩を忘れないという戒め。

(解説)「思源」は、源のことを思うこと。水を飲むときに水源のありがたさに敬意を示すことから。「水を飲みて源を思う」と訓読もする。

(用例) ＊出世したからとはいえ**飲水思源**の心積もりで、横柄な態度をとってはいけない。

(出典) 庾信《ゆしん》「徴調曲《ちょうちょうきょく》」

隠忍自重《いんにんじちょう》

(類義) 自戒自重《じかいじちょう》
(対義) 軽挙妄動《けいきょもうどう》

怒りや苦しみなどをじっとこらえ、表面に出さないこと。身を慎み軽々しく行動を起こさないこと。

(解説)「自重」は自分の行動を慎むこと。「じじゅう」と読むのは誤り。

(用例) ＊気持ちはわかるが、ここは**隠忍自重**してくれ。
＊真実が明らかになるまで**隠忍自重**の態度を貫く。
＊不遇な状況下で、ここまで**隠忍自重**を続けてきたが、もはや限界だ。

有為転変《ういてんぺん》

(類義) 有為無常《ういむじょう》・諸行無常《しょぎょうむじょう》
(対義) 永久不変《えいきゅうふへん》・万古不易《ばんこふえき》

この世は絶えず移り変わっていて、すこしのあいだもとどまることがないということ。無常ではかないこと。

(解説)「有為」は仏教語で、因縁によってつくりだされた一切のもの。「ゆうい」と読むのは誤り。

(用例) ＊**有為転変**は世の習いというが、あの富裕者の家がこんなに寂れてしまうとは思わなかった。
＊戦後に移り住み、**有為転変**するこの町を見届けてきました。

右往左往《うおうさおう》

(類義) 周章狼狽《しゅうしょうろうばい》・紛擾雑駁《ふんじょうざっぱく》
(対義) 泰然自若《たいぜんじじゃく》・冷静沈着《れいせいちんちゃく》

あたふたとあっちへ行ったりこっちへ来たりすること。秩序なく混乱すること。まごつくこと。

(解説)「往」は「行く」の意。「左往」は「ざおう」とも読む。「左往右往」ともいう。

(用例) ＊どんなアクシデントでも、腹を据えていれば、**右往左往**の醜態をさらすことはありません。
＊彼は妻の初産のとき、分娩室《ぶんべん》の前でひたすら**右往左往**していたそうだ。

羽化登仙《うかとうせん》

羽が生え仙人になって天に昇ることから、酒に酔って、快くなること。天にも昇るような気持ち。

(解説)「登仙」を「登山」と書くのは誤り。「羽化登仙の心地」などと使う。

(用例) ＊皆様、**羽化登仙**のご様子ですが、夜もだいぶ更けてまいりましたので、ここでお開きにいたします。
＊祝杯を酌み交わし、**羽化登仙**になる。

(出典)蘇軾《そしょく》「前赤壁賦《ぜんせきへきのふ》」

右顧左眄《うこさべん》

(類義) 内股膏薬《うちまたこうやく》・狐疑逡巡《こぎしゅんじゅん》
首鼠両端《しゅそりょうたん》・左見右見《とみこうみ》

右を見たり左を見たりと、辺りの様子をうかがって、なかなか決断しないこと。小田原評定《おだわらひょうじょう》。日和見《ひよりみ》主義。

(解説)「顧」は振り返って見ること。「眄」は横目で見ること。「左眄右顧」「左顧右眄」ともいう。

(用例) ＊無用な**右顧左眄**によって決断の時機を誤ったために、抜き差しならない事態に陥ってしまった。
＊参加しても**右顧左眄**するばかりで自分の意見も言えないようでは、会議に出席する意味がない。

有象無象《うぞうむぞう》

(類義) 森羅万象《しんらばんしょう》

数ばかり多くて、役にたたないくだらないもの。つまらぬ人々。その他大勢を蔑んでいうことば。

(解説) もとは仏教語で、世の中の有形無形のあらゆる存在をさす。「有象」を「有像」と書くのは誤り。「有相無相」ともいうが、読み方は「うそうむそう」。

(用例) ＊社内一の切れ者だから、**有象無象**の連中がいくら束になってかかっても、かなうはずがない。
＊周囲の**有象無象**など、気にすることはない。

内股膏薬《うちまたこうやく》

(類義) 二股膏薬《ふたまたこうやく》・股座膏薬《またぐらこうやく》
(対義) 旗幟鮮明《きしせんめい》・首尾一貫《しゅびいっかん》

場合や相手に応じて、自分の主張を変えること。態度が一貫せず、節操がないこと。日和見《ひよりみ》。

(解説)股の内側につけた膏薬は、歩くにつれて右脚についたり左脚についたりすることから。

(用例)＊対話する相手の地位によって言うことを変える**内股膏薬**だから、信用できない。
＊中立を保つためにあえて意見を表明しないでいると、**内股膏薬**と誤解されかねない。

烏兎匆匆《うとそうそう》

(類義) 烏飛兎走《うひとそう》・光陰流転《こういんるてん》
露往霜来《ろおうそうらい》

月日のたつのが、非常に慌ただしく早いさま。光陰矢のごとし。歳月人を待たず。

(解説)「烏兎」は「金烏玉兎」の略で、烏《からす》は太陽を、兎《うさぎ》は月を象徴するという古代中国の伝説から転じ、日と月、つまり歳月の意。「匆匆」は慌ただしいさま。

(用例)＊よちよち歩きだったあの娘が、こんど結婚するんだよ。まったく**烏兎匆匆**だね。
＊**烏兎匆匆**と流れ去った月日を振り返った。

海千山千《うみせんやません》

(類義) 海千河千《うみせんかわせん》・千軍万馬《せんぐんばんば》
百戦錬磨《ひゃくせんれんま》・飽経風霜《ほうけいふうそう》

社会に出てさまざまな経験を積み、世間の裏も表も知り尽くしていること。したたかで世故に長《た》けている人を警戒していうことば。

(解説)海に千年、山に千年棲《す》んだ蛇は竜になるという言い伝えから。

(用例)＊実社会には、**海千山千**の事業家がたくさんいるから、取り引きでだまされないよう気をつけなさい。
＊あの人は、**海千山千**だから、要注意だ。

紆余曲折《うよきょくせつ》

(類義) 曲折浮沈《きょくせつふちん》・盤根錯節《ばんこんさくせつ》
複雑多岐《ふくざつたき》

事情が込み入っていて解決しにくいこと。複雑な経緯があって状況がわかりにくいこと。

(解説)「紆余」は、道などがうねうねと曲がっているさま。「曲折」は、折れ曲がっていること。

(用例) ＊婚約がととのい幸せそうな二人ですが、ここに至るまでにはさまざまな**紆余曲折**があったそうです。
＊次期幹部の選出は**紆余曲折**の末、前任者の留任でなんとかおさまった。

雲煙過眼《うんえんかがん》

(類義) 虚静恬淡《きょせいてんたん》・行雲流水《こううんりゅうすい》
無欲恬淡《むよくてんたん》

雲や煙がたちまち目の前をよぎっていくように、長く心に留めないこと。物事に深く執着しない気持ちや態度。無欲の境地。

(解説)「煙」は「烟」とも書く。「煙雲過眼」ともいう。

(用例) ＊毎日にこにこして暮らす秘訣《ひけつ》は、**雲煙過眼**の境地で何事にもこだわらないようにすることだ。
＊今までのことは**雲煙過眼**、すべて忘れましょう。

(出典) 蘇軾《そしょく》「王君宝絵堂記《おうくんほうかいどうき》」

雲散霧消《うんさんむしょう》

(類義) 雲散鳥没《うんさんちょうぼつ》・雲消雨散《うんしょううさん》
(対義) 雲合霧集《うんごうむしゅう》

雲が散り霧が消えるように、物事があとかたもなく消え去ること。そこから、わだかまっていた思いや悩みがふっきれてさっぱりした気持ちになること。

(解説)「霧消雲散」ともいう。

(用例) ＊あなたの今の一言で、ずっと胸につかえていたものが**雲散霧消**いたしました。
＊先方の機嫌を損ねてしまったから、せっかくの大口契約も**雲散霧消**、おじゃんになったよ。

雲集霧散《うんしゅうむさん》

(類義) 合従連衡《がっしょうれんこう》・離合集散《りごうしゅうさん》
(対義) 雲合霧集《うんごうむしゅう》

多くのものが集まったかと思うと、たちまち散ってしまうこと。人が集合、解散を繰り返すこと。

(解説)「霧散」は霧のように残らず消えること。

(用例) ＊選挙のたびに**雲集霧散**している野党連合は、いつまでたっても与党に対抗できないでいる。
＊調子のよいときには人が集まって、悪くなると去っていく。**雲集霧散**とはこのことだ。

(出典)「文選《もんぜん》」班固《はんこ》「西都賦《せいとのふ》」

運否天賦《うんぷてんぷ》

(類義) 墜茵落溷《ついいんらっこん》

人生の吉凶禍福は、天の定めによるということ。そこから、運を天に任せること、一か八かの勝負をすること。

(解説)「運否」は運の有無やよしあし。「うんぴ」ともいう。「運賦」と書くのは誤り。

(用例) ＊何事も**運否天賦**とあきらめて生きていては、おもしろい人生は送れない。
＊考えられるかぎりの手は打ったのだから、あとは**運否天賦**、待つよりしかたない。

雲翻雨覆《うんぽんうふく》

世の人の態度や情感がうつろいやすいことのたとえ。

(解説)「雲翻」は手のひらを、上に向けると曇りになる、「雨覆」は、それを下に向けると雨が降るということ。手のひらを上下にひっくり返すほど短い時間で、人の心が変わってしまうことから。「雨覆雲翻」「翻雲覆雨」ともいう。

(用例) ＊芸能界で生き残るには**雲翻雨覆**にかかっている。
＊世は**雲翻雨覆**だから社会に出てもとまどうなよ。

え

栄枯盛衰《えいこせいすい》

(類義) 栄枯浮沈《えいこふちん》・盛者必衰《じょうしゃひっすい》
盛衰興亡《せいすいこうぼう》・世運隆替《せうんりゅうたい》

栄えることと衰えること。繁栄と衰退を繰り返す、世のはかなさをいったことば。

(解説)「栄枯」も「盛衰」も共に「栄え衰える」の意。同義の語を重ね意味を強調している。

(用例) ＊一世を風靡《ふうび》したブームが去ると、**栄枯盛衰**のはかなさを感じずにはいられない。
＊**栄枯盛衰**は世の習いだから、業績好調の今こそ布石を打っておかなければならない。

郢書燕説《えいしょえんせつ》

あれこれとこじつけて、いかにも理屈に合っているように説明すること。

(解説) 中国・燕の宰相が郢(楚《そ》の都)の人からの手紙の内容をこじつけて理解した結果、国がうまく治まったという故事から。

(用例) ＊その強引な解釈は、ときに**郢書燕説**と取られる。
＊そんな弁解では、**郢書燕説**だろう。

(出典)「韓非子《かんぴし》」外儲説《がいちょせつ》

栄耀栄華《えいようえいが》

(類義) 富貴栄華《ふうきえいが》

おおいに栄えて、ぜいたくを尽くすこと。また、富や権勢を誇り、おごり高ぶること。

(解説)「栄耀」は「栄え輝く」の意。「栄燿」とも書き、「えよう」とも読む。「栄華」は「華やかに栄える」の意。「栄耀栄華を極める」などと使う。

(用例) ＊一代で財を成しての**栄耀栄華**に誰もが羨望した。
＊絶頂期こそ**栄耀栄華**を誇っていたが、最期は世捨て人同然で、看取《みと》る者さえいなかったそうだ。

益者三友《えきしゃさんゆう》

交際して有益な、正直・誠実・博識の友人。三益友。

(解説)対して、交際して損をする、不正直・不誠実・口先だけ達者な人を「損者三友」という。「益者三友、損者三友」と並べ、友人を選ぶときの心得をいう。

(用例)＊**益者三友**を求めるのはいいが、自分が人に友とするに足ると思われるよう努力することも大切だ。
＊**益者三友**というが、よい友はまさに生涯の宝だ。

(出典)「論語《ろんご》」季氏《きし》

依怙贔屓《えこひいき》

(対義)一視同仁《いっしどうじん》

すべてに公平ではなく、自分の気に入っている人やものだけに肩入れをすること。

(解説)「依怙」は頼るということで、不公平の意にも使われる。「依枯」と書くのは誤り。「贔屓」はもと「ひき」と読み、努力するさま。「ひいき」と読んで、特に人に目をかけて後押しする意味となった。

(用例)＊えげつない**依怙贔屓**に批判が集中した。
＊好悪の感情だけで**依怙贔屓**してはならない。

会者定離《えしゃじょうり》

(類義)盛者必衰《じょうしゃひっすい》・生者必滅《しょうじゃひつめつ》
朝有紅顔《ちょうゆうこうがん》

出会った者は、いつか必ず別れる運命にあるということ。世の無常をいったことば。会うは別れの始め。

(解説)「生者必滅、会者定離」と並べ、世のはかなさを嘆くときに使う。「定離」を「ていり」と読むのは誤り。

(用例)＊**会者定離**とはいえ、別れはやはりつらいものだ。
＊愛する者を失った悲しみは、いくら**会者定離**は世の習いといわれても、癒やされるものではない。

(出典)「遺教経《ゆいきょうぎょう》」

え

越権行為《えっけんこうい》

(類義) 越俎代庖《えっそだいほう》

自分に与えられた権限の範囲を越えた行動をとること。出すぎた行為。越俎の罪。

(解説)「越権」は、特に職務上の権限を越えることをいう。「おっけん」とも読む。越権の「権」を、権限の範囲の解釈から「圏」として「越圏行為」と書くのは誤り。

(用例) ＊依頼した仕事で、相手に**越権行為**で問題を起こされ、事後処理に追われる。
＊ほかの部署にも指示を出すなんて、**越権行為**だ。

円転滑脱《えんてんかつだつ》

(類義) 円滑洒脱《えんかつしゃだつ》

ことばや行動が自在に変化して、角立たず、ぎくしゃくしないこと。やることにそつがなく、物事を滞りなく処理すること。

(解説)「円転」は丸く転がること、「滑脱」は滑り落ちるようになめらかなこと。

(用例) ＊**円転滑脱**で交渉の得意なエージェントを雇おう。
＊組織には理論家も必要だが、人間関係を**円転滑脱**に収める技量を持った人材も大切だ。

鉛刀一割《えんとういっかつ》

平凡でとりえのない人でも、ときには力を発揮できるということのたとえ。一割の利。

(解説) 多くは自分の微力を謙遜して使う。鉛でできた切れ味の悪い刀でも、一度なら使えることから。また、一度使うと二度と使えなくなることから、その一度を大事にするという意もある。

(用例) ＊**鉛刀一割**ですが、お役にたてれば光栄です。

(出典)「後漢書《ごかんじょ》」班超伝《はんちょうでん》

円満具足《えんまんぐそく》

(類義) 福徳円満《ふくとくえんまん》

すべてが十分にそなわり、満ち足りて、すこしも不足や欠落がないこと。満足して穏やかなこと。十全。

(解説)「円満」は、仏教語で功徳が満ち足りて不足がないこと。「具足」は、ものが十分にそなわっていること。

(用例) ＊**円満具足**とは言えませんが、つつがなく暮らしておりますので、ご安心ください。

＊娘と久しぶりに会ったが、**円満具足**の表情がうかがえたから、今は幸せに暮らしているのだろう。

遠慮近憂《えんりょきんゆう》

遠い将来まで見据えた深い考えをもって行動しないと、必ず身近なところに心配事が起こるということ。

(解説)「遠慮」は先々まで見通した、深い考えや配慮。「近憂」は身近に迫った心配事。「遠き慮《おもんぱか》り無ければ、必ず近き憂い有り」の略。

(用例) ＊大学は就職のことまで考えて選ばないと**遠慮近憂**で、後悔することになるよ。

(出典)「論語《ろんご》」衛霊公《えいれいこう》

桜花爛漫《おうからんまん》

桜の花が満開になり、みごとに咲き乱れているさま。また、非常に華やかなさまのたとえ。

(解説)「桜花」は、桜の花のこと。「爛漫」は、花が美しく咲き乱れているさま。

(用例) ＊湖畔を彩る**桜花爛漫**を見下ろせるこの展望台は、地元の観光スポットとして知られています。

＊**桜花爛漫**の候、貴社におかれましては輝かしい春をお迎えのことと存じます。

お

応急措置《おうきゅうそち》

類義 応急処置《おうきゅうしょち》・緊急措置《きんきゅうそち》

緊急のときに、とりあえず行う仮の処置のこと。

解説「応急」は急に応じるの意から、急場しのぎのこと。「措置」は何か問題が起こったときに解決するために取り計らうこと。

用例 ＊偶然居合わせた看護師の**応急措置**のおかげで、一命を取り留めた。

＊レース当日にトラブルが発生しても**応急措置**できるよう、道具を持参しよう。

王道楽土《おうどうらくど》

公平で思いやりのある政治が行われている、楽しく平和で理想的な国土。

解説「王道」は儒教の理想的な政治のあり方をいい、徳をもって公明正大で公平な政治を行うこと。「楽土」は苦しみのない明るく楽しい場所。

用例 ＊悲惨な戦争をくぐり抜けてきた世代にとって、今の世の中はまさに**王道楽土**だ。

＊この世界が**王道楽土**となることを切に願う。

大盤振舞《おおばんぶるまい》

景気よく盛大にもてなすこと。

解説 江戸時代の民間で、一家の主人が正月に親類縁者を招いて開いた宴のことをいった「椀飯《おうばん》振舞」から転じたことば。原義の仮名づかいとは異なる「大盤」は、貴人宅などで食べ物を入れた器を載せる台のこと。「大飯」と書くのは誤り。

用例 ＊主催者の**大盤振舞**で祝賀会場が喜びで沸いた。

＊宝くじの当せん金で、同僚に**大盤振舞**した。

傍目八目《おかめはちもく》

当事者よりも第三者のほうが、物事の真相や是非を客観的に判断できるということ。

(解説) 碁を脇で見ていると、打っている当人よりも、八目も先まで手がよめるということから。「傍目」は「岡目」とも書く。

(用例) ＊今の会社の状態は**傍目八目**で、取引先のほうが社員より事態をよくわかっているようだ。
＊当事者でないきみから、**傍目八目**の意見を頼む。

屋上架屋《おくじょうかおく》

(類義) 屋下架屋《おくかかおく》・画蛇添足《がだてんそく》
牀上施牀《しょうじょうししょう》・頭上安頭《とうじょうあんとう》

重複してむだなことをするたとえ。また、独創性に乏しい二番煎じのものについてもいう。

(解説) 屋根があるのにその上にさらに屋根をつけることから。「屋上屋を架す」とも訓読する。同義の、屋根の下にまた屋根をつくる「屋下に屋を架す」の成句から転じたことば。

(用例) ＊簡略化のため、**屋上架屋**の部分を洗いだそう。
＊**屋上架屋**ですが、再度ご説明いたします。

温厚篤実《おんこうとくじつ》

(類義) 温柔敦厚《おんじゅうとんこう》・温良篤厚《おんりょうとっこう》
情恕理遣《じょうじょりけん》・敦篤虚静《とんとくきょせい》

性格が穏やかで温かく、情が深いこと。誠実で、やさしさに満ちていること。

(解説) 「温厚」はやさしく温かで情に厚いこと。「篤実」は親切で情に厚く誠実であること。「篤実温厚」ともいう。

(用例) ＊プロポーズを受け入れたのは、ひとえにその**温厚篤実**な人柄にひかれたからだそうです。
＊先方の今の無礼な態度には、**温厚篤実**な彼でも腹が立ったようだ。

温故知新《おんこちしん》

(類義) 覧古考新《らんここうしん》

昔に学んだことや古いことを研究して、そこから新しい知識を得ること。

(解説) 孔子《こうし》が師の資格として述べたことば。「温」はたずね求める、復習するの意。「故」を「古」と書くのは誤り。

(用例) ＊**温故知新**の精神で歴史や古典を学ぶ。
＊現状を打開するには**温故知新**、改めて創業から今日に至る歴史を振り返る必要がある。

(出典)「論語《ろんご》」為政《いせい》

音信不通《おんしんふつう》

(類義) 消息不明《しょうそくふめい》

便りや連絡がまったくなく、消息が不明なこと。

(解説)「音信」は連絡、便りのこと。「いんしん」とも読む。

(用例) ＊ 10 年ぶりに同窓会を開くことになったが、ＯＢの中には**音信不通**が何人もいた。
＊**音信不通**の肉親を捜しているのだが、なにも手がかりがなくて困っているんだ。
＊海外に派遣した調査員とは 1 か月も**音信不通**で、支局で目下、捜索中だ。

温凊定省《おんせいていせい》

(類義) 扇枕温衾《せんちんおんきん》・冬温夏凊《とうおんかせい》

親に孝養を尽くすこと。

(解説)「温」は温かく、「凊」は涼しくということ。「定」は寝床をととのえる、「省」は機嫌をうかがうという意。つまり、親が快適に過ごせるよう心を配ること。

(用例) ＊家族思いの彼女の**温凊定省**には頭が下がる。
＊**温凊定省**を心がけているつもりでも、離れて暮らしているからか、なかなか満足なことができない。

(出典)「礼記《らいき》」曲礼《きょくらい》

怨憎会苦《おんぞうえく》

(対義) 愛別離苦《あいべつりく》

恨み憎む者とも会わなければならない苦しみ。会いたくない者に会わねばならないつらさ。

(解説) 仏教でいう「八苦」の一つ（「四苦八苦《しくはっく》」参照）。語の構成は「怨憎会」＋「苦」。

(用例) ＊ビジネスとはいえ、**怨憎会苦**を生じる相手との交渉はやりにくいものだ。

＊人との出会いがある以上、**怨憎会苦**から逃れることはできません。

音吐朗朗《おんとろうろう》

(類義) 音吐清朗《おんとせいろう》

声量が豊かではっきりしていること。また、高らかですがすがしい声。

(解説) 「音吐」は、声の出し方や声音《こわね》のこと。「朗朗」は、声が高く大きくはっきりと通ること。

(用例) ＊狭いマンションの一室では、好きな詩吟を**音吐朗朗**とうたうわけにはいかない。

＊老翁が**音吐朗朗**と吟じる漢詩は、夜のしじまにひときわ高く響き渡った。

乳母日傘《おんばひがさ》

子どもが必要以上に大事に育てられること。

(解説) 幼児に乳母をつけ、外出の際には日傘をさしかけて大事に育てることから。「おんば」は「おうば」の転。「日傘」は「ひからかさ」とも読む。

(用例) ＊資産家の家系で**乳母日傘**のお嬢様とあって、さすがに品がある。

＊蝶《ちょう》よ花よと、**乳母日傘**で育った娘の頃もあった。

＊**乳母日傘**のお坊ちゃんだから、世間知らずだよ。

開口一番《かいこういちばん》

話し始める最初に。口を開いたとたんに。

(解説)「開口」は口を開くこと。話し始めること。「一番」はここでは、「まず」「最初に」の意。

(用例)＊役員会では社長が**開口一番**、「やる気があるのか」と、全員に活を入れたそうだ。
＊証人として出廷した人物の**開口一番**の発言が物議を醸した。
＊帰宅し、**開口一番**に発したのは「腹が減った」だ。

回光返照《かいこうへんしょう》

滅びる前につかのまの勢いや輝きを取り戻すこと。人が、死ぬ前に一時もちなおすこと。

(解説)「回光」「返照」は夕日の照り返しの意。仏教語では「えこうへんしょう」と読み、自身のあるべき姿を内省し、真実の自分を発見することをいう。「回光」は「廻光」、「返照」は「反照」とも書く。

(用例)＊ようやくつかんだ業界トップの地位を今後も堅持し、**回光返照**といわれないようがんばります。

鎧袖一触《がいしゅういっしょく》

(対義) 勢力伯仲《せいりょくはくちゅう》

ごく簡単に相手を負かしてしまうこと。また、弱い相手にたやすく一撃を加えることのたとえ。

(解説)鎧《よろい》の袖がほんのすこし触れただけで相手(敵)を即座に倒してしまうことから。

(用例)＊いつも勝っている相手だから、**鎧袖一触**で片づけられると油断したのがいけなかった。
＊横綱が、平幕力士をすんなり**鎧袖一触**した。

(出典)頼山陽《らいさんよう》「日本外史《にほんがいし》」

外柔内剛《がいじゅうないごう》

(類義) 外円内方《がいえんないほう》・外寛内明《がいかんないめい》
(対義) 外剛内柔《がいごうないじゅう》・内柔外剛《ないじゅうがいごう》

外見はもの柔らかでも、内面はしっかりしていて意志が強いこと。態度は穏やかだが心《しん》が強いこと。

(解説)「内剛外柔」ともいう。

(用例)＊柔和で穏やかそうに見えるがじつは**外柔内剛**で、秘められた意志の強さをそなえている。
＊外交の心得は**外柔内剛**、対応はやさしくても言うべきことは言うのが基本だ。

(出典)「晋書《しんじょ》」甘卓伝《かんたくでん》

街談巷説《がいだんこうせつ》

(類義) 街談巷議《がいだんこうぎ》・街談巷語《がいだんこうご》
流言蜚語《りゅうげんひご》

巷《ちまた》のつまらないうわさ話。世間話。風説。

(解説)「街談」「巷説」は共に世間のいいかげんなうわさ。ほぼ同じ意味の２語を重ねて強調している。

(用例)＊**街談巷説**を信じてもしかたがないから、今はただ、言っていることに耳を傾けよう。
＊**街談巷説**に惑わされて、なにをやっていいのかわからなくなった。

(出典)「漢書《かんじょ》」芸文志《げいもんし》

快刀乱麻《かいとうらんま》

(類義) 一刀両断《いっとうりょうだん》

厄介な事件やこじれた事態をみごとに解決するさま。

(解説)「快刀」は切れ味のよい刃物。「乱麻」は、もつれた麻糸のこと。もつれた麻糸を鋭利な刃で断ち切るように解決することから。「快刀、乱麻を断つ」の略。

(用例)＊敏腕社長の経営手腕は、まさに**快刀乱麻**である。
＊ピンチの場面で登板したリリーフエースの**快刀乱麻**の投球に観客席がどよめいた。

(出典)「北斉書《ほくせいしょ》」文宣帝紀《ぶんせんていき》

偕老同穴《かいろうどうけつ》

類義 琴瑟相和《きんしつそうわ》・形影一如《けいえいいちにょ》 比翼連理《ひよくれんり》

夫婦がむつまじく添い遂げること。鴛鴦《えんおう》の契り。

解説「偕」は共にの意。「同穴」は墓を同じくするという意味。夫婦仲よく年齢を重ね死後は同じ墓に葬られることから、夫婦間の愛情が厚く、契りが固いこと。祝辞の常套《じょうとう》句としてよく結婚披露宴で使われる。

用例 ＊ただ今お二人が当神殿にて、**偕老同穴**の契りを結ばれたことを、皆様にご報告いたします。
＊**偕老同穴**を誓ってから50年がたちました。

呵呵大笑《かかたいしょう》

大きな声をあげ高らかに笑うこと。

解説「呵呵」は大声を出して笑うこと。「可可」と書くのは誤り。「大笑」はおおいに笑うこと。「だいしょう」とも読む。

用例 ＊試合前の主将の**呵呵大笑**で緊張が解けた。
＊**呵呵大笑**はまさに彼のトレードマークだ。
＊「気にするな」と**呵呵大笑**して友を励ました。

出典「景徳伝灯録《けいとくでんとうろく》」

格物致知《かくぶつちち》

類義 格物究理《かくぶつきゅうり》・格物窮理《かくぶつきゅうり》

物事の本質を探究し、知識や学問を習得すること。

解説 朱子学では道理を究めることで知識が広がるとし、陽明学では物事の真を正し生まれつきそなわった良知を磨くことがよいとする。学問を志す者が持つべき精神を説くことば。「致知格物」ともいう。

用例 ＊学問を純粋に探究する**格物致知**の精神は失われ、大学はたんなるモラトリアムの場と化した。

出典「大学《だいがく》」

加持祈禱《かじきとう》

病気や災難などから逃れるため神仏に祈ること。

(解説)「加持」は真言宗での呪法で、仏の加護によって災いを払う祈りのこと。「祈禱」は神仏に祈ること。特に、真言宗の密教信者が護摩を焚《た》くなどして行う祈禱をいう場合が多い。

(用例)＊本厄だから、**加持祈禱**で厄払いをしておこう。
＊折々に**加持祈禱**をしているからか、健康です。
＊病床の父は**加持祈禱**の甲斐《かい》もなく静かに逝った。

過小評価《かしょうひょうか》

(対義) 過大評価《かだいひょうか》

物事を実際よりも低く評価すること。また、実質以下に判断して、みくびること。

(解説)「過小」は、小さすぎて実際と合っていないこと。「過少」と書くのは誤り。評価のよしあしはふつう「高評価」「評価が低い」などと「高・低」で言い表すが、このことばの場合は対義共「大・小」としている。

(用例)＊予選の敗因は、相手の実力の**過小評価**だ。
＊仕事ぶりが**過小評価**され、昇進が見送られた。

臥薪嘗胆《がしんしょうたん》

(類義) 坐薪懸胆《ざしんけんたん》

目的を成し遂げるために、苦難に耐えること。

(解説) 中国・春秋時代の呉王夫差《ごおうふさ》が仇《あだ》討ちの志を忘れぬよう薪《たきぎ》の上に臥《ふ》し(臥薪)、志を果たした。一方敗れた越王勾践《えつおうこうせん》は苦い胆《きも》を嘗《な》め(嘗胆)、屈辱を忘れないようにして恨みを晴らしたという故事から。

(用例)＊２年前には予選さえ突破できなかったチームが、**臥薪嘗胆**の末、みごとに優勝した。

(出典)「史記《しき》」越世家《えつせいか》／「十八史略《じゅうはっしりゃく》」春秋戦国《しゅんじゅうせんごく》

佳人薄命《かじんはくめい》

(類義) 紅顔薄命《こうがんはくめい》・才子多病《さいしたびょう》
美人薄命《びじんはくめい》

美人はとかく、薄幸であったり短命であったりするということ。

(解説)「佳人」は美しい女性。立派な人物をさすこともある。「薄命」は薄幸、または短命であること。

(用例) ＊**佳人薄命**とはいえ、新進女優の突然の死が芸能界に与えた衝撃は、予想以上に大きかった。
＊最近は**佳人薄命**どころか健康美の女性が増えた。

(出典) 蘇軾《そしょく》の詩

嘉辰令月《かしんれいげつ》

(類義) 黄道吉日《こうどうきちにち》・大安吉日《たいあんきちじつ》

めでたい月日。よき日。めでたく縁起のよい時節。

(解説)「嘉」「令」は共によい、「辰」は日の意から「嘉辰」はよい日、「令月」はよい月の意。「嘉辰」を「喜辰」と書くのは誤り。

(用例) ＊さんざん手を焼かせた娘でしたが、ようやく**嘉辰令月**を決めて結納を交わす運びとなりました。
＊初めてお宅を訪問するのだから、**嘉辰令月**に伺い、失礼のないようにしなさい。

雅俗折衷《がぞくせっちゅう》

(類義) 雅俗混淆《がぞくこんこう》

風雅なものと卑俗なものを合わせて用いること。また、雅語(文語体)と俗語(口語体)を交ぜて用いる「雅俗折衷体」の文体をいう。

(解説) 地の文は文語体を使い、会話文は口語体を使う雅俗折衷体は、言文一致に移行する明治時代初・中期に発達した。江戸時代の井原西鶴《いはらさいかく》の浮世草子などが先駆けと考えられる。

(用例) ＊**雅俗折衷**の中にこそ真の芸術がある。

画蛇添足《がだてんそく》

(類義) 為蛇画足《いだがそく》・為蛇添足《いだてんそく》
屋上架屋《おくじょうかおく》・妄画蛇足《もうがだそく》

不要なものをつけ足して、全体をだめにしてしまうこと。また、無用なもののたとえ。蛇足。

(解説) 仲間より先に蛇を描きあげた男が、つい足まで描いてしまい、ほうびの酒を手に入れ損なったという故事から。「画蛇」は「がじゃ」とも読む。

(用例) ＊出しゃばったばかりにすべてがご破算になって、これでは**画蛇添足**だ。

(出典)「戦国策《せんごくさく》」斉策《せいさく》

花鳥諷詠《かちょうふうえい》

自然の移り変わりや人間界の風物を、見たまま無心に詠むこと。

(解説) 高浜虚子《たかはまきょし》が提唱した俳句の理念。「花鳥」は花や鳥など、自然のままを見たたとえ。「諷」は歌を詠むことで、「風」と書くのは誤り。

(用例) ＊仕事の合間には**花鳥諷詠**を楽しんでいます。
＊師匠が唱える**花鳥諷詠**の作例で、初めて俳句というものがわかってきました。

花鳥風月《かちょうふうげつ》

(類義) 琴歌酒賦《きんかしゅふ》・春花秋月《しゅんかしゅうげつ》
雪月風花《せつげつふうか》・風流韻事《ふうりゅういんじ》

四季折々の美しい景色やその移り変わり。また、そのような自然の美しさを愛《め》でる風流。

(解説) 花、鳥、風、月は古来、日本人の美意識を刺激する代表的な風物とされ、題詠などに好んで使われる。

(用例) ＊**花鳥風月**に遊ぶひとときがあると、仕事にもゆとりを持って取り組める。
＊引退後は**花鳥風月**を友として暮らすつもりです。

(出典) 世阿弥《ぜあみ》「風姿花伝《ふうしかでん》」

隔靴掻痒《かっかそうよう》

(類義) 隔靴爬痒《かっかはよう》・掉棒打星《とうぼうだせい》

(対義) 麻姑掻痒《まこそうよう》

物事が思いどおりにいかず、はがゆくじれったいこと。もどかしくてやりきれないこと。

(解説)「棒をふるって月を打ち、靴を隔てて痒《かゆ》きを掻《か》く」から。「隔靴」は「靴を隔てる」、つまり靴の上からの意。「かくか」とも読む。

(用例) ＊電話もできない文通だけの交信など**隔靴掻痒**だ。

＊この説明では不十分で、**隔靴掻痒**の感がある。

(出典)「景徳伝灯録《けいとくでんとうろく》」

確乎不抜《かっこふばつ》

(類義) 確乎不動《かっこふどう》・旗幟鮮明《きしせんめい》
堅忍不抜《けんにんふばつ》・志操堅固《しそうけんご》

不動の意志や精神を持っていて動じないさま。

(解説)「確乎」は、しっかりとしていてゆるぎないこと。「確固」とも書く。「不抜」はかたくて抜けない、動かせないという意。

(用例) ＊つねに**確乎不抜**であれば、どんな困難にも前向きに挑めます。

＊**確乎不抜**の信念を貫き、寡黙に働いた。

(出典)「易経《えききょう》」乾《けん》

合従連衡《がっしょうれんこう》

(類義) 雲集霧散《うんしゅうむさん》・合従連横《がっしょうれんおう》
離合集散《りごうしゅうさん》

時流を読んで、互いに協力したり離反したりすること。また、巧みな計略や外交上の駆け引きのこと。従横《しょうおう》の言。

(解説)「従」は縦(南北)、「衡」は横(東西)の意。中国・戦国時代に、飛び抜けて強大だった秦《しん》に対して、周囲の小国が考えだした策の名から。

(用例) ＊環境問題は、周辺地域と**合従連衡**して検討する。

＊業界の低迷で、業務提携の**合従連衡**が相次いだ。

(出典)「史記《しき》」孟子伝《もうしでん》

我田引水《がでんいんすい》

(類義) 得手勝手《えてかって》・勝手気儘《かってきまま》 牽強付会《けんきょうふかい》・手前勝手《てまえがって》

周りのことを考えず、自分の利益になるよう物事を取り計らうこと。自分に都合のいいよう段取りすること。

(解説)「我が田に水を引く」ともいう。自分の田だけに水を引き入れるということから。

(用例) ＊どれだけ時間をかけても、**我田引水**の説明ばかりでは、誰も納得しないだろう。
＊**我田引水**とお叱りを受けるかもしれませんが、わが社の製品を例に話を進めます。

瓜田李下《かでんりか》

(類義) 悪木盗泉《あくぼくとうせん》

人に疑われるような言動はすべきでないという戒め。

(解説) 瓜《うり》畑で靴を履《は》き直すと瓜を、李《すもも》の木の下で帽子に手をやると李を盗んでいるように傍《はた》から見られかねない。怪しまれる行動は慎めという「瓜田に履《くつ》を納《い》れず(瓜田の履)」「李下に冠を正さず(李下の冠)」の教えを合わせた語。「李下瓜田」ともいう。

(用例) ＊団体行動では、**瓜田李下**も忘れてはならない。

(出典) 古楽府《こがふ》「君子行《くんしこう》」

過当競争《かとうきょうそう》

(対義) 独占市場《どくせんしじょう》

適切な範囲を超えて、争うこと。

(解説)「過当」はその場に合った限度を超えること。同じ業種の企業が、売り上げを伸ばそうと市場を占有して起こる競争をいう。

(用例) ＊皮肉にも**過当競争**によって販売価格が引き下げられ、利益が落ち込む結果となった。
＊石油が日本の主要なエネルギー源になった戦後、関連業界では激しい**過当競争**が繰り広げられた。

画《が》竜《りょう》点《てん》睛《せい》

(類義) 点睛開眼《てんせいかいがん》

重要な最後の仕上げ。肝心なところ。また、わずかに手を加えて全体を引き立たせること。

(解説)「睛」は瞳。「晴」と書くのは誤り。中国の絵の名手が竜を描き、最後に睛(瞳)を描き入れたとたん天に飛び去ったという故事から。多く「画竜点睛を欠く」として、肝心なところが欠けていることにいう。

(用例) ＊小さなミスが結果、**画竜点睛**を欠くこととなる。

(出典)「歴代名画記《れきだいめいがき》」

苛《か》斂《れん》誅《ちゅう》求《きゅう》

(類義) 苛政猛虎《かせいもうこ》・頭会箕斂《とうかいきれん》

情け容赦なく責めて借金や税金を取りたてること。

(解説)「苛」はむごい・ひどい、「斂」は取り上げて集める、「誅」は責めるの意。「苛斂」も「誅求」も租税を厳しく搾り取るという意味のことばで、2語を重ねて強調している。略して「苛求」ともいう。

(用例) ＊**苛斂誅求**を極める借金の取りたてに閉口する。
＊将来、今以上に**苛斂誅求**に苦しめられるのではないかと思うとぞっとします。

夏《か》炉《ろ》冬《とう》扇《せん》

(類義) 六菖十菊《りくしょうじゅうぎく》

時季はずれで役にたたないもの。むだなもののたとえ。

(解説) 夏の囲炉裏と冬の扇は、どちらも季節はずれで役にたたないことから。「冬扇夏炉」ともいう。

(用例) ＊アイデアが浮かんで企画書を出したんだけど、的はずれで**夏炉冬扇**だと一蹴されたよ。
＊皆から**夏炉冬扇**のように言われていた研究が意外な成果を上げた。

(出典)「論衡《ろんこう》」逢遇《ほうぐう》

閑雲野鶴《かんうんやかく》

(類義) 間雲孤鶴《かんうんこかく》・琴歌酒賦《きんかしゅふ》
孤雲野鶴《こうんやかく》・悠悠自適《ゆうゆうじてき》

何事にもとらわれず、のんびりと自然を楽しみながら暮らすこと。悠々と自由に暮らす境遇。

(解説)「閑雲」は静かに空に浮かんでいる雲。「間雲」とも書く。「野鶴」は原野で気ままに遊んでいる鶴。

(用例) ＊定年後は、妻との**閑雲野鶴**を望んでいる。
＊老人は**閑雲野鶴**の日々を送っていると思われがちだが、実際にはなかなか煩悩を断ち切れない。

(出典)「全唐詩話《ぜんとうしわ》」僧貫休《そうかんきゅう》

感慨無量《かんがいむりょう》

(類義) 意料無限《いりょうむげん》

ことばにできないほど深く、身にしみて感じること。

(解説)「感慨」は深く心に感じ、その思いにしみじみとひたること。「感概」と書くのは誤り。「無量」は、はかりしれないほど多いこと。略して「感無量」ともいう。

(用例) ＊あの幼かった娘が、こんなに美しい花嫁になろうとは、ただただ**感慨無量**でございます。
＊老翁が、日本の繁栄を支え、がむしゃらに働いてきた歩みを**感慨無量**の面持ちで語りだした。

鰥寡孤独《かんかこどく》

(類義) 鰥寡惸独《かんかけいどく》・形影相憐《けいえいそうりん》
天涯孤独《てんがいこどく》

身寄りのない独り者。また身寄りのない寂しい暮らし。

(解説)「鰥」は老いて妻のない夫、「寡」は老いて夫のない妻のこと。「孤」は幼くして親のない子ども、「独」は子どものない老人のこと。

(用例) ＊**鰥寡孤独**は、寂しいものです。
＊**鰥寡孤独**の人々が福祉の盲点にならないよう、行政は目を光らせておかなくてはならない。

(出典)「孟子《もうし》」梁恵王《りょうけいおう》

か

侃侃諤諤《かんかんがくがく》

(類義) 議論百出《ぎろんひゃくしゅつ》・談論風発《だんろんふうはつ》
百家争鳴《ひゃっかそうめい》

遠慮せず、思ったことを主張して議論すること。また、議論のさかんなことをいう。諤諤の臣《しん》。

(解説)「侃侃」は強く正しいこと。「諤諤」は遠慮せずありのままをずばりと言うこと。「喧喧囂囂《けんけんごうごう》」より肯定的な場合に使う。略して「侃諤」ともいう。

(用例) *賛成派も反対派も、**侃侃諤諤**と論戦を展開したが、結論は出なかった。
*会議は、社長を交え**侃侃諤諤**の様相を呈した。

官官接待《かんかんせったい》

公務員が公費を使って、上級の公務員を接待すること。

(解説)「官官」は公務員どうしの意。おもに地方自治体の公務員が予算などの便宜を図ってもらう目的で、公費を使って中央官庁の官僚をもてなすこと。

(用例) *度重なる**官官接待**が明るみに出て、当事者が大量に処罰された。
*不適切な**官官接待**などの支出は、市民オンブズマンによって厳重に監視する必要がある。

汗牛充棟《かんぎゅうじゅうとう》

(類義) 載籍浩瀚《さいせきこうかん》・擁書万巻《ようしょばんかん》

所蔵している書物が非常に多いことのたとえ。

(解説)「汗牛」は車に積んで牛に引かせれば牛が汗をかくほどのという意。「充棟」は家の中で積めば棟木にまで届くほど大量であること。「充棟汗牛」ともいう。

(用例) *退職後は**汗牛充棟**の書架に囲まれて暮らしたい。
*彼女はじつに勉強熱心で、植物の専門書だけでも**汗牛充棟**、素人とは思えないほど博学だ。

(出典) 柳宗元《りゅうそうげん》「陸文通先生墓表《りくぶんつうせんせいぼひょう》」

環境難民《かんきょうなんみん》

自然環境や気候の変化による環境破壊のために、居住地を離れなければならなくなった人々のこと。

(解説)「難民」は戦争や政治的迫害などにより他国へ逃れた人々。環境の激変によって生じた難民ということ。地球温暖化による海水面の上昇や砂漠化、森林伐採などが原因であることが多い。

(用例)＊**環境難民**の大量発生による影響を考えると、環境問題は喫緊の課題といえるだろう。

甘言蜜語《かんげんみつご》

(類義)甘言美語《かんげんびご》・甜言蜜語《てんげんみつご》

相手に取り入ったり、相手の気を引いたりするための甘いことば。おべっか。

(解説)男女間で交わされる甘い語らいにもいう。「蜜語」は蜜のように甘いことば。「密語」と書くのは誤り。

(用例)＊年利10パーセントなどという**甘言蜜語**にだまされて、あの投資家は多額の損失を被ったらしい。
＊悪質極まる結婚詐欺師の**甘言蜜語**が、多くの女性を不幸に陥れた。

頑固一徹《がんこいってつ》

一度決めたら、他人の意見を聞かず、自分の考えや態度を変えようとしないこと。また、その性格。

(解説)「頑固」「一徹」は共に、かたくなに思い込んでそれを強情に押し通すこと。同義語を重ね、意味を強めたことば。

(用例)＊父は**頑固一徹**で、その倅《せがれ》も偏屈者さ。
＊**頑固一徹**な性分が災いし旧友と疎遠になった。
＊店主は**頑固一徹**、値切ってもむだだよ。

か

眼光炯炯《がんこうけいけい》

類義 双眸炯炯《そうぼうけいけい》

目がきらきらと鋭く光って、物事のすべてを見抜いているような目つき。

解説「眼光」は目の光や洞察力。「炯炯」はきらきらと光っているさま。または眼光が鋭いさま。「眼光炯炯として人を射る」などと使う。

用例 ＊**眼光炯炯**たる彼の前で、軽率な発言はできない。
＊文句をぶつけようとしたが、**眼光炯炯**とにらみつけられたとたん、口をつぐんでしまった。

顔厚忸怩《がんこうじくじ》

類義 汗顔無地《かんがんむち》

あつかましく恥知らずな者の顔にも、さすがに深く恥じているようすが表れること。

解説「顔厚にして忸怩たる有り」の略。「顔厚」は面の皮が厚く恥を知らない者、「忸怩」は心中深く恥じて身を縮めるさま。

用例 ＊小生、ご指摘の事実に関しましては**顔厚忸怩**、返すことばもございません。

出典「書経《しょきょう》」五子之歌《ごししか》

眼光紙背《がんこうしはい》

類義 韋編三絶《いへんさんぜつ》・熟読玩味《じゅくどくがんみ》

本をよく読み、裏の意味まで理解すること。洞察力を働かせて注意深く読むこと。読解力が極めて高いこと。

解説 鋭い目の光が文字の書かれた紙の裏（紙背）を貫通するとの意から、書物などの文章に潜む深意や真意まで観察力・洞察力（眼光）で解釈する「優れた読解力」をいう。慣用的に「眼光紙背に徹す（る）」と使う。

用例 ＊一読者の**眼光紙背**が著者を思いのほか驚かせた。
＊名著を**眼光紙背**に徹し感銘をより強くした。

眼高手低《がんこうしゅてい》

(類義) 志大才疎《しだいさいそ》

眼識は高くても、実際の技術や能力が低いこと。また、望みは高くとも実力がそれに伴わないこと。

(解説) 絵や文章などについて、目は肥えていて他人のものを批評するが、自分でつくりあげる能力はそなわっていない場合に使う。「高」を「光」と書くのは誤り。

(用例) ＊若い頃に勉強したというだけあって、知識は豊富だが**眼高手低**のようだ。
＊理想は高いが実行力に乏しい**眼高手低**型だ。

換骨奪胎《かんこつだったい》

(類義) 点鉄成金《てんてつせいきん》

古人や他人の詩文の形式や発想を取り入れ、そこに創意工夫を加えて独自のものをつくること。

(解説) 「換骨」は骨を取り換えること。「奪胎」は胎盤を奪い取ることで「脱胎」とも書く。他人の作品の一部を変え新作に見せかける「焼き直し」の意として批判的に使われるが、本来は誤用。「奪胎換骨」ともいう。

(用例) ＊これは古典の名作を巧みに**換骨奪胎**した作品だ。

(出典) 「冷斎夜話《れいさいやわ》」

冠婚葬祭《かんこんそうさい》

四大礼式で、元服(冠)・婚礼(婚)・葬儀(葬)・祖先の祭礼(祭)のこと。また、慶弔の儀式のこと。

(解説) 「婚」は「昏」と、「葬」は「喪」とも書く。

(用例) ＊**冠婚葬祭**には昔から、六曜で障りのない日を選ぶ習慣があります。
＊社会人になったからには、**冠婚葬祭**のマナーぐらいは身につけておきなさい。

(出典) 「礼記《らいき》」礼運《れいうん》

感情移入《かんじょういにゅう》

他人の意見や感情に共感して、いかにも自分が体験したかのように心を動かすこと。

(解説) ドイツの心理学者・リップスが19世紀に提唱した、美学における美意識の根本概念から。

(用例) ＊フィクションだとわかっていても**感情移入**しやすい性分からか観劇では、よくもらい泣きする。
＊**感情移入**が激しいと、冷静な判断を下しにくい。
＊主人公に**感情移入**したせいか、読後は感無量だ。

寛仁大度《かんじんたいど》

(類義) 豁達大度《かったつたいど》・寛洪大量《かんこうたいりょう》

寛大で慈悲深いこと。情け深く度量が大きいこと。

(解説) 人の性質に対して使われる。「寛仁」は心が広く、情けが深いこと。「大度」は度量が大きく、小事にはこだわらないこと。「肝心」「態度」と書くのは誤り。

(用例) ＊人に許しを請われたときは、**寛仁大度**に謝罪を受け入れてあげることです。
＊**寛仁大度**なのだから将来、大物になるだろう。

(出典) 「漢書《かんじょ》」高帝紀《こうていき》

勧善懲悪《かんぜんちょうあく》

(類義) 遏悪揚善《あつあくようぜん》・勧奨懲誡《かんしょうちょうかい》
破邪顕正《はじゃけんしょう》・揚清激濁《ようせいげきだく》

善行を勧め、悪行を懲らしめること。善人を尊び悪人を退けること。

(解説) 儒教的道徳の一表現。社会正義の本道としてもてはやされ、江戸から現代に至るまで広く文芸の題材として取り入れられている。「懲悪勧善」ともいう。

(用例) ＊時代劇は**勧善懲悪**で単純だがつねに人気がある。
＊裁判は**勧善懲悪**の精神で公平に行われるべきだ。

(出典) 「春秋左氏伝《しゅんじゅうさしでん》」成公《せいこう》十四年

完全無欠《かんぜんむけつ》

(類義) 完美無欠《かんびむけつ》・金甌無欠《きんおうむけつ》
十全十美《じゅうぜんじゅうび》・尽善尽美《じんぜんじんび》

完璧なこと。どこから見ても不足や欠点がまったくなく、完成していること。

(解説)「完全」も「無欠」も欠けたところがないこと。同義語を重ね完全であることを強調したことば。

(用例) ＊大賞作品は、技術的にも芸術的にも非の打ちどころがなく、まさに**完全無欠**だ。
＊「**完全無欠**な人間などいないが仕事は完璧にこなせ」が社長の口癖だ。

肝胆楚越《かんたんそえつ》

非常に似たものでも、見方によってはまったく違って見えることのたとえ。また、近しい関係にあったものが、遠い関係になってしまうことのたとえ。

(解説)「肝胆」は肝臓と胆囊《たんのう》で近い関係を表し、「楚」「越」は中国・春秋時代の国名で、遠く相反する関係を表す。

(用例) ＊竹馬の友のきみとも**肝胆楚越**で、まさかこんな別れをするとは。

(出典)「荘子《そうじ》」徳充符《とくじゅうふ》

簡単明瞭《かんたんめいりょう》

(類義) 一目瞭然《いちもくりょうぜん》・単純明快《たんじゅんめいかい》
(対義) 複雑怪奇《ふくざつかいき》

単純で易しく、わかりやすいさま。わかりやすく、はっきりしているさま。

(解説)「簡単」は単純で複雑でないこと。「明瞭」は明らかではっきりしていること。

(用例) ＊きみの話は回りくどくていけない。もっと**簡単明瞭**にいかんものかね。
＊国際情勢は複雑怪奇だなんて冗談じゃない。腹を据えてかかれば**簡単明瞭**な話さ。

か

歓天喜地《かんてんきち》

(類義) 歓欣鼓舞《かんきんこぶ》・狂喜乱舞《きょうきらんぶ》
欣喜雀躍《きんきじゃくやく》・手舞足踏《しゅぶそくとう》

非常に喜ぶこと。踊りたくなるほどの大きな喜び。天を仰いで喜び、地に向かって喜ぶこと。

(解説)「歓喜」と「天地」の合成語。「歓」は叫び喜ぶこと。「喜」は、もとは楽器を奏でて喜ぶこと。

(用例) ＊数々の問題を乗り越えてやっと株式上場にこぎ着けたので、社員一同、**歓天喜地**の大騒ぎだ。
＊10年来思い続けてきた彼女の心を射止めたのだから、彼の**歓天喜地**は尋常じゃないよ。

旱天慈雨《かんてんじう》

(類義) 大旱慈雨《たいかんじう》

苦しんでいるときに訪れる救いの手。また、待ち望んでいたものが手に入ること。渡りに舟。地獄で仏。

(解説) 多く、「旱天の慈雨」という言い方で使われる。日照り(旱天)続きで困っているときに、天から恵みの雨(慈雨)が降ることから。「旱天」は「干天」とも書く。

(用例) ＊**旱天慈雨**となる援助の申し出に、一同が喜んだ。
＊大規模な減税政策が不況への**旱天慈雨**になった。
＊命拾いの**旱天慈雨**は、居合わせた医者だった。

艱難辛苦《かんなんしんく》

(類義) 四苦八苦《しくはっく》・焦心苦慮《しょうしんくりょ》
千辛万苦《せんしんばんく》・粒粒辛苦《りゅうりゅうしんく》

つらいことや大変な苦しみに遭うこと。ひどい困難に出遭い、それに耐えること。

(解説)「艱」も「難」も苦しみ悩むの意。「辛苦」はつらい目に遭って苦しむこと。

(用例) ＊倒産寸前まで傾いた会社を、**艱難辛苦**し、独りで再建したというのだからたいしたものだ。
＊成功の秘訣《ひけつ》は、**艱難辛苦**を己の肥やしと考え、積極的に受け止めていくことです。

奸佞邪知《かんねいじゃち》

(類義) 奸佞邪心《かんねいじゃしん》

心がひねくれていて、ずるがしこいこと。悪知恵を働かせて人を陥れようとすること。また、そのような人。

(解説)「奸佞」は心がねじまがっていること。「姦佞」とも書くが、「奸侫」は誤り。「邪知」は悪知恵のことで、「邪智」とも書く。「邪知奸佞」ともいう。

(用例) ＊**奸佞邪知**の輩《やから》と渡り合うには、意表を突く策略を周到に準備することが必要だ。

＊**奸佞邪知**な振る舞いは、けっして看過できない。

玩物喪志《がんぶつそうし》

(類義) 玩人喪徳《がんじんそうとく》

目先の珍しいものや無用のものに心を奪われて、本来の目的を失うこと。ささいなことにとらわれて、大きな目標を見失うこと。

(解説) 中国・周《しゅう》の召公《しょうこう》が、武王《ぶおう》が珍しい贈り物に心を奪われて国政をおろそかにするのをいさめたことばから。

(用例) ＊どんなに高価な史料を収集しても、研究がなおざりでは、**玩物喪志**のそしりは免れない。

(出典)「書経《しょきょう》」旅獒《りょごう》

頑迷固陋《がんめいころう》

(類義) 狷介孤高《けんかいここう》・卑陋頑固《ひろうがんこ》
墨守成規《ぼくしゅせいき》・冥頑不霊《めいがんふれい》

強情で考え方が柔軟でなく、視野が狭いこと。また、それによって物事を正しく判断できないさま。

(解説)「頑迷」は、頑固で物事の道理がわからないこと。「迷」は「冥」と書くこともある。

(用例) ＊少数意見として**頑迷固陋**に拒んでばかりいては、新案など期待できない。

＊いくら会社再建を議論しても、経営陣が**頑迷固陋**では目新しい解決策など思いつくものではない。

閑話休題《かんわきゅうだい》

それはさておき。さて。本筋からそれた話題を元に戻すときに使うことば。

(解説)「閑話」はむだ話。「間話」とも書く。「休題」は話をやめること。手紙など文章でよく使われる。

(用例)＊**閑話休題**、本題に入るのでお静かに願います。
＊前置きについては**閑話休題**。こちらでは大変な事件が起こりました。

(出典)「水滸伝《すいこでん》」

気韻生動《きいんせいどう》

絵画や書などの芸術作品に、気品や風格が生き生きと感じられること。

(解説)「気韻」は芸術作品などにある気高い気品。「生動」は生き生きとしていること。また、生き生きとして真に迫っていること。

(用例)＊鉄斎《てっさい》の作品は、どれをとっても**気韻生動**で、鑑賞者の心をとらえて離さない。

(出典)陶宗儀《とうそうぎ》「輟耕録《てつこうろく》」叙画《じょが》

気宇壮大《きうそうだい》

(類義)気宇軒昂《きうけんこう》・気宇雄豪《きうゆうごう》
幕天席地《ばくてんせきち》

度量が大きく、志が立派であること。構想や計画の規模が大きいこと。

(解説)「気宇」は心意気や器量・度量のこと。「壮大」は並はずれて大きく、立派なこと。

(用例)＊海底に一大アミューズメントパークを造るという**気宇壮大**な計画が資金不足で頓挫したそうだ。
＊酒が入ると**気宇壮大**になるところなど、だんだん父親に似てきた。

気炎万丈《きえんばんじょう》

気力に満ち、非常に意気さかんであること。また、激しく議論を戦わせること。

(解説)「気炎」は「気焔」とも書き、さかんな意気を、燃え上がる炎にたとえた語。「気炎を上げる」「気炎を吐く」「気を吐く」などと同じ。「丈」は長さの単位で、一丈(十尺)は約３メートル。「万丈」で、非常に高いこと。

(用例) ＊彼は「必ず成功してみせる」と**気炎万丈**だった。
＊**気炎万丈**の口論に、誰も口をはさめなかった。

危機一髪《ききいっぱつ》

(類義) 一触即発《いっしょくそくはつ》・一髪千鈞《いっぱつせんきん》

一つ間違えば非常に危険なことが起こりそうな状態。間一髪。危ない瀬戸際。

(解説) 多く、大変危険な事態を回避できた場合の表現として使われる。「一髪」は髪の毛一本ほどの隙間。「一発」と書くのは誤り。

(用例) ＊リーダーの決断が早かったため、**危機一髪**で損害を最小限に食い止めることができた。
＊事前の注意報で**危機一髪**、被害者が出なかった。

奇奇怪怪《ききかいかい》

(類義) 奇怪至極《きかいしごく》・奇怪千万《きかいせんばん》
奇奇妙妙《ききみょうみょう》・奇絶怪絶《きぜつかいぜつ》

常識では考えられないような不思議なこと。常人の理解を超えて奇怪なこと。

(解説)「奇」と「怪」を重ねて意味を強調している。「怪怪奇奇」ともいう。

(用例) ＊よそから来た人には**奇奇怪怪**に見えるだろうが、ここでは当たり前のことなんだ。
＊当社が倒産するという**奇奇怪怪**な情報が流れているようですが、心配することはありません。

き

規《き》矩《く》準縄《じゅんじょう》

類義 規矩縄墨《きくじょうぼく》・規則縄墨《きそくじょうぼく》
鉤縄規矩《こうじょうきく》

物事や行為の標準・基準になるもの。手本。規則。

解説「規」はコンパス、「矩」は方形を描く曲尺《かねじゃく》、「準」は水平を測る水準器、「縄」は直線を引く墨縄。「規矩」「準縄」は、物事の基準・標準になるものをいう。

用例 ＊高校を卒業し青雲の志をたてて上京、世の**規矩準縄**となるべく一心に勉学に励んだ。
＊共同生活なのだから**規矩準縄**の順守は当然だ。

出典「孟子《もうし》」離婁《りろう》・上

鬼《き》哭《こく》啾啾《しゅうしゅう》

浮かばれない霊魂が、恨めしげに泣いているような声。また、そのように鬼気迫るさま。

解説「哭」は、大きな声をあげて泣くこと。「啾啾」は、しくしくと、細く尾を引く泣き声。

用例 ＊その古戦場は、**鬼哭啾啾**として不気味だった。
＊過労で**鬼哭啾啾**たる雰囲気を漂わせていた彼が、とうとう長期入院することになったそうだ。

出典 杜甫《とほ》「兵車行《へいしゃこう》」

起《き》死《し》回生《かいせい》

類義 起死回骸《きしかいがい》・起死再生《きしさいせい》
対義 再起不能《さいきふのう》

絶望的な状態が奇跡的に持ち直すこと。悪い状態が劇的に好転すること。

解説 瀕死の病人をよみがえらせることから。「回生起死」ともいう。

用例 ＊敗色濃厚だった試合は、ピンチヒッターの**起死回生**のホームランで一気に逆転した。
＊**起死回生**をかけた新製品の大ヒットで、当社は窮地を脱した。

旗幟鮮明《きしせんめい》

(類義) 確乎不動《かっこふどう》・確乎不抜《かっこふばつ》
(対義) 内股膏薬《うちまたこうやく》・付和雷同《ふわらいどう》

旗印がはっきりしていることから、態度・主義・主張などが明白なさま。

(解説)「旗幟」は、戦場で敵味方の区別がつきやすいように立てる旗やのぼり。転じて、主義や態度のこと。

(用例) ＊創業以来、**旗幟鮮明**な社是が顧客に好評です。
＊**旗幟鮮明**だった野党が、いつの間にか与党におもねった政策を掲げだしたのはどうしたわけだ。
＊賛成か反対か**旗幟鮮明**にしてから回答を出そう。

貴耳賤目《きじせんもく》

(対義) 百聞一見《ひゃくぶんいっけん》

人から伝え聞いたことを信じて、実際に自分で見たことを信じようとしないこと。また、過去や遠くの伝聞を重んじ、現在や近くの現実を軽視すること。

(解説)「貴耳」は聞いたことを尊ぶ、「賤目」は見たことを卑しみ軽んじること。

(用例) ＊目の前に起きている現実を信じないなんて、**貴耳賤目**にすぎるんじゃないか。

(出典)「文選《もんぜん》」張衡《ちょうこう》「東京賦《とうけいのふ》」

希少価値《きしょうかち》

物事の数や量が、非常に少なくて珍しいことから生じる価値のこと。

(解説)「希少」は極めて少ないこと。「稀少」とも書く。数や量が少ないことから生まれる価値のことで、もともと高価だったり立派だったりするとは限らない。

(用例) ＊ふだん何気なく使っている硬貨も、発行年数によって**希少価値**があるらしい。
＊絶版になった名著の**希少価値**ははかりしれない。

起承転結《きしょうてんけつ》

(類義) 起承転合《きしょうてんごう》

文章や物事の展開の方法。筋道だっていて、まとまりのあること。

(解説) 漢詩、特に絶句（四句の定型詩）の構成法の一つ。第一句（起）で言い起こし、二句（承）でその内容を受け、三句（転）で場面や詩意を転じ、四句（結）で全体をまとめる。散文や演説の構成などに応用される。

(用例) ＊むだのない、**起承転結**がととのっているだけの小説では、人の心は動かせない。

喜色満面《きしょくまんめん》

(類義) 喜笑顔開《きしょうがんかい》・春風満面《しゅんぷうまんめん》
得意満面《とくいまんめん》

喜びを隠しきれず、うれしそうな表情が顔いっぱいに表れていること。また、その表情。

(解説) 色は顔色の意、つまり「喜色」で喜びの表情。「満面」は顔いっぱい。顔全体に喜びの様子が表れていること。「喜色面に満つ」と訓読し、多く「喜色満面にあふれる」として使われる。「気色」と書くのは誤り。

(用例) ＊里帰りのたびに**喜色満面**の母が迎えてくれる。
＊初優勝を遂げた監督は終始、**喜色満面**だった。

疑心暗鬼《ぎしんあんき》

(類義) 杯中蛇影《はいちゅうのだえい》・風声鶴唳《ふうせいかくれい》
(対義) 虚心坦懐《きょしんたんかい》

心に疑いを抱いていると、なんでもないことまで疑わしく不安に思えてくること。幽霊の正体見たり枯れ尾花。

(解説) 「疑心」は疑う心。「暗鬼」は暗闇に潜むもののけの意で、疑いだすと暗がりにもののけがいるように見えてしまうことから。「疑心、暗鬼を生ず」の略。

(用例) ＊犯人捜しが始まって皆、**疑心暗鬼**に陥った。
＊すっかり**疑心暗鬼**で、まったく信じてくれない。

(出典) 呂本中《りょほんちゅう》「師友雑志《しゆうざっし》」

き

規《き》制《せい》緩《かん》和《わ》

(対義) 規《き》制《せい》強《きょう》化《か》

物事の活動や流れを活発にするために、規制を廃止したり緩めたりすること。

(解説)「規制」は物事の状態が悪くならないよう制限すること。「規正」「基制」「既成」と書くのは誤り。「緩和」は、廃止したり緩めたりすること。おもに経済関連の用語として使われる。

(用例) ＊電話会社の**規制緩和**によって、多様なサービスが受けられるようになった。

奇《き》想《そう》天《てん》外《がい》

(類義) 斬《ざん》新《しん》奇《き》抜《ばつ》・石《せき》破《は》天《てん》驚《きょう》

(対義) 平《へい》平《へい》凡《ぼん》凡《ぼん》

思いもよらない奇抜なこと、またその発想。

(解説)「奇想、天外より落つ」の略。「奇想」は思いもよらない考え。「天外」は天の外。また、はるかかなたの空。奇抜な案が天から降ってきたということから。

(用例) ＊初めは**奇想天外**な計画だと思ったが、売り上げが伸びるにつれ周囲の見る目が変わっていった。

＊このアイデアは常識を覆すほど**奇想天外**だ。

＊提案が**奇想天外**だから、理解に時間がかかる。

帰《き》巣《そう》本《ほん》能《のう》

(類義) 帰《き》家《か》本《ほん》能《のう》

遠く離れたところから、自分の巣に帰ってくることができる、動物などに生来そなわっている能力。

(解説) 人間についていう場合もある。「帰巣」は自分の巣に帰ること。

(用例) ＊旅先で迷子になった愛犬が、**帰巣本能**でわが家に戻ってきた。

＊酔客が記憶をなくすほど痛飲しても帰宅できるのは、**帰巣本能**があるからだそうだ。

き

気息奄奄《きそくえんえん》

(類義) 残息奄奄《ざんそくえんえん》・半死半生《はんしはんしょう》

いかにも苦しそうで息も絶え絶えなこと。弱々しく元気がなくて、今にも滅びそうなさま。虫の息。

(解説)「奄」は覆う、塞がるの意。

(用例) ＊業績が悪化したために資金繰りもままならず、**気息奄奄**たる状態だ。

＊新しくできたスーパーに客を取られて、こっちは**気息奄奄**、近いうちに店じまいだよ。

(出典) 李密《りみつ》「陳情表《ちんじょうひょう》」

吉凶禍福《きっきょうかふく》

良好なことと悪いこと。幸いとわざわい。また、めでたいことと不吉なこと。

(解説)「吉凶」は良好なことと悪いこと。「禍福」はわざわいと幸い。「吉」「福」は幸い、「凶」「禍」はわざわいで、同じ意味の語を重ね、強調したことば。

(用例) ＊人生は**吉凶禍福**でできている。事業に失敗したことをいい薬に、一から出直すさ。

＊**吉凶禍福**は時の運。好調なときほど油断するな。

喜怒哀楽《きどあいらく》

(類義) 嬉笑怒罵《きしょうどば》

喜び・怒り・悲しみ・楽しみ。人間が持っているさまざまな感情全般。

(用例) ＊**喜怒哀楽**こそ顔に出さないが冷たい人ではない。

＊リーダーたるもの、**喜怒哀楽**をすぐ表に出したりせずに、まずはじっくり相手の話を聞くことだ。

＊人気はあるのだが**喜怒哀楽**のパフォーマンスがどうも鼻について、あの役者は好きになれない。

(出典)「中庸《ちゅうよう》」

鬼面仏心《きめんぶっしん》

(対義) 人面獣心《じんめんじゅうしん》

怖そうに見えて、じつは非常にやさしく穏やかであること。また、そのような人。

(解説) この逆で、見た目がやさしそうで本当は残酷な人を「外面《げめん》如《にょ》菩薩《ぼさつ》内心《ないしん》如《にょ》夜叉《やしゃ》」という。「鬼面」は鬼の顔。また、その仮面。「仏心」は仏のようなやさしい心の意。

(用例) ＊たとえ強面《こわもて》でも、なかには**鬼面仏心**もいるのだから、人を外見で判断してはいけない。

＊おじの**鬼面仏心**は、接してみてはじめてわかる。

亀毛兎角《きもうとかく》

(類義) 烏白馬角《うはくばかく》・塩香風色《えんこうふうしょく》
亀毛蛇足《きもうだそく》・蛇足塩香《だそくえんこう》

ありえないこと。

(解説) 毛の生えた亀と角《つの》のある兎《うさぎ》。転じて、実在するはずがないということ。「兎角亀毛」ともいう。

(用例) ＊業界トップとナンバーツーが仲よく提携だなんて、**亀毛兎角**のうわさ話にすぎない。

＊伝説の中には、どう考えても**亀毛兎角**としか思えないものも多い。

＊巧言で、**亀毛兎角**をうっかり信じそうになった。

逆取順守《ぎゃくしゅじゅんしゅ》

道理に背いた方法で取った天下を、道理にかなった方法で守ること。

(解説)「逆取」は道理に逆らう、「順守」は道理を守ること。中国・殷《いん》の湯王《とうおう》や周《しゅう》の武王《ぶおう》は武力によって天下を奪ったが、天子になってからはよい統治を行ったという故事による。

(用例) ＊織田信長《おだのぶなが》は**逆取順守**の天下人をめざした。

(出典)「史記《しき》」陸賈伝《りくかでん》

牛飲馬食《ぎゅういんばしょく》

(類義) 鯨飲馬食《げいいんばしょく》・痛飲大食《つういんたいしょく》
暴飲暴食《ぼういんぼうしょく》

むやみに飲み食いすること。人並み以上におおいに飲食すること。

(解説)「牛飲」は牛が水を飲むように、「馬食」は馬が餌(まぐさ)を食べるように、というさまから。

(用例) ＊若い頃はスポーツをやっていたから、毎食３人前くらいは軽くぺろり、まさに**牛飲馬食**だった。
＊有能な営業マンだが接待の席でも平気で**牛飲馬食**するものだから、きまりが悪い。

鳩首凝議《きゅうしゅぎょうぎ》

(類義) 鳩首会談《きゅうしゅかいだん》・鳩首協議《きゅうしゅきょうぎ》
鳩首談義《きゅうしゅだんぎ》・鳩首密議《きゅうしゅみつぎ》

人々が額を寄せ集めて、熱心に協議すること。

(解説)「鳩」は集めるの意。「鳩首」は人々が集まって額を寄せ合うこと。「凝議」は熱心に相談すること。

(用例) ＊新政策を練るため、党議員が本部に集合し夜通し**鳩首凝議**を重ねている。
＊本件については関係者と**鳩首凝議**し、方針を決定します。
＊裁決は代表者らの**鳩首凝議**で下される。

救世済民《きゅうせいさいみん》

(類義) 経世済民《けいせいさいみん》

乱れた世の中を救い、人々を苦しみから助けて幸福に導くこと。

(解説)「済」は救うの意で、「斉」と書くのは誤り。

(用例) ＊警察官を引退した今でも、**救世済民**の志をもってボランティア活動に励んでいる。
＊政治家なら、たとえカリスマ性がなくても、有効な政策と情熱さえあれば**救世済民**を実現できる。
＊国王として**救世済民**に尽力した。

旧態依然《きゅうたいいぜん》

(類義) 十年一日《じゅうねんいちじつ》
(対義) 日就月将《にっしゅうげっしょう》・日進月歩《にっしんげっぽ》

物事の状態や体制などが古いままで、すこしも変化や発展のないさま。

(解説)「旧態」は昔からの古い状態・様子。「旧体」「久態」と書くのは誤り。「依然」は、前のまま変わらないこと。「以前」と書くのは誤り。

(用例) ＊当世、老舗だからといって、**旧態依然**のやり方を続けているわけにはいかない。
＊再建の第一歩は、**旧態依然**とした意識の改革だ。

急転直下《きゅうてんちょっか》

(類義) 一落千丈《いちらくせんじょう》

事態が急変して、とつぜん結末を迎えること。また、急に解決の方向に向かうこと。

(解説)「直下」は、まっすぐ下りること。そこから、結末に向かうこと。

(用例) ＊根気よく交渉を続けた結果、**急転直下**の様相を呈し、こちらの希望どおりに契約できた。
＊思わぬところで犯人が捕まり、迷宮入りしかけていた事件が**急転直下**、解決した。

旧套墨守《きゅうとうぼくしゅ》

(類義) 旧習墨守《きゅうしゅうぼくしゅ》・刻舟求剣《こくしゅうきゅうけん》
(対義) 吐故納新《とこのうしん》

昔からの古い習慣や方法を固く守り続けること。また、古い慣習などにとらわれて、融通のきかないこと。

(解説)「旧套」は古い方法やしきたり。「墨守」は中国・戦国時代の思想家・墨子《ぼくし》が城を守り通したという故事から、固く守ること。

(用例) ＊象牙の塔と皮肉られる**旧套墨守**の体質から抜けだすのは、どの大学だろう。
＊ITの世界では、そんな**旧套墨守**は通じないよ。

鏡花水月《きょうかすいげつ》

目に見えるが手には取れないもの、また、感じ取ることができても、ことばでは説明できないもののたとえ。

(解説)詩歌・小説の微妙な味わいについてもいう。「鏡花」は鏡に映った花、「水月」は水に映った月で、どちらも手に取れないことから。「水月鏡花」ともいう。

(用例)＊**鏡花水月**のように確かめられないのが恋なのさ。
＊著者の**鏡花水月**の筆致はじつに巧みで、読後にいつも感心させられる。

強幹弱枝《きょうかんじゃくし》

(類義)中央集権《ちゅうおうしゅうけん》

中央の権力を強め、地方の権限を弱めること。

(解説)「幹」は帝室で中央政府のこと。「枝」は諸侯で地方政権のこと。「幹を強くし枝を弱くす」とも訓読する。

(用例)＊地方分権の時代に**強幹弱枝**の政策をとるとは、時代錯誤もはなはだしい。
＊新社長によって発表された経営方針は、本社の権限を拡大した**強幹弱枝**だった。

(出典)「文選《もんぜん》」班固《はんこ》「西都賦《せいとのふ》」

狂喜乱舞《きょうきらんぶ》

(類義)有頂天外《うちょうてんがい》・歓天喜地《かんてんきち》
欣喜雀躍《きんきじゃくやく》・手舞足踏《しゅぶそくとう》

非常に喜ぶさま。

(解説)「狂喜」は狂おしいほどに喜ぶこと。「狂気」と書くのは誤り。「乱舞」はたくさんの人が入り乱れて踊ること。喜びのあまり思わず小躍りすることから。

(用例)＊激戦区での当確の吉報に、選挙事務所は**狂喜乱舞**の嵐に包まれた。
＊長年の宿敵を破っての優勝を果たし、スタンドの応援団がいっせいに**狂喜乱舞**した。

恐惶謹言《きょうこうきんげん》

類義　恐恐謹言《きょうきょうきんげん》・恐懼再拝《きょうくさいはい》
恐惶敬白《きょうこうけいはく》

恐れながらつつしんで申し上げること。

解説「恐」「惶」は共に恐れる、恐れつつしむこと。「謹言」はつつしんで言うの意で、相手に敬意を示すため「謹啓」で始める手紙の末尾に「敬具」「敬白」の意味で書くことがある。

用例＊上座のお歴々に話しかけるのは、**恐惶謹言**だ。
＊現代の手紙では**恐惶謹言**は使われなくなった。
＊改革案を**恐惶謹言**し、首脳部に受理された。

行住坐臥《ぎょうじゅうざが》

類義　挙措進退《きょそしんたい》・坐作進退《ざさしんたい》
常住坐臥《じょうじゅうざが》・常住不断《じょうじゅうふだん》

ふだんの行動。日常の立ち居振る舞い。そこから、日々の暮らし。ふだん。つねづね。

解説「行住」は、歩くことと止まることの意。「坐臥」は、座ることと寝ることの意。この「歩く」の行、「止まる」の住、「座る」の坐、「寝る」の臥を、仏教で「四威儀《しいぎ》」と総称する。

用例＊生活を改善するのなら、**行住坐臥**を省みなさい。
＊**行住坐臥**、すべてを修行と思えば悟りが開ける。

拱手傍観《きょうしゅぼうかん》

類義　隔岸観火《かくがんかんか》・袖手傍観《しゅうしゅぼうかん》
冷眼傍観《れいがんぼうかん》

行動すべきときに、なにもせず、ただ傍らで手をこまねいて見ていること。高みの見物を決め込むこと。

解説「拱手」は両手を胸の前で組み合わせる礼で、手を組んでなにもしないこと。「こうしゅ」とも読む。

用例＊目撃者は事故現場にいながら**拱手傍観**しているだけで、助けを呼ばなかったらしい。
＊我関せずとばかりの**拱手傍観**では、いつまでたっても問題など解決しないでしょう。

共存共栄《きょうぞんきょうえい》

対義 弱肉強食《じゃくにくきょうしょく》・不倶戴天《ふぐたいてん》

複数のものが敵対することなく、助け合って生存し、共に繁栄すること。手を取り合い協力関係を築くこと。

解説「共存」は「きょうそん」とも読む。

用例 ＊やみくもに開発を推し進めるのではなく、自然や動物との**共存共栄**の道を模索することも大切だ。
＊地元商店街との**共存共栄**を図りながら、出店計画を見直すことになりました。
＊敵対していた両国に**共存共栄**の道が開けた。

驚天動地《きょうてんどうち》

類義 撼天動地《かんてんどうち》・驚天駭地《きょうてんがいち》
震地動天《しんちどうてん》・震天動地《しんてんどうち》

世の中を驚かせること。世間をびっくりさせること。また、そのようなできごと。

解説 天を驚かし地を動かすほどの騒ぎ、ということから。字順を並び替え「驚地動天」ともいう。

用例 ＊夫の交通事故は、彼女にとって**驚天動地**だった。
＊リーダーは、**驚天動地**の大事件にも眉一つ動かさず冷静に対処できる豪傑だ。

出典 白居易《はくきょい》の詩

器用貧乏《きようびんぼう》

類義 巧者貧乏《こうしゃびんぼう》

なまじ器用なために万事そつなくこなすが、一つのことに専念しないので大成しないこと。あれこれと手を出して、けっきょくどれも身につかないこと。鼯鼠《ごそ》の五技。

解説 他人から重宝がられて利用され、自分自身のことで大成できないことにも使う。

用例 ＊**器用貧乏**な性格をいとい、一事に専念した。
＊幅広い知識を要する部署に配置すれば、たとえ**器用貧乏**でも強力な人材になるはずだ。

興味津津《きょうみしんしん》

(対義) 興味索然《きょうみさくぜん》

非常に関心があるさま。おもしろみが続いて関心が尽きないこと。

(解説)「津津」は、あとからあとから湧き出てくるさま。「興味を深める」とはいうが、「深深」と書くのは誤り。

(用例) ＊ヒット商品を次々と生みだしているクリエーターの講演を皆、**興味津津**に聴き入っていた。
＊とかくうわさの多い社員が異動してきたものだから、その言動には課の全員が**興味津津**らしい。

興味本位《きょうみほんい》

おもしろさだけで物事を判断すること。

(解説)「興味」はその物事に関心を持つこと。おもしろいと感じること。「本位」は判断や行動の基準・基本となるもの。「本意」と書くのは誤り。

(用例) ＊習い事を始めた理由が**興味本位**なら、そう長続きはしないだろう。
＊タイトルにひかれ、**興味本位**で買ってみたが意外におもしろい冒険小説だった。

狂瀾怒濤《きょうらんどとう》

(類義) 疾風怒濤《しっぷうどとう》・暴風怒濤《ぼうふうどとう》
(対義) 天下泰平《てんかたいへい》・平穏無事《へいおんぶじ》

荒れ狂ったようなひどい状態。逆巻く波のように事態が激しく乱れているさま。多く、世の情勢についていう。

(解説)「狂瀾」「怒濤」共に荒れ狂う大波のこと。「瀾」を「乱」と書くのは誤り。

(用例) ＊世の中の**狂瀾怒濤**を生き抜いてきた人だから、これぐらいのトラブルならすぐ解決できるだろう。
＊政府の経済改革案は、我々を**狂瀾怒濤**に投げ入れるようなものだ。

虚虚実実《きょきょじつじつ》

互いに策謀を尽くして懸命に戦うこと。隙を見て攻撃すること。互いの腹の中を探り合うこと。

(解説)「虚」は守備の隙。「実」は守りの堅いところ。相手の実(堅守)を避け虚(弱点)を攻める激しい戦いをいう。また、虚(うそ)・実(まこと)から、「虚実の駆け引き」などと交渉のさまを表したりする。

(用例)＊外交には、時には**虚虚実実**も大切だ。
＊名人戦は**虚虚実実**の、見応えのある一局だった。

き

曲学阿世《きょくがくあせい》

真理を曲げ、世間に気に入られそうな説を唱えて人気を得ようとすること。世論に迎合したことを言って、もてはやされること。

(解説)「曲学」は、よこしまな学問。「阿世」は世の中におもねること。「阿世曲学」ともいう。

(用例)＊テレビ出演の合間に大学で講義するあの教授は、**曲学阿世**のそしりを受けるはめになった。

(出典)「史記《しき》」儒林伝《じゅりんでん》

旭日昇天《きょくじつしょうてん》

(類義) 旭日東天《きょくじつとうてん》

朝日が昇るように、勢いが非常にさかんであること。日の出の勢い。飛ぶ鳥を落とす勢い。破竹の勢い。

(解説)「旭日」は朝の太陽、つまり朝日。「昇天」は天に昇ること。「旭日昇天の勢い」などと使う。

(用例)＊かつては**旭日昇天**だったが、事業の失敗をきっかけに見る影もなく零落した。
＊たった一人で始めた会社だったが、時を得て今や**旭日昇天**の大企業に成長した。

玉石混淆《ぎょくせきこんこう》

(類義) 牛驥同皁《ぎゅうきどうそう》・玉石雑糅《ぎょくせきざつじゅう》
玉石同架《ぎょくせきどうか》・玉石同匱《ぎょくせきどうき》

よいものと悪いもの、賢人と凡人、優れたものと劣ったものが入り混じっていること。

(解説)「玉」は宝玉。「石」は値打ちのない石、つまらないもの。「混淆」は入り混じること。「混交」とも書く。

(用例) ＊名門大学の学生でも、**玉石混淆**の集まりと考えて、先入観を持たずに面接してください。
＊この企画書の山は**玉石混淆**で、選定が大変だ。

(出典)「抱朴子《ほうぼくし》」尚博《しょうはく》

跼天蹐地《きょくてんせきち》

かしこまってびくつくこと。また、肩身が狭く人目を気にして生活すること。

(解説) 身をかがめ(＝跼)、忍び足で歩く(＝蹐)ことから。そのようにびくびくしていること。「跼蹐」とも略し、「跼天」は「局天」とも書く。

(用例) ＊失脚した会長は行く末を案じ、**跼天蹐地**でいる。
＊いつ悪事が露見するかと、**跼天蹐地**の心境だ。

(出典)「詩経《しきょう》」小雅《しょうが》・正月《しょうがつ》

挙国一致《きょこくいっち》

ある目的のために国全体で、国民が心を一つにして団結すること。

(解説)「挙国」は国を挙げて、国全体で、の意。「一致」は一つになること。ふつう、戦時下の国民総力戦体制をさしていう。

(用例) ＊国家的プロジェクトに、**挙国一致**して取り組む。
＊この難局を乗りきるには、小異を捨てて**挙国一致**の精神であたるしかない。

虚心坦懐《きょしんたんかい》

類義 光風霽月《こうふうせいげつ》・明鏡止水《めいきょうしすい》
対義 意馬心猿《いばしんえん》・疑心暗鬼《ぎしんあんき》

心に先入観やわだかまりがなく、素直なこと。偏見がなく心を開いていること。また、そのさま。

解説「虚心」は心にわだかまりがなく、素直なこと。「坦懐」は気持ちがさっぱりしておおらかであること。「担懐」と書くのは誤り。

用例 ＊初学者なら**虚心坦懐**で臨むべきだ。
＊誰とでも**虚心坦懐**に話をするせいか、多くの人に慕われ、信頼されている。

挙足軽重《きょそくけいちょう》

わずかな挙動によって全体に大きな影響を与える重要な人物のこと。

解説「挙足」は足を挙げて一歩踏みだすこと。「軽重」は軽いことか重大なことか、一歩を踏みだすことでなりゆきが決まってしまうことをいう。

用例 ＊こんどの選挙は、女性有権者が**挙足軽重**の鍵を握っている。

出典「後漢書《ごかんじょ》」竇融伝《とうゆうでん》

挙措進退《きょそしんたい》

類義 起居動作《ききょどうさ》・行住坐臥《ぎょうじゅうざが》
挙止進退《きょししんたい》・挙措動作《きょそどうさ》

日常のちょっとした立ち居振る舞い、身のこなし。または、身の処し方。

解説「挙措」「進退」は、共に立ち居振る舞いのこと。「挙」は上げる、「措」は下に置く、の意。

用例 ＊あの姉妹は顔だちから**挙措進退**までよく似ているので、つい間違えてしまう。
＊茶道の師匠だけあって、**挙措進退**が美しい。
＊責任者として、**挙措進退**は潔くしたいものだ。

挙動不審《きょどうふしん》

言動がなんとなく怪しく、立ち居振る舞いが他人から見て不自然なこと。

(解説)「挙動」は立ち居振る舞いの意。おもに、犯罪者の行動などを言い表すときに使われる。

(用例)＊深夜にジョギングをしていただけなのに、**挙動不審**だとして職務質問された。
＊入社初日、緊張していたせいか**挙動不審**な行動をとってしまい、同僚に変な目で見られた。

毀誉褒貶《きよほうへん》

ほめることとけなすこと。世間のさまざまな風評。

(解説)「毀」「貶」は共にそしる、また、けなすこと。「誉」「褒」は共にほめること。同義語を重ね意味を強めた語。

(用例)＊周囲の**毀誉褒貶**に左右されることなく、信念をもって仕事をしている。
＊政治家はたいてい**毀誉褒貶**相半ばし、棺を蓋《おお》ってはじめて明らかになるものだ。
＊いつも**毀誉褒貶**するのが彼に対する評価だ。

虚無恬淡《きょむてんたん》

(類義) 虚静恬淡《きょせいてんたん》

私心がなく、物事に淡々としていること。心にわだかまりがなく、安らかなさま。

(解説)老荘思想のことば。物事に執着せず、ありのままに任せること。

(用例)＊政界を退いてからは、**虚無恬淡**と暮らしている。
＊隠居の身ではあるものの、なかなか**虚無恬淡**の境地にまで至りません。

(出典)「荘子《そうじ》」刻意《こくい》

議論百出《ぎろんひゃくしゅつ》

(類義) 侃侃諤諤《かんかんがくがく》・甲論乙駁《こうろんおつばく》
(対義) 衆議一決《しゅうぎいっけつ》・満場一致《まんじょういっち》

議論が活発に行われること。いろいろな意見が出て、さかんに論じられること。

(解説)「百」は数が多いことを示し、「百出」で、さまざまなものが出ること。

(用例) ＊会社再建をめぐっての**議論百出**で収拾がつかず、決定的な方策を得られぬまま会議が終了した。
＊尊厳死という深刻なテーマに**議論百出**した。
＊**議論百出**のため、小委員会が急きょ設置された。

金科玉条《きんかぎょくじょう》

(類義) 金科玉律《きんかぎょくりつ》・金律金科《きんりつきんか》

このうえなく大切にし、絶対的なよりどころとする規則・法律。

(解説)「金」「玉」は共に大切なものの意。「科」「条」は共に、法律、決まりなどの条文のこと。守ることに固執するという否定的な意味で使うこともある。

(用例) ＊市民は「自由・平等・博愛」を**金科玉条**に闘った。
＊従来の手法を**金科玉条**のように守るのはむだだ。

(出典)「文選《もんぜん》」揚雄《ようゆう》「劇秦美新《げきしんびしん》」

欣喜雀躍《きんきじゃくやく》

(類義) 有頂天外《うちょうてんがい》・歓天喜地《かんてんきち》
狂喜乱舞《きょうきらんぶ》・手舞足踏《しゅぶそくとう》

大喜びすること。小躍りして喜ぶこと。

(解説)「欣喜」はたいそう喜ぶこと。「雀躍」は雀《すずめ》のようにぴょんぴょんと跳ね回って喜ぶこと。同義語を重ね、意味を強調している。

(用例) ＊ふだんは冷静な新郎でも、新婦がプロポーズを承知してくれたときばかりは**欣喜雀躍**したそうです。
＊彼の**欣喜雀躍**ぶりは、さながら合格発表の掲示板に自分の名前を見つけたかのようだ。

謹厳実直《きんげんじっちょく》

(類義) 謹厳温厚《きんげんおんこう》・謹厳重厚《きんげんじゅうこう》
謹言慎行《きんげんしんこう》

慎み深く、正直で真面目なこと。

(解説)「謹厳」は慎み深く、厳かなこと。「実直」は正直で、真面目なこと。

(用例) ＊新郎は今どき珍しい**謹厳実直**な好青年です。
＊一見、**謹厳実直**そうだが、あれでなかなかしたたかで、裏工作が上手だ。
＊**謹厳実直**で通っていた父が、子どもの頃は近所で評判のやんちゃ坊主だったとは知らなかった。

金口木舌《きんこうぼくぜつ》

世の中の人々を、優れた言論などによって教え導く人物のたとえ。

(解説) 口が金属製、舌(振り子の部分)が木製の大鈴の意。古代中国で法令などを民衆に示すときに振り鳴らしたことから。「木舌」は「もくぜつ」とも読む。

(用例) ＊停滞した政局に求められるのは、強力なリーダーシップを発揮する**金口木舌**の出現かもしれない。

(出典)「揚子法言《ようしほうげん》」学行《がっこう》

緊褌一番《きんこんいちばん》

(類義) 一念発起《いちねんほっき》

決意を固くし、心を引き締めて物事に取り組むこと。気合いを入れて大事に臨むこと。大事の前の心構え。

(解説)「緊褌」は、ふんどしをきつく締めること。「一番」は、思いきって一度ほど、の意。

(用例) ＊先方と交わすのは会社の命運を左右するほどの取り引きだから、**緊褌一番**、必ず成立させるぞ。
＊ここが**緊褌一番**の大勝負、絶対に負けるわけにはいかない。

き

金枝玉葉《きんしぎょくよう》

(類義) 金枝花萼《きんしかがく》・瓊枝玉葉《けいしぎょくよう》

天子の一族・子孫のこと。また、美しい雲のたとえ。

(解説)「金枝」は黄金の枝、「玉葉」は、めのうの葉のこと。「枝」「葉」は、いずれも一族や子孫のたとえ。「玉葉金枝」ともいう。

(用例) ＊皇居は、**金枝玉葉**の弥栄《いやさか》を祝う、新年の一般参賀に集まった人々でいっぱいになりました。

＊夕日を浴びて輝く**金枝玉葉**は、脳裏に焼きついて忘れられない美しさだ。

琴瑟相和《きんしつそうわ》

(類義) 琴瑟調和《きんしつちょうわ》・比翼連理《ひよくれんり》

(対義) 琴瑟不調《きんしつふちょう》

夫婦の仲がたいそうよいことのたとえ。また、きょうだいや友人の仲がよいこと。鴛鴦《えんおう》の契り。

(解説)「琴瑟」はふつうの琴と、糸の多い大型の琴。琴と瑟の音がよくととのい、調和しているということから。「琴瑟相《あい》和す」ともいう。

(用例) ＊お二人が**琴瑟相和**してお幸せでありますように。

＊彼とは幼なじみで、**琴瑟相和**の間柄だ。

(出典)「詩経《しきょう》」小雅《しょうが》・常棣《じょうてい》

錦上添花《きんじょうてんか》

美しい錦に、さらに美しい花を添えることから、善美を重ねること。美しいものや好事が重なること。

(解説)「錦上に花を添う」と訓読もする。「添加」は誤り。

(用例) ＊本日の披露宴に先生のスピーチをいただけましたことは**錦上添花**、まことにありがたいことです。

＊パーティーには各界の著名人に加え、大女優も大勢集まり、さながら**錦上添花**の趣だった。

(出典) 王安石《おうあんせき》の詩

金声玉振《きんせいぎょくしん》

類義 高材疾足《こうざいしっそく》・智勇兼備《ちゆうけんび》

人徳と才知を兼ね備えていること。また、人格が優れた人として大成すること。

解説 鐘や楽器を鳴らして曲を始め、また締めくくることから、最初と最後がうまくととのっていることをいう。孔子《こうし》の人格をほめたたえる語からきたことば。

用例 ＊今の日本に孔子のような**金声玉振**が現れたら、政局の混迷をどう思うだろう。

出典「孟子《もうし》」万章《ばんしょう》

金殿玉楼《きんでんぎょくろう》

黄金や珠玉の宝石で飾り立てた豪華な御殿。美しく立派な建物。

解説「金」は黄金。「玉」は真珠や宝石など。「殿」「楼」は、いずれも大きな建物や御殿をさす。

用例 ＊一代で財を成した会長は、今では隠退し**金殿玉楼**のお屋敷で暮らしている。
＊こつこつ働いてやっと手に入れた一戸建てだから、私にとっては**金殿玉楼**だ。

銀盃羽化《ぎんぱいうか》

盗難に遭うことのたとえ。

解説 銀の杯に羽が生えて飛び去ってしまう意から。「銀盃」は「銀杯」とも書く。

用例 ＊空き巣による**銀盃羽化**で、防犯には留意するようになりました。
＊こつこつ貯《た》めた分は銀行に預金するといい。**銀盃羽化**の心配がないのだから。

出典「新唐書《しんとうじょ》」柳公権伝《りゅうこうけんでん》

空空漠漠《くうくうばくばく》

(類義) 空空寂寂《くうくうじゃくじゃく》

限りなく広いこと。また、とらえどころがなく、ぼんやりとしているさま。

(解説)「空漠」は果てしなく広がり、つかみどころのないこと。2字を分け、同字を連ねて意味を強めたことば。

(用例) ＊**空空漠漠**たる大空を眺めていると、小さなミスでくよくよするのがばからしくなった。

＊エッセーの草稿では、**空空漠漠**とした雑感を、あてどもなく書き込んでいる。

空前絶後《くうぜんぜつご》

(類義) 冠前絶後《かんぜんぜつご》・前代未聞《ぜんだいみもん》

(対義) 日常茶飯《にちじょうさはん》

非常に珍しいこと。前例がなく、またこれからもありえないと思われるようなこと。

(解説)「空前」は以前に例がないこと。「絶後」は、将来にもありえないこと。

(用例) ＊かつては銀行の倒産など、**空前絶後**とされた。

＊シーズン80本ものホームランは、**空前絶後**の大記録といっていいでしょう。

(出典)「宣和画譜《せんながふ》」

偶像崇拝《ぐうぞうすうはい》

絵画や彫刻など目に見えるものを、信仰の対象としてあがめること。また、あるものを絶対的な権威としてひたすら信じること。

(解説)「偶像」は神仏などにかたどり、信仰の対象としてつくられた像。「隅像」と書くのは誤り。

(用例) ＊日本の宗教のほとんどが**偶像崇拝**だ。

＊近年、人気アイドルなども**偶像崇拝**されている。

＊建学者の銅像を**偶像崇拝**として校門脇に建てた。

空中楼閣《くうちゅうろうかく》

類義 海市蜃楼《かいししんろう》・空中楼台《くうちゅうろうだい》
空理空論《くうりくうろん》・砂上楼閣《さじょうのろうかく》

空中に築いた高殿《たかどの》から転じ、現実味のない考えや事柄。根拠のない絵空事。

解説 もとは蜃気楼のことをいった。「楼閣」は高くて立派な建物。「楼」を「桜」と書くのは誤り。「空中の楼閣」ともいう。

用例 ＊具体性を欠いた**空中楼閣**の企画では、一向に実現するめどがたたない。
＊本州と四国のあいだに橋を架ける構想など、昔なら**空中楼閣**と思われただろう。

空理空論《くうりくうろん》

類義 空中楼閣《くうちゅうろうかく》・砂上楼閣《さじょうのろうかく》
紙上談兵《しじょうだんぺい》

実情とかけ離れている理論。観念的すぎて実際の役にたたない理論。机上の空論。

解説 「空理」「空論」は共に、事実に即さない現実離れした理論や考え。同義語を重ね、意味を強めたことば。

用例 ＊**空理空論**を弄んでいるような会議なら、開かないほうがましだろう。
＊福祉国家建設がさかんに議論されているが、**空理空論**で具体策が未《いま》だなにも出てきていない。

苦髪楽爪《くがみらくづめ》

類義 苦髭楽爪《くひげらくづめ》

苦労しているときには髪がよく伸び、また、楽に暮らしているときには爪がよく伸びるということ。

解説 「爪」を「瓜」と書くのは誤り。逆に「楽髪苦爪」「苦爪楽髪」ということもある。

用例 ＊世間では**苦髪楽爪**というから、おまえの爪はきっとよく伸びているだろう、と皮肉を言われたよ。
＊髪の毛がぼさぼさなところを見ると**苦髪楽爪**、かなり苦労しているようだ。

愚者一得《ぐしゃのいっとく》

類義 千慮一得《せんりょのいっとく》・百慮一得《ひゃくりょのいっとく》
対義 千慮一失《せんりょのいっしつ》・智者一失《ちしゃのいっしつ》

愚かな人でも、時には的を射た考えや意見を出すこともあるということ。また、私見や私案を述べるさいに謙遜していうことば。

解説「一得」を「一徳」と書くのは誤り。

用例 ＊学会をうならせた論文を10年前に書いたといっても、それっきり鳴かず飛ばずでは**愚者一得**だ。
＊私案ですが、**愚者一得**と思ってお聞きください。

出典「史記《しき》」淮陰侯伝《わいいんこうでん》

苦心惨憺《くしんさんたん》

類義 悪戦苦闘《あくせんくとう》・意匠惨憺《いしょうさんたん》
彫心鏤骨《ちょうしんるこつ》・粒粒辛苦《りゅうりゅうしんく》

目的を達成するために心を砕き、苦労すること。努力して物事を成し遂げること。

解説「苦心」は心を苦しめ、工夫すること。「惨憺」は心を砕くこと。「惨澹」「惨淡」とも書く。

用例 ＊**苦心惨憺**の末に仕上げた企画書だけに、絶対の自信を持っていたのだが、けっきょく見送られた。
＊大賞は逃したが、最終候補にまで残ったのだから、**苦心惨憺**した甲斐《かい》があったというものだ。

求不得苦《ぐふとくく》

求めても、手に入れられない苦しみ。

解説 仏教でいう「八苦」の一つ（「四苦八苦《しくはっく》」参照）。「求不」を「きゅうふ」と読むのは誤り。語の構成は「求不得」＋「苦」。

用例 ＊働かずに暮らせるお金、時間、不老不死を求めても、いたずらに**求不得苦**を味わうだけさ。
＊手に入らないとなるとよけいに欲しくなるから、人間は**求不得苦**から抜けだせないのでしょう。

君子豹変《くんしひょうへん》

類義 大人虎変《たいじんこへん》
対義 小人革面《しょうじんかくめん》

君子は過ちに気づくとすぐに改めるということ。また、節操なく主張や態度ががらりと変わること。

解説「豹変」は変わり身の早いこと。もとは、秋に豹の模様が美しくなることから、物事がはっきりと変化することの意。訓読で「君子は豹変す」という。

用例 ＊先方が**君子豹変**とばかりに反対に転じた。
＊心を入れ替え、**君子豹変**して働いた。

出典「易経《えききょう》」革《かく》

群雄割拠《ぐんゆうかっきょ》

類義 治乱興亡《ちらんこうぼう》
対義 千里同風《せんりどうふう》

多くの英雄たちが各拠点に勢力を張り、競い合っていること。複数の実力者が対抗し争っている状態。

解説「群雄」は多くの英雄・実力者。「割拠」はそれぞれに拠点を置いて、勢力を振るうこと。

用例 ＊業界が**群雄割拠**の時代を迎えたこれからが、企業の本当の力を試されるときだ。
＊戦国時代には、名だたる武将が**群雄割拠**し、天下を取る機会をじっと狙っていた。

軽挙妄動《けいきょもうどう》

類義 軽慮浅謀《けいりょせんぼう》・短慮軽率《たんりょけいそつ》
対義 隠忍自重《いんにんじちょう》・熟慮断行《じゅくりょだんこう》

あまり深く考えずに、軽はずみな行動をとること。分別なく、軽率に行動すること。

解説「軽挙」は軽々しく動くこと。「妄動」は、みだりに行動すること。「盲動」と書くのは誤り。

用例 ＊**軽挙妄動**した後輩の不祥事が報じられ、母校は甲子園への出場を辞退せざるをえなくなった。
＊交渉の席では発言に気を配り、**軽挙妄動**を慎む冷静さが必要だ。

鶏口牛後《けいこうぎゅうご》

類義 鶏尸牛従《けいしぎゅうしょう》

大きな組織の末端にいるよりも、組織はたとえ小さくても人の上に立つほうがよいということ。

解説 「鶏口」は鶏のくちばし。弱小なもののかしらのこと。「牛後」は牛の尻。強大なものの末端のこと。

用例 ＊若い人にはぜひ**鶏口牛後**の気概を持ってほしい。
＊日頃から**鶏口牛後**を口にしていたが、そのことばどおり、間もなく独立して会社を起こした。

出典 「史記《しき》」蘇秦伝《そしんでん》

傾城傾国《けいせいけいこく》

類義 一顧傾国《いっこけいこく》・一顧傾城《いっこけいせい》
一笑千金《いっしょうせんきん》・傾国美人《けいこくのびじん》

非常に美しい女性。絶世の美女。

解説 美しさで主君の心を惑わし、城や国を傾け滅ぼすほどの美女という意味から。「傾国傾城」ともいう。

用例 ＊ひたすら真面目でやってきた人ほど**傾城傾国**にのめり込むと、なにもかも失うことになる。
＊美貌で鳴らす新妻にうつつを抜かし、国政を顧みない大臣が更迭された。夫人はまさに**傾城傾国**だ。

出典 「漢書《かんじょ》」外戚伝《がいせきでん》

経世済民《けいせいさいみん》

類義 救世済民《きゅうせいさいみん》・経国済民《けいこくさいみん》

世の中を治め、民衆を苦しみから救うこと。また、そのような善政。

解説 「経世」は世の中を治めること。「済民」は民衆を救うこと。「経済」はこれを略してできた語。

用例 ＊貧苦にあえぐ人々を目《ま》のあたりにした大臣は、**経世済民**の志を抱いて政界に身を投じたそうだ。
＊こちらは代々、**経世済民**に尽力する政治家や実業家を輩出した名家です。

軽諾寡信《けいだくかしん》

(対義) 一諾千金《いちだくせんきん》・季布一諾《きふのいちだく》

安請け合いする人は約束を破ることが多いので、あまり信用できないということ。

(解説)「寡信」は信用できないこと。「過信」と書くのは誤り。「軽諾は必ず信寡《すくな》し」の略。

(用例) ＊いったん引き受けたことを撤回してばかりいては、**軽諾寡信**とそしられても無理もない。
＊二つ返事だが、**軽諾寡信**だから信用できない。

(出典)「老子《ろうし》」

軽佻浮薄《けいちょうふはく》

(類義) 軽佻佞巧《けいちょうねいこう》・軽佻浮華《けいちょうふか》
短慮軽率《たんりょけいそつ》・鼻先思案《はなさきしあん》

言動に落ち着きがなく、軽はずみであること。しっかりした考えを持たず、浮ついていること。

(解説)「軽佻」は言動が軽々しくて落ち着かないこと。「浮薄」は浮ついていて他事に動かされやすいこと。

(用例) ＊いつまでも若い頃のように**軽佻浮薄**に振る舞っていては、世間の信用は得られない。
＊最近のテレビは、あまりにも**軽佻浮薄**な番組が多いから、ニュースと天気予報しか見ていない。

軽薄短小《けいはくたんしょう》

(対義) 重厚長大《じゅうこうちょうだい》

人柄などが、軽々しく薄っぺらで中身がないこと。

(解説) 軽くて薄く、短くて小さいさまをいう。もと産業用語で、電気製品など工業製品が小型化していく傾向を表したことば。転じて、相手を侮辱したり、社会の風潮を揶揄《やゆ》したりすることばとして使われる。「短」を「単」、「小」を「少」と書くのは誤り。

(用例) ＊時代はいよいよ**軽薄短小**の度合いを強めてきた。
＊あの**軽薄短小**な男のどこがいいんだ。

軽妙洒脱《けいみょうしゃだつ》

(類義) 滑稽洒脱《こっけいしゃだつ》・洒洒落落《しゃしゃらくらく》

軽やかで巧みであり、俗っぽくなくてさわやかなこと。また、そのさま。

(解説)「軽妙」は軽やかで巧みなこと。「洒」は洗い清めてさっぱりしていることで、「洒脱」は、あっさりしてさわやかなさま。「酒脱」と書くのは誤り。

(用例) ＊どうやったらこんな**軽妙洒脱**な文章が書けるのだろう。
＊先生のように**軽妙洒脱**に生きていきたい。

鶏鳴狗盗《けいめいくとう》

(類義) 竹頭木屑《ちくとうぼくせつ》

つまらないことしかできない者。また、つまらないことでも役にたつことがあるということ。

(解説)「鶏鳴」は、鶏の鳴き声をまねること。「狗盗」は、犬のまねをして忍び込むこそ泥。

(用例) ＊姑息《こそく》な手段でいくら業績を上げても、**鶏鳴狗盗**のそしりは免れないだろう。
＊特技といっても、私のは**鶏鳴狗盗**です。

(出典)「史記《しき》」孟嘗君伝《もうしょうくんでん》

月下氷人《げっかひょうじん》

(類義) 月下老人《げっかろうじん》・赤縄繋足《せきじょうけいそく》

縁結びの神。男女の縁を取り持つ人。仲人。媒酌人。

(解説)「月下老人」と「氷人」の２語を合わせてできたことば。共に男女の仲を取り持ったという古代中国の故事のことば。

(用例) ＊部長のおかげでなんとか結婚までこぎ着けましたので、**月下氷人**をお願いします。
＊結婚して30年、ようやく私どもも他人《ひと》様の**月下氷人**の大役を仰せつかるようになりました。

狷介孤高《けんかいここう》

類義 頑迷固陋《がんめいころう》・狷介孤独《けんかいこどく》
狷介固陋《けんかいころう》・狷介不屈《けんかいふくつ》

自分の意志を固く守って妥協しないこと。

解説「狷介」は自分の意志に固執し、かたくななこと。「孤高」は誇り高く、独り世俗から離れて超然としていること。「弧高」と書くのは誤り。

用例 ＊芸術家には人間嫌いで**狷介孤高**のタイプが多いらしいが、あの人は違う。
＊**狷介孤高**を看板にしているくらいだから、会社勤めは向いていないかもしれない。

牽強付会《けんきょうふかい》

類義 我田引水《がでんいんすい》・牽強付合《けんきょうふごう》
漱石枕流《そうせきちんりゅう》

自分の都合に合わせ、道理に合わない理屈を無理にこじつけること。

解説「牽強」は、こじつけること。「付会」は無関係なものを一つにすることで、「附会」「傅会」とも書く。

用例 ＊そんな口先ばかりの**牽強付会**の主張がいつまでも通用するはずがない。
＊あの人の意見は正論のようだけれども**牽強付会**、自分の都合でものを言うから要注意だ。

喧喧囂囂《けんけんごうごう》

類義 蛙鳴蟬噪《あめいせんそう》

わいわいがやがやと、やかましいさま。また、多くの人がやかましく騒いで収拾がつかないこと。

解説「喧喧」は、やかましいこと。「囂囂」は音や声が騒がしいさま。「侃侃諤諤」より否定的な意味で使う。

用例 ＊不用意な議長の発言から、議場は**喧喧囂囂**となり、ついに収拾がつかなくなってしまった。
＊大臣の発言の真意をめぐってマスコミは**喧喧囂囂**、賛否両論交えて報道をいっせいに開始した。

拳拳服膺《けんけんふくよう》

人のことばなどを、つねに心に刻み込んで忘れないこと。教えを固く心に留めること。

(解説)「拳拳」は両手で捧《ささ》げ持つこと。字形の似た「挙挙」と書くのは誤り。「服膺」の「服」は身に着ける、「膺」は胸。心に刻み込むという意味なので「服用」は誤り。

(用例) ＊人権保護が警察官たる者の**拳拳服膺**だ。
＊先生の教えを**拳拳服膺**して仕事に励んでいます。

(出典)「中庸《ちゅうよう》」

言行一致《げんこういっち》

(類義) 形名参同《けいめいさんどう》・有言実行《ゆうげんじっこう》
(対義) 言行相反《げんこうそうはん》・口是心非《こうぜしんぴ》

口に出して言ったことばと、実際の行動が同じで、矛盾がないこと。

(解説)「言行」は口で言うことと実際の行動のこと。「現行」と書くのは誤り。

(用例) ＊部下を統率するには**言行一致**に留意して、信頼を得ることが肝心だ。
＊口に出すのはたやすいが、**言行一致**で、そのすべてを実行するのは並大抵ではない。

健康寿命《けんこうじゅみょう》

介護を受けたり病気で寝たきりになったりせず、自立して健康に生活できる年数。

(解説) ＷＨＯ（世界保健機関）が2000年に提唱した指標で、病気や衰弱などで要介護状態となった期間を、平均寿命から差し引いた寿命のこと。

(用例) ＊**健康寿命**を考えると、活動的に生活できる年数は意外に少ないことに愕然《がくぜん》とした。
＊**健康寿命**を延ばす生活習慣を心がける。

乾坤一擲《けんこんいってき》

(類義) 一六勝負《いちろくしょうぶ》・一擲千金《いってきせんきん》

運命を賭けて一か八かの大勝負をすること。

(解説)「乾坤」は天と地。「一擲」はさいころを一度投げること。さいころを投げて天(奇数)が出るか地(偶数)が出るかを賭けること。「一擲乾坤」ともいう。

(用例) ＊形勢不利と見た挑戦者は、**乾坤一擲**の勝負手を繰りだしてきた。

＊社長は、**乾坤一擲**ともいえる戦略を打ちだした。

(出典) 韓愈《かんゆ》の詩

厳正中立《げんせいちゅうりつ》

(類義) 局外中立《きょくがいちゅうりつ》

どちらにも偏らず、厳しく公正の立場を守ること。

(解説)「厳正」は厳しく公正を守ること。「中立」は両方のあいだに立ち、どちらにも偏らないこと。

(用例) ＊試合は審判が**厳正中立**であってこそ成立する。

＊どうしても自分の子どもに目が行ってしまう。親としては**厳正中立**とはいかない。

＊三十数年間、公式記録員として務めた私の誇りは情をいっさい交えず**厳正中立**を貫いたことだ。

捲土重来《けんどちょうらい》

(類義) 七転八起《しちてんはっき》

(対義) 一蹶不振《いっけつふしん》

一度失敗した者が勢力を盛り返して、再び立ち向かってくること。

(解説)「捲土」は土を巻き上げることで、勢いが激しいという意味。「巻土」とも書く。「重来」は再びやってくること。「じゅうらい」とも読む。

(用例) ＊御年 63 歳にして**捲土重来**、何遍落選しても政治家を志す気概はたいしたものだ。

(出典) 杜牧《とぼく》の詩

堅忍不抜《けんにんふばつ》

（類義）堅苦卓絶《けんくたくぜつ》・堅忍持久《けんにんじきゅう》・志操堅固《しそうけんご》・鉄心石腸《てっしんせきちょう》

意志が固く、どんな困難にもじっと堪え忍んで心を動かさないこと。

（解説）「堅忍」は意志が固く、我慢強いこと。「不抜」は固くて抜けないもののように心が動揺しないこと。

（用例）＊仕事には**堅忍不抜**の信念で取り組んでいる。

＊新婦は、新郎からの愛情が**堅忍不抜**であることに心を打たれて結婚を決意されたそうです。

（出典）蘇軾《そしょく》「鼂錯論《ちょうそろん》」

堅白同異《けんぱくどうい》

（類義）堅石白馬《けんせきはくば》・白馬非馬《はくばひば》・有厚無厚《ゆうこうむこう》

詭弁《きべん》。こじつけの論理のこと。

（解説）中国・戦国時代の公孫竜《こうそんりゅう》の理論で、目で石を見れば白さはわかるが堅さはわからない。触れれば堅さはわかるが白さはわからない。よって堅くて白い石はない、とするこじつけ。「堅白同異の弁」の略。

（用例）＊いくら**堅白同異**の弁を述べても責任は免れない。

＊**堅白同異**を並べたて、その場をしのいだ。

（出典）「公孫竜子《こうそんりゅうし》」堅白論《けんぱくろん》

権謀術数《けんぼうじゅっすう》

（類義）奸智術策《かんちじゅっさく》・偽詐術策《ぎさじゅっさく》・権謀術策《けんぼうじゅっさく》・手練手管《てれんてくだ》

計略をめぐらすこと。人を巧みにあざむく策謀。

（解説）「権謀」は「権変（臨機応変）の策謀」の略。「術数」ははかりごと。

（用例）＊政界では、**権謀術数**をめぐらせるのは当たり前で、真摯なだけでは選挙にも勝てない。

＊あの人が用心深いのは、**権謀術数**の限りを尽くして頂点を極めたために敵が多いからだ。

（出典）朱熹《しゅき》「大学章句序《だいがくしょうくじょ》」

光陰流転《こういんるてん》

(類義) 烏兎匆匆《うとそうそう》・光陰如箭《こういんじょぜん》
露往霜来《ろおうそうらい》

月日の過ぎるのが早いことのたとえ。

(解説)「光陰」は昼と夜、また太陽と月の意から、月日のこと。「流転」は次々と移り変わっていくこと。「りゅうてん」とも読む。

(用例) ＊娘の晴れ姿を見て**光陰流転**の思いが込み上げた。
＊始めるなら今だ。**光陰流転**というじゃないか。
＊**光陰流転**して、私も還暦を迎えました。

(出典) 白居易《はくきょい》「秋晩《しゅうばん》」

行雲流水《こううんりゅうすい》

(類義) 一所不住《いっしょふじゅう》・雲遊萍寄《うんゆうひょうき》
(対義) 定雲止水《ていうんしすい》

自然に逆らわず、物事にこだわらず、なりゆきに任せて行動すること。よどみなく移り変わること。

(解説)「行雲」は空を行く雲。「流水」は流れ行く水。それらのように、自然に滞らずに動くことから。「流水行雲」ともいう。

(用例) ＊日々の暮らしは**行雲流水**でのんびり生きている。
＊気ままな**行雲流水**の旅に出てみたくなった。

(出典) 蘇軾《そしょく》「謝民師推官《しゃみんしすいかん》に与《あた》うるの書《しょ》」

豪華絢爛《ごうかけんらん》

(類義) 絢爛華麗《けんらんかれい》・綾羅錦繍《りょうらきんしゅう》

色彩や姿かたちが華やかでまばゆいほど輝いて美しいさま。

(解説)「豪華」は派手でぜいたくなさま。「絢爛」は織物の模様が光り輝いているさま。「絢爛豪華」ともいう。

(用例) ＊**豪華絢爛**たる花嫁衣装をまとった新婦の入場に、招待客から賞賛の声が上がった。
＊各界を代表する**豪華絢爛**な顔ぶれが、就任パーティーをいちだんと盛り上げていた。
＊王妃をお招きする会場を**豪華絢爛**に装飾した。

効果覿面《こうかてきめん》

結果や効果がすぐに、はっきりと表れること。

(解説)「覿面」は、目《ま》のあたりにはっきりと見ること。一般的には、好結果や効果についていう。「適面」は誤り。

(用例)＊この薬は**効果覿面**で、あんなにひどい風邪がたちどころに治ってしまった。
＊この食品はダイエットに**効果覿面**だとテレビで特集され、どこの店でも品切れになっている。
＊広告が**効果覿面**で、店は満員だ。

傲岸不遜《ごうがんふそん》

(類義) 傲岸不屈《ごうがんふくつ》・傲岸無礼《ごうがんぶれい》
傲慢不遜《ごうまんふそん》・傍若無人《ぼうじゃくぶじん》

思い上がって他人を見下した言動をとること。威張っていて謙虚さがないこと。

(解説)「傲岸」はおごり高ぶって人を見下すこと。「不遜」はへりくだらないこと。思い上がること。

(用例)＊あの大臣は、**傲岸不遜**な発言を何度もマスコミに取り沙汰されているが、いっこうに改めない。
＊いくら優秀でも、**傲岸不遜**が目に余るあの人とうまくやっていくのは難しい。

厚顔無恥《こうがんむち》

(類義) 寡廉鮮恥《かれんせんち》

ずうずうしくて恥知らずであること。他人の迷惑を顧みずに、自分のことだけを考えて行動すること。

(解説)「厚顔」はあつかましいこと。「無恥」は、恥を恥だと思わないこと。「無知」と書くのは誤り。

(用例)＊**厚顔無恥**な加害者は、被害者から直接非難されてもまったく恥じるようすはなかったそうだ。
＊まだ白を切るとは、**厚顔無恥**もはなはだしい。

(出典)「文選《もんぜん》」孔稚珪《こうちけい》「北山移文《ほくざんいぶん》」

剛毅果断《ごうきかだん》

類義 進取果敢《しんしゅかかん》・勇猛果敢《ゆうもうかかん》
対義 薄志弱行《はくしじゃっこう》・優柔不断《ゆうじゅうふだん》

自分の意志を強く持っていること。目標に向かって物事を果敢に行うこと。決断力に富んでいること。

解説「剛毅」は不屈の意志を持っていること。「果断」は思いきりがよいこと。

用例 ＊**剛毅果断**で的確に判断できるので、周囲の誰からも頼られている。
＊**剛毅果断**な気質から困難を幾度も克服してきた。
＊業績が好転したのは会長の**剛毅果断**のおかげだ。

綱紀粛正《こうきしゅくせい》

対義 綱紀廃弛《こうきはいし》

乱れた規律や風紀を正すこと。特に政治の方針や官僚の態度についていう。

解説「綱紀」は大きな綱と小さな綱、転じて国家を治めるための大法と細則。「粛正」を「粛清」と書くのは誤り。

用例 ＊**綱紀粛正**の名を借りた政府の弾圧に、市民たちは一丸となって闘っている。
＊社長が、**綱紀粛正**することを命じたとたんに幹部が贈賄で逮捕されるとは、なんとも情けない話だ。

剛毅木訥《ごうきぼくとつ》

類義 質実剛健《しつじつごうけん》
対義 巧言令色《こうげんれいしょく》

意志が強く、飾り気のないこと。また、そのさま。

解説「剛毅」は意志が強く、くじけないこと。「木」は、飾り気がないという意味で、「木訥」は無口で飾り気がないこと。「朴訥」「朴吶」とも書く。

用例 ＊彼は**剛毅木訥**で、飾らない人柄だ。
＊**剛毅木訥**な新郎は、新婦はもちろん、そのご両親にもたいへん信頼されております。

出典「論語《ろんご》」子路《しろ》

巧言令色《こうげんれいしょく》

類義 舌先三寸《したさきさんずん》・長舌三寸《ちょうぜつさんずん》
対義 剛毅木訥《ごうきぼくとつ》

口先だけで調子のよいこと。表面ばかり取り繕って誠意や真心がないこと。花多ければ実り少なし。

解説「巧言」は巧みに飾ったことば。「令色」は取り繕った顔。「巧言令色、鮮《すくな》し仁」の略。

用例 ＊無類のお人好《よ》しだから**巧言令色**も見抜けない。
＊どうも彼女は、**巧言令色**で信頼や愛情が得られると勘違いしているようだ。

出典「論語《ろんご》」学而《がくじ》

高材疾足《こうざいしっそく》

類義 金声玉振《きんせいぎょくしん》・高材逸足《こうざいいつそく》・疾足先得《しっそくせんとく》・智勇兼備《ちゆうけんび》

優れた才能や能力のあることのたとえ。また、そのような人物のたとえ。

解説「高材」は優れた才能。「高才」とも書き、「こうさい」とも読む。「疾足」は足が速いこと。

用例 ＊落ち込んだ業績を半年で立て直した営業部長のような人を**高材疾足**というのさ。
＊**高材疾足**も大事だが、まずは謙虚であるべきだ。

出典「史記《しき》」淮陰侯伝《わいいんこうでん》

光彩陸離《こうさいりくり》

類義 光彩煥発《こうさいかんぱつ》・光彩奪目《こうさいだつもく》

光が美しく、まばゆいばかりにきらきらと鮮やかに輝くさま。また、優れていて目だつことの形容。

解説「光彩」は美しく輝く光。「光采」とも書く。「陸離」は、光がきらきらと飛び跳ねるように入り乱れて輝くこと。「光彩陸離の水面」などと使う。

用例 ＊**光彩陸離**たる新緑の季節になりました。
＊お色直しを済ませた新婦の、**光彩陸離**としたお姿に見とれているのは、新郎だけではありません。

高山流水《こうざんりゅうすい》

絶妙の音楽・演奏のたとえ。また、自分を理解してくれる親友のたとえ。古琴《こきん》の友。

(解説)清らかな自然の風景の意で使われることもある。中国・春秋時代、琴の名手の伯牙《はくが》が、高山や流水を思って琴を弾くと、親友の鍾子期《しょうしき》がそれを感じ取ったという故事から。「流水高山」ともいう。

(用例)＊同郷の**高山流水**と夜が更けるまで酌み交わした。

(出典)「列子《れっし》」湯問《とうもん》

曠日弥久《こうじつびきゅう》

(類義)曠日持久《こうじつじきゅう》

空しく月日を費やすこと。また、それによって事を長引かせたり手間取ったりすること。

(解説)「曠日」は何もせず、月日をむだに送ること。「弥久」は長引くこと。

(用例)＊定年後は**曠日弥久**、毎日することもなく過ごしておりますが、そちらはいかがお過ごしでしょうか。
＊交渉が**曠日弥久**で、なかなかまとまらない。

(出典)「戦国策《せんごくさく》」燕策《えんさく》

公序良俗《こうじょりょうぞく》

公共の秩序と善良な風俗や習慣。

(解説)世間一般の道徳観。これに反するかどうかが法適用の基準の一つとなる。「公序」は社会の秩序、「良俗」はよい風俗や習慣。

(用例)＊**公序良俗**に反した社員は、例外なく罰すべきだ。
＊管理者の**公序良俗**に対する意識が、部下のモラルに影響することを忘れてはいけません。
＊この写真は、**公序良俗**を乱すので変えてほしい。

こ

嚆矢濫觴《こうしらんしょう》

事の起こり。始まり。起源。

(解説)「嚆矢」は、戦いを始めるときに射かけるかぶら矢。「こうや」と読むのは誤り。「濫觴」は大河の源流、転じて物事の始めのこと。同義の二つの語を重ねて意味を強めた語。

(用例)＊先代の会長の思いつきがこの会の**嚆矢濫觴**です。
＊村に伝わる祭りの**嚆矢濫觴**は、古く江戸時代にまでさかのぼります。

広大無辺《こうだいむへん》

(類義) 広大無量《こうだいむりょう》

どこまでも果てしなく広く大きいこと。無限に広々としていること。

(解説)「広大」は「宏大」「洪大」とも書く。「無辺」は限りないこと。「広大無辺の母の慈悲」などと使う。

(用例)＊自信を失ったときには、**広大無辺**の海原《うなばら》を飽きるまで眺めることにしています。
＊当社は、**広大無辺**な大自然の恵みに感謝することを第一に事業を営んでおります。

巧遅拙速《こうちせっそく》

巧みだが遅いこと、拙いが速いこと。上手で遅いより、下手でも速いほうがよいということ。

(解説)兵法の語で、「戦争は作戦が稚拙でも早く勝って終わらせること。作戦が巧みで戦いを長く続けた例はない」ということから。「巧遅は拙速に如《し》かず」の略。

(用例)＊**巧遅拙速**を問題にする前に、予算を確かめよう。
＊**巧遅拙速**ばかりを重視するとは、嘆かわしい。

(出典)「孫子《そんし》」作戦《さくせん》

黄道吉日《こうどうきちにち》

(類義) 嘉辰令月《かしんれいげつ》・吉日良辰《きちじつりょうしん》
大安吉日《たいあんきちじつ》

陰陽道で、なにをするにもうまくいくとされるよい日柄。

(解説)「黄道」は、地球から見た天球上の太陽の軌道。「吉日」は「きちじつ」「きつじつ」「きつにち」とも読み、略して「黄道日《こうどうじつ》」ともいう。

(用例) ＊縁談もまとまり、いよいよ**黄道吉日**を選んで式を挙げることにしました。

＊今どき、**黄道吉日**にこだわるのもどうかと思うが、冠婚葬祭ではまだまだ重視されている。

荒唐無稽《こうとうむけい》

(類義) 怪誕不経《かいたんふけい》・荒唐不稽《こうとうふけい》
笑止千万《しょうしせんばん》・妄誕無稽《もうたんむけい》

考えや言うことに根拠がなく、でたらめで取り留めのないこと。ばからしくて話にならないこと。荒唐の言。

(解説)「荒唐」は、でたらめでばかげていること。「無稽」は根拠のない考え。「無稽荒唐」ともいう。

(用例) ＊頭ごなしに**荒唐無稽**だと一蹴する前に、まずは私の意見を聞いてください。

＊彼にかかると**荒唐無稽**な話でも、いかにも本当らしく聞こえるから不思議だ。

紅灯緑酒《こうとうりょくしゅ》

歓楽と飽食にふけり遊び暮らすこと。また、歓楽街や繁華街などが華やかなこと。

(解説)「紅灯」は、華やかな明かり。「緑酒」は、緑色を帯びた上質の美酒。「緑酒紅灯」「灯紅酒緑」ともいう。

(用例) ＊かつては**紅灯緑酒**だったが、不景気のあおりですっかり寂れてしまった。

＊**紅灯緑酒**になじむのも、若い者には社会勉強だとはいえ、限度というものがあるだろう。

狡兎三窟《こうとさんくつ》

(類義) 狡兎三穴《こうとさんけつ》

保身のため、いろいろな逃げ道や策を用意しておくこと。難を逃れるのがうまいこと。

(解説) ずるい兎《うさぎ》は隠れ穴を三つ持っていて、自分の身を守ることから。ずる賢いことのたとえにも使う。

(用例) ＊あの人は**狡兎三窟**といわれているくらいだから、信用ならない。
＊**狡兎三窟**は、リスク回避の一つの方法だ。

(出典) 「戦国策《せんごくさく》」斉策《せいさく》

好評嘖嘖《こうひょうさくさく》

(類義) 名声赫赫《めいせいかくかく》・名声嘖嘖《めいせいさくさく》
(対義) 非難囂囂《ひなんごうごう》

非常に評判がよく、世間からほめそやされるさま。

(解説) 「嘖嘖」は人々が口々にさかんにほめそやすさま。「せきせき」と読むのは誤り。また「悪評嘖嘖」とは使わない。

(用例) ＊受賞作は選考委員のあいだでも**好評嘖嘖**で、書店でもよく売れるだろう。
＊この新人監督の演出には感動した。**好評嘖嘖**なのも納得できる。

光風霽月《こうふうせいげつ》

(類義) 虚心坦懐《きょしんたんかい》・明鏡止水《めいきょうしすい》

心が澄んでわだかまりがないこと。非常にさわやかなこと。世の中がよく治まっているたとえ。

(解説) 「光風」は、陽光を吹き渡るさわやかな風。「霽月」は雨上がりの晴れた空に出る、明るい月。

(用例) ＊新郎新婦共に**光風霽月**のお人柄ですから、きっとさわやかなご家庭を築かれることでしょう。
＊苦労もしたが、退職した今は**光風霽月**の心境だ。

(出典) 「宋史《そうし》」周敦頤伝《しゅうとんいでん》

こ

公平無私《こうへいむし》

(類義) 公正平等《こうせいびょうどう》・公明正大《こうめいせいだい》
不偏不党《ふへんふとう》・無私無偏《むしむへん》

行動や判断が平等で、個人的な感情などを入れないこと。私的な事情に流されず、中立であること。

(解説)「無私」は私心がないことをいい、「無視」と書くのは誤り。私心とは、自分個人の気持ちや利己心のこと。

(用例)＊**公平無私**をモットーにしているから、相手を打算や好悪で評価することはない。
＊**公平無私**な裁定が下りることを願うだけだ。

(出典)「韓詩外伝《かんしがいでん》」

豪放磊落《ごうほうらいらく》

(類義) 天空海闊《てんくうかいかつ》・磊磊落落《らいらいらくらく》
(対義) 小心翼翼《しょうしんよくよく》

気持ちが大きく、ささいなことにこだわらないこと。また、そのような人。

(解説)「豪放」「磊落」は共に、心が広く快活で、小さなことにこだわらないこと。

(用例)＊**豪放磊落**に見られるが、じつは用心深い性格だ。
＊彼は若い頃は**豪放磊落**だったけれど、今ではすっかり人が変わり、さまつなミスさえ許さない。
＊あの監督は**豪放磊落**な気性で慕われている。

口蜜腹剣《こうみつふくけん》

口先では当たり障りのないことを言うが、本音では邪心を抱いていること。

(解説)「口蜜」は、丁寧で快いことば。「口に蜜あり、腹に剣あり」の略。

(用例)＊**口蜜腹剣**だからと、総すかんを食っている。
＊人当たりがよくて好かれるのだが、裏表のある点が**口蜜腹剣**と評される理由だ。

(出典)「唐書《とうじょ》」李林甫伝《りりんぽでん》

公明正大《こうめいせいだい》

類義 公正平等《こうせいびょうどう》・公平無私《こうへいむし》
心地光明《しんちこうめい》・大公無私《たいこうむし》

心が公平で、私心がなく、不正や隠しごとがないこと。また、そのさま。

解説 「公明」は明らかで隠しだてがないこと。「正大」は正しく堂々としているさま。

用例 ＊交渉は、下手に策を弄するより、**公明正大**かつ大胆に臨んだほうが、好結果が得られるだろう。
＊資金は**公明正大**に運用していますから、帳簿ならいつでも公開できます。

甲論乙駁《こうろんおつばく》

類義 議論百出《ぎろんひゃくしゅつ》・諸説紛紛《しょせつふんぷん》
対義 衆議一決《しゅうぎいっけつ》・満場一致《まんじょういっち》

互いが持論をあれこれ主張し合って譲らず、議論がまとまらないこと。

解説 甲が論じると乙がそれに反駁《はんばく》する、というように、結論がなかなかまとまらない、という意味。

用例 ＊司会者に技量があれば、**甲論乙駁**する事態にはならないものだ。
＊細かい項目で**甲論乙駁**はありましたが、大筋ではまとまりました。

高論卓説《こうろんたくせつ》

類義 高論名説《こうろんめいせつ》・名論卓説《めいろんたくせつ》

凡人では及びもつかない優れた意見や議論のこと。卓越した主張。卓見。高説。

解説 「高」は、程度が非常に高いこと。「卓」は、ぬきんでていること。他人の意見や議論を敬っていう語。

用例 ＊先生方の**高論卓説**を拝聴し、目から鱗《うろこ》が落ちる思いだった。
＊この問題は、識者の**高論卓説**だけでなく、一般の意見にももっと耳を傾けるべきだ。

孤影悄然《こえいしょうぜん》

(類義) 孤影孑然《こえいげつぜん》・孤影寥寥《こえいりょうりょう》

立ち姿などが、独りぼっちで寂しげなさま。独りしょんぼりと悲しんでいるさま。

(解説)「孤影」は孤独で寂しい姿、また孤立した印象。「弧影」と書くのは誤り。「悄然」は「蕭然」とも書く。

(用例) ＊ウエディングドレスに身を包んだ花嫁からすこし離れて、父親は**孤影悄然**とたたずんでいた。

＊自身の命運を賭した派閥争いに敗れ、会社を去る彼の**孤影悄然**とした後ろ姿は哀れだった。

呉越同舟《ごえつどうしゅう》

(類義) 楚越同舟《そえつどうしゅう》・同舟共済《どうしゅうきょうさい》

(対義) 不倶戴天《ふぐたいてん》

仲の悪い者どうしが同じ場所に居合わせること。また、敵どうしでも、共通の利害には協力し合うこと。

(解説) 敵どうしの呉と越の国の人でも、同じ舟で災難に遭えば助け合う、ということから。「同舟」を「同衆」と書くのは誤り。

(用例) ＊最悪の事態を避けるためには、ライバルと一時休戦しての**呉越同舟**もやむをえまい。

(出典)「孫子《そんし》」九地《きゅうち》

古往今来《こおうこんらい》

(類義) 古今東西《ここんとうざい》

古今。昔から現在に至るまで。有史以来。

(解説)「今来」は「きんらい」とも読む。縮めると、同義語の「古来」になるが、いずれの語でも「古往今来より」「古来から」などとするのは重言で、誤り。類語の「往古」は遠い昔。「往古来今」「今来古往」ともいう。

(用例) ＊人類は**古往今来**、これほど大きな災害を経験したことはなかったでしょう。

＊**古往今来**、なぜ人間は戦争を繰り返すのだろう。

こ

こ

五陰盛苦《ごおんじょうく》

人のからだや心を構成する五つの要素がさかんに活動することから生じる苦痛や苦悩のこと。

解説 仏教でいう「八苦」の一つ（「四苦八苦《しくはっく》」参照）。「五陰」は人間の心身を形成している五つの要素、色《しき》（物体）・受《じゅ》（感覚）・想《そう》（想像）・行《ぎょう》（意志）・識《しき》（認識）のこと。「五蘊」ともいう。語の構成は「五陰盛」＋「苦」。

用例 ＊新しいプロジェクトを任され、頑張れば頑張るほど**五陰盛苦**に悩まされる毎日です。

狐疑逡巡《こぎしゅんじゅん》

類義 右顧左眄《うこさべん》・狐疑不決《こぎふけつ》
首鼠両端《しゅそりょうたん》・遅疑逡巡《ちぎしゅんじゅん》

疑い深く、なかなか決心がつかないこと。いつまでも決断せず、ぐずぐずすること。

解説 狐《きつね》は凍った川を渡るときに、その下に水が流れていないか用心しながら歩くということから。そのように疑い深く慎重なこと。「逡巡」は「逡循」とも書く。

用例 ＊大きなビジネスチャンスを逃した原因がリーダーの**狐疑逡巡**であることは論をまたない。
＊この件は**狐疑逡巡**するだけむだだろう。

極悪非道《ごくあくひどう》

類義 悪逆非道《あくぎゃくひどう》・悪逆無道《あくぎゃくむどう》
強悪非道《ごうあくひどう》・大逆無道《たいぎゃくむどう》

心がよこしまで、行いが悪いこと。人の道に背く極めつきの悪事。

解説 「極悪」は、悪に徹していること。「極悪非道の輩《やから》」「極悪非道の悪事」などと使う。

用例 ＊同業者から**極悪非道**と非難されても、会社を守るためにはなんでもやる覚悟でいる。
＊**極悪非道**な犯人が逮捕されると、マスコミ各社の報道合戦が始まった。

国士無双《こくしむそう》

(類義) 古今無双《ここんむそう》・天下無双《てんかむそう》

国内で肩を並べる者がいないほど優れた人物。国内で最高の人物。天下一の人。

(解説)「無双」は二つとないこと。麻雀《マージャン》の役にもある。

(用例) ＊かつて**国士無双**とたたえられた英雄は、老いたりといえど、なお意気さかんに活躍している。
＊**国士無双**の豪傑と恐れられた弁慶《べんけい》は、あっぱれな最期だったそうだ。

(出典)「史記《しき》」淮陰侯伝《わいいんこうでん》

極楽浄土《ごくらくじょうど》

(類義) 九品浄土《くほんじょうど》・極楽世界《ごくらくせかい》
西方浄土《さいほうじょうど》・十万億土《じゅうまんおくど》

苦しみのない理想の世界。また、このうえなく幸せな状態のたとえ。

(解説) 仏教で、西方のかなたにあり、阿弥陀仏《あみだぶつ》がいるとされている死後の理想郷。たんに「極楽」ともいう。

(用例) ＊死後、**極楽浄土**へ行くためには、日頃の行いを正さなくてはなりません。
＊なにもかも忘れて温泉につかっていると、まるで**極楽浄土**にいるような気分だ。

孤軍奮闘《こぐんふんとう》

(類義) 僑軍孤進《きょうぐんこしん》・孤城落日《こじょうらくじつ》
孤立無援《こりつむえん》・四面楚歌《しめんそか》

支援者もいない困難な状況の中で、独り、全力で闘うこと。独りで難事に向かい懸命に努力すること。

(解説) もとは、援軍がなく孤立した小人数の軍勢で、懸命に戦うことから。「孤」を「弧」と書くのは誤り。

(用例) ＊たとえ優秀なリーダーが**孤軍奮闘**しても、協力態勢がととのっていなければ成功は難しい。
＊事態に無関心な多くのメンバーの中、彼の**孤軍奮闘**の活躍で、事態はようやくおさまった。

五《ご》穀《こく》豊《ほう》穣《じょう》

類義 五穀豊登《ごこくほうとう》・豊年満作《ほうねんまんさく》

穀物が豊かに実ること。

解説「五穀」は人間の主食となる五種類の穀物で、米・麦・粟《あわ》・豆・黍《きび》のこと。麻や稗《ひえ》を入れる説もあり一定しないが、穀物類を総称することばとされる。「豊穣」は穀物が豊かに実ること。「豊饒」と書くのは誤り。

用例 ＊村の鎮守の秋祭りは**五穀豊穣**を感謝して、毎年盛大に行われる。

＊天候に恵まれ今年は**五穀豊穣**、満作だ。

古《こ》今《こん》東《とう》西《ざい》

類義 古往今来《こおうこんらい》

昔から今まで、ありとあらゆる場所において。いつでもどこでも。

解説「古今」は昔から今に至るまで。「東西」は四方八方、世界中。「東西古今」ともいう。

用例 ＊歴史をひもとくまでもなく、**古今東西**、人間の最大の関心事は衣食住を満たすことだといえる。

＊新郎は、**古今東西**を通じてこれほどすばらしい女性はいないと確信し、プロポーズしたそうです。

古《こ》今《こん》無《む》双《そう》

類義 海内無双《かいだいむそう》・古今独歩《ここんどっぽ》
古今無比《ここんむひ》・古今無類《ここんむるい》

昔から現在に至るまで、比肩するものがないこと。史上最高。未曽有。

解説「古今」は昔から今に至るまでのこと。「無双」は匹敵するものがない、並ぶものがないこと。

用例 ＊師匠は柔道の達人として**古今無双**で、若い頃は道場破りで技を磨いたそうだ。

＊源義経《みなもとのよしつね》は**古今無双**の策士で、多くの武将が彼の奇策に翻弄されたといわれている。

虎《こ》視《し》眈《たん》眈《たん》

隙をうかがい、機会をじっと狙っているさま。油断なくあたりの様子をうかがっているさま。

(解説)「虎視」は虎のような鋭い目つき。「眈眈」はにらむ、見下ろすという意味で、「耽耽」と書くのは誤り。

(用例)＊多くの同業他社が事業拡大のチャンスを**虎視眈眈**とうかがっている。

＊大臣の**虎視眈眈**たる挙動が内閣再編をにおわす。

(出典)「易経《えききょう》」頤《い》

後《ご》生《しょう》大《だい》事《じ》

心を込めて物事に励むこと。非常に大切にすること。

(解説)しばしば「つまらないものを大事にする」からかいの意味で使われることもあるが、本来は仏教語で、来世の安楽を願って善行を積むこと。「後生」は、前世・今世に対し、死後の世界をいう。「こうせい」「ごせい」と読むのは誤り。

(用例)＊彼女は、形見の品を**後生大事**に持っている。

＊彼岸の墓参りは**後生大事**を心がけ、欠かさない。

孤《こ》城《じょう》落《らく》日《じつ》

(類義)孤軍奮闘《こぐんふんとう》・孤城落月《こじょうらくげつ》
孤立無援《こりつむえん》・四面楚歌《しめんそか》

孤立して味方もなく、勢いが衰えて心細いさま。衰退の一途をたどるだけの状態。

(解説)「孤城」は敵に囲まれ、援軍もなく、取り残された城。「弧城」と書くのは誤り。「落日」は西に傾く夕日。

(用例)＊あの会社は、今や**孤城落日**の様相を呈している。

＊あれだけ威勢のよかった彼も、政権争いに敗れてからは**孤城落日**といった感じだ。

(出典)王維《おうい》の詩

古色蒼然《こしょくそうぜん》

（類義）古色古香《こしょくここう》

年月を経て、いかにも古めかしいさま。また、古びて趣のあるさま。

（解説）「古色」は、年を経て古びたものの色艶のこと。古風な趣。「蒼然」は古めかしいさま。

（用例）＊観光客であふれる名所旧跡こそにぎやかだが、裏通りに入ると、**古色蒼然**たる街並みが現れる。
＊こうして**古色蒼然**とした器を手にして眺めていると、心が落ち着いてきます。

故事来歴《こじらいれき》

伝えられてきた事物の由来や歴史。そのようになった理由やいわれ。

（解説）「故事」は昔の出来事。いわれのある話。「古事」とも書く。「来歴」は経歴や由来、由緒。

（用例）＊旅行するときは、その土地の**故事来歴**について事前に知っておくと、旅の楽しみが倍増します。
＊わが家にある壺《つぼ》の**故事来歴**を調べてみたら、その作者と深いつながりがあることがわかった。

五臓六腑《ごぞうろっぷ》

はらわた、内臓。転じて、からだじゅう、または心の中。

（解説）もとは漢方の語で、五つの臓器と六つのはらわた。「五臓」は心臓・肺臓・脾臓《ひぞう》・肝臓・腎臓。「六腑」は大腸・小腸・胃・胆・膀胱《ぼうこう》・三焦（消化・排泄《はいせつ》を行う器官）のこと。

（用例）＊再会を喜び、竹馬の友と久しぶりに酌み交わした銘酒が、**五臓六腑**にしみわたった。
＊母親の忠言が**五臓六腑**に響きました。

誇大妄想《こだいもうそう》

(類義) 針小棒大《しんしょうぼうだい》・大言壮語《たいげんそうご》

現状の自分を過大に評価して、自分が人よりはるかに優れていると勝手に思い込むこと。

(解説)「誇大」はおおげさなこと。「妄想」はでたらめな想像、根拠のない主観的な信念。もと仏教語で、「もうぞう」とも読む。

(用例) ＊彼は酔うと**誇大妄想**がひどくなる。
＊全国大会で優勝するって？　**誇大妄想**もたいがいにしたほうがいいよ。

克己復礼《こっきふくれい》

私欲や邪心など自分の欲望を抑え、社会の規範に従った行動をとること。

(解説)「克己」は、自分の欲望に打ち勝つこと。「復礼」は「礼に復《かえ》る」で、礼儀作法に従うこと。「複礼」は誤り。

(用例) ＊彼の**克己復礼**は、この奉仕活動が起源です。
＊政治家には、**克己復礼**を旨として、国民に尽くすことを第一に考えてもらいたい。

(出典)「論語《ろんご》」顔淵《がんえん》

刻苦勉励《こっくべんれい》

(類義) 刻苦精励《こっくせいれい》・刻苦勉学《こっくべんがく》
精励恪勤《せいれいかっきん》

非常に苦労して仕事や勉学に励むこと。

(解説)「刻苦」は、身を刻むように非常に苦労すること。「勉励」は努め励むこと。

(用例) ＊志望校に入学するため、彼は寸暇を惜しんで**刻苦勉励**を続けた。
＊若い頃から**刻苦勉励**して大成なさった先生は、「まだまだ勉強が足りない」というのが口癖だ。
＊**刻苦勉励**の甲斐《かい》あって、博士号を取得できた。

胡《こ》馬《ば》北《ほく》風《ふう》

類義 越鳥南枝《えっちょうなんし》・狐死首丘《こししゅきゅう》
池魚故淵《ちぎょこえん》

古里を懐かしむこと。故郷が忘れられないこと。

解説 「胡馬」は昔の中国、北方の胡国産出の馬。胡馬は、故郷を遠く離れても北風が吹くとそちらに身を寄せて懐かしむ、ということから。

用例 ＊上京して 10 年、**胡馬北風**の思いが抑えがたい。
＊とうに故郷は捨てたつもりでも、独りで暮らしていると**胡馬北風**に駆られたりするものです。

出典 「文選《もんぜん》」古詩《こし》十九首

五《ご》風《ふう》十《じゅう》雨《う》

類義 五日一風《ごじついっぷう》・十日一雨《じゅうじついちう》

農作に適した順調な気候であるさま。世の中が平和で落ち着いているさま。

解説 五日に一度風が吹き、十日に一度雨が降ること。豊作の兆候とされる。「五風」は「ごふ」とも読む。「十風五雨」ともいう。

用例 ＊**五風十雨**ののどかな風土がすっかり気に入った。
＊**五風十雨**を使命とし政治活動に励みます。

出典 「論衡《ろんこう》」是応《ぜおう》

鼓《こ》腹《ふく》撃《げき》壌《じょう》

類義 含哺鼓腹《がんぽこふく》・国土成就《こくどじょうじゅ》
天下泰平《てんかたいへい》

よい政治が行われ、天下が治まって人々が豊かに暮らしていること。撃壌の歌。

解説 満腹で腹鼓を打ち、大地を踏んで踊る姿から。

用例 ＊このたび**鼓腹撃壌**を願う国民のために、選挙に立候補することにいたしました。
＊内戦が続く政情不安定な国では、**鼓腹撃壌**など望むべくもない。

出典 「十八史略《じゅうはっしりゃく》」五帝《ごてい》

鼓舞激励《こぶげきれい》

(類義) 叱咤激励《しったげきれい》・叱咤督励《しったとくれい》

人を励まして元気づけること。応援しておおいに奮起させること。

(解説)「鼓舞」は、鼓を打って舞を演じること。転じて、人の気持ちを奮いたたせること。

(用例) ＊応援団の**鼓舞激励**に、選手たちは最後の気力を振り絞って戦った。
＊私がここまでやってこられたのも、先生がいつも見守り、**鼓舞激励**してくださったおかげです。

孤立無援《こりつむえん》

(類義) 僑軍孤進《きょうぐんこしん》・孤軍奮闘《こぐんふんとう》
孤城落日《こじょうらくじつ》・四面楚歌《しめんそか》

志を共にする仲間がなく、独りぼっちでなんの助けもないこと。また、そのさま。

(解説)「孤立」は周りにつながりや頼るものがなく、一つ(一人)だけで存在すること。「弧立」「個立」と書くのは誤り。「無援」は助けがないこと。「無縁」と書くのは誤り。「無援孤立」ともいう。

(用例) ＊寄る辺からも見放され、もはや**孤立無援**だ。
＊仲間が脱落し**孤立無援**になってもやり遂げます。

五里霧中《ごりむちゅう》

(類義) 曖昧模糊《あいまいもこ》・暗中模索《あんちゅうもさく》
(対義) 一目瞭然《いちもくりょうぜん》・明明白白《めいめいはくはく》

物事の事情がまったくつかめず、どうすべきかわからなくて困る状態。また、手探りで行動すること。

(解説) 五里四方にわたる霧(五里霧)の中で、方角もなにもわからないことから。語の構成は「五里霧」＋「中」で、「霧」を「夢」と書くのは誤り。

(用例) ＊開発計画は未《いま》だ**五里霧中**でなにも決まっていない。
＊入社したてなので、**五里霧中**の毎日です。

(出典)「後漢書《ごかんじょ》」張楷伝《ちょうかいでん》

困苦欠乏《こんくけつぼう》

(類義) 困苦窮乏《こんくきゅうぼう》

生活に行き詰まり、ひどく苦しい状態におかれて困り果てること。

(解説)「困苦」は困り苦しむこと。「欠乏」は生きるのに必要な食物などが乏しいこと。

(用例) ＊この不況では定職にも就けず、生活は**困苦欠乏**するばかり。将来の夢も希望もない。
＊長年の**困苦欠乏**の生活を堪え抜き、がむしゃらに働いて成功をおさめた。

金剛不壊《こんごうふえ》

(類義) 金剛堅固《こんごうけんご》

非常に堅くて、けっして壊れないこと。転じて、志をかたくなに守って変えないこと。

(解説) もとは仏の身体をいったことば。「金剛」は金剛石(ダイヤモンド)。「不壊」は非常に堅くて壊れないこと。「ふかい」と読むのは誤り。「不壊金剛」ともいう。

(用例) ＊**金剛不壊**の志を抱いていることが、成功の扉を開く鍵となります。
＊名匠になるという彼女の決意は**金剛不壊**だ。

言語道断《ごんごどうだん》

(類義) 言語道過《ごんごどうか》

とんでもないこと。あまりにひどくて、ことばで表せないこと。もってのほか。

(解説) あまりよい意味では使われないが、もとは、仏教の真理はことばで言い表せないということをさした。また、訓読して「言語の道が断たれる」の意味ともいわれる。「言語」はことばで表現する、「道断」は言うに堪えないこと。「同断」と書くのは誤り。

(用例) ＊失敗を人に尻ぬぐいさせるとは**言語道断**だ。

こ

懇切丁寧《こんせつていねい》

類義 懇切周到《こんせつしゅうとう》・懇到切至《こんとうせっし》

対義 杜撰脱漏《ずさんだつろう》

非常に親切で、細かいところまでよく気を回してあること。心を込めて物事を行うこと。

解説「懇切」は、親切であれこれ気を遣うこと。懇ろなこと。「丁寧懇切」ともいう。

用例 ＊**懇切丁寧**な指導が功を奏し、今や名実共に地域で一番の学習塾になりました。

＊彼女の年賀状は**懇切丁寧**な肉筆で書かれていた。

＊あの**懇切丁寧**ぶりが、ときおり鼻につく。

渾然一体《こんぜんいったい》

別々のものが一つに溶け合って区別がつかないこと。異なるものが一つに調和していること。

解説「渾然」は溶け合っていること。「混然」とも書く。

用例 ＊漁船と島影が**渾然一体**となった、すばらしい落日の眺めだ。

＊オーケストラの**渾然一体**の交響曲の演奏に、満員の聴衆が酔いしれた。

出典「淮南子《えなんじ》」精神訓《せいしんくん》

斎戒沐浴《さいかいもくよく》

類義 精進潔斎《しょうじんけっさい》

神仏に祈るなど神聖な行事を行う前に、飲食や行動を慎み、からだを洗い清めること。

解説「斎戒」は潔斎、物忌みのこと。「沐浴」は身を清めるための水浴びや湯浴《あ》み。「斎」を「斉」と書くのは誤り。「沐浴斎戒」ともいう。

用例 ＊**斎戒沐浴**した祈りが通じ、倒産は免れそうだ。

＊近頃の節制は、必勝祈願の**斎戒沐浴**の一環です。

出典「孟子《もうし》」離婁《りろう》・下

さ

才気煥発《さいきかんぱつ》

（類義）才気横溢《さいきおういつ》

鋭い才能が表面に現れ出ること。

（解説）「才気」はすばやく適切な判断ができること。才知。「煥発」は輝き現れること。「換発」「渙発」「喚発」などと書くのは誤り。

（用例）＊斬新なアイデアで事業を拡大していったことからも、彼の**才気煥発**ぶりがうかがえる。

＊**才気煥発**な彼女は、いずれ日本を飛びだして、世界で活躍することでしょう。

最後通牒《さいごつうちょう》

交渉相手に一方的に出す最後の要求・提案・通告のこと。

（解説）もとは、紛争の当事国の一方が平和的な外交交渉を打ち切って最終的な要求を提出し、受け入れられない場合は自由行動をとることを述べた外交文書のこと。ふつう、24時間または48時間の期限をつける。「通牒」は、書面で通知すること。

（用例）＊来シーズンも成果がなければ現役を引退するよう、監督から**最後通牒**を突きつけられた。

再三再四《さいさんさいし》

同じことを繰り返すこと。しばしば。たびたび。

（解説）「再三」は二度も三度も。「再四」はこの意を強調した語で、単独では使われない。

（用例）＊公約違反、政策転換を**再三再四**行っていては、国民が政治家を信用しなくなるのも当然だ。

＊無断欠勤や遅刻・早退を繰り返す彼に**再三再四**注意をしたが、いっこうに改まらない。

＊**再三再四**の警告無視により退場を命じます。

才子佳人《さいしかじん》

才能のある優れた男性と美しい女性。理想的な男女の取り合わせ。

(解説)「才子」は才知の優れた男性、才能のある男性。「佳人」は美しい女性のこと。「佳人才子」ともいう。

(用例)＊新郎新婦はまさに**才子佳人**、きっとお二人ですばらしい家庭を築かれることでしょう。

＊**才子佳人**とはいかないまでも、私どもはそれなりに似合いの夫婦だと思います。

才子多病《さいしたびょう》

(類義) 佳人薄命《かじんはくめい》

才能のある優れた人は、とかくからだが弱く病気がちであるということ。

(解説)男性に対して使うことば。女性については「佳人薄命」「美人薄命」などという。

(用例)＊彼は非常に優秀だが、いわゆる**才子多病**で無理がきかないところが玉にきずだ。

＊頭脳明晰《めいせき》でスポーツ万能なあの男には、**才子多病**のことばはまったく当てはまらない。

才色兼備《さいしょくけんび》

(類義) 才貌両全《さいぼうりょうぜん》・秀外恵中《しゅうがいけいちゅう》

才能と美貌の両方に恵まれていること。

(解説)女性に関していう場合が多い。「才色」は才能と容姿のこと。「さいしき」「さいそく」とも読む。「兼備」を「兼美」と書くのは誤り。

(用例)＊若いときから**才色兼備**の誉れが高い伯母は、年老いた今もなお知的な美しさを失っていない。

＊学生時代からの人目をひく**才色兼備**で、彼女は今やニュースキャスターとして活躍している。

採長補短《さいちょうほたん》

(類義) 舎短取長《しゃたんしゅちょう》・取長補短《しゅちょうほたん》
助長補短《じょちょうほたん》・続短断長《ぞくたんだんちょう》

他人の長所を見習って取り入れ、自分の短所を補うこと。人のふり見て我がふり直せ。また、物事の良いところや余ったところから取り入れて、悪いところや足りないところをそれで補うこと。

(解説)「長」は長所や余分の、「短」は短所や不足の意。「長を採り短を補う」と訓読して使ったりもする。

(用例) ＊人と接するときの**採長補短**が成長の糧です。
＊職業柄、つねに**採長補短**を肝に銘じている。

三寒四温《さんかんしおん》

冬季に寒い日が三日間ほど続き、その後に四日間ほど暖かい日が続く状態が繰り返される気候。また、暖かい春がしだいに近づくこと。

(解説) 特に中国北部や朝鮮半島などで顕著な気候。

(用例) ＊**三寒四温**のこの頃、気温の変化に注意して、風邪などひかぬようお気をつけください。
＊**三寒四温**を感じるようになれば、春はもうそこまで来ているということだ。

三三五五《さんさんごご》

小人数ずつで連れだって動くこと。また、人や家が散在しているさま。ちらほら。

(解説) あちらに三、こちらに五、というように、散らばっていることから。

(用例) ＊説明会の会場はゴルフ場建設に反対する地域の住民たちで**三三五五**座席がうまった。
＊閉会するや参加者たちが**三三五五**に散っていく。

(出典) 李白《りはく》「採蓮曲《さいれんきょく》」

さ

山紫水明《さんしすいめい》

類義 山清水秀《さんせいすいしゅう》・山明水秀《さんめいすいしゅう》
風光明媚《ふうこうめいび》・嵐影湖光《らんえいここう》

山や川などの自然の風景が、清らかで美しいこと。

解説 日光に照らされ、山は紫にかすみ川の水は清らかに澄んで、はっきり見えることから。「水明山紫」「水紫山明」ともいう。

用例 ＊休暇は**山紫水明**の地で遊んできました。
＊**山紫水明**を賞賛する一方で、原生林を平気で切り倒すとは、矛盾もはなはだしい。

出典 頼山陽《らいさんよう》「自画《じが》の山水《さんすい》に題《だい》す」

三者鼎立《さんしゃていりつ》

類義 三足鼎立《さんそくていりつ》・三分鼎足《さんぶんていそく》

力の拮抗《きっこう》する三人が分かれ対立すること。三つどもえ。

解説 鼎《かなえ》は、取っ手と脚の付いた器。煮炊きや祭器に使う。三本の脚でバランスよく立っているさまから。

用例 ＊あの地域は候補者が**三者鼎立**していて、選挙の結果は予想しがたい。
＊強豪選手が集まるこの地区は、表彰台をねらい**三者鼎立**の闘いが繰り広げられた。

出典 「呉志《ごし》」陸凱伝《りくがいでん》

残念無念《ざんねんむねん》

類義 遺憾千万《いかんせんばん》・残念至極《ざんねんしごく》
切歯扼腕《せっしやくわん》・無念千万《むねんせんばん》

非常に悔しくてたまらないこと。

解説 「残念」「無念」は、共に非常に悔しいの意で、同義語を重ねて語調をととのえ、意味を強めたことば。「無念残念」ともいう。

用例 ＊受験に失敗して**残念無念**、もっと勉強しておけばよかったと歯噛《が》みしても、もう後の祭りだ。
＊定年を迎え、長年携わってきたプロジェクト・スタッフを中途で退くのは、まことに**残念無念**です。

さ

三拝九拝《さんぱいきゅうはい》

類義 三跪九叩《さんききゅうこう》・三跪九拝《さんききゅうはい》
平身低頭《へいしんていとう》

何度も繰り返しお辞儀をして敬意や謝意を表すこと。また、何度も頭を下げて人に頼みごとをすること。

解説 相手への敬意を表す語として、手紙の末尾に記すこともある。

用例 ＊**三拝九拝**して頼み込んでいるのだが、銀行がなかなか融資してくれない。
＊彼は**三拝九拝**どころか、お百度を踏んでやっと来てもらった貴重な人材だ。

さ

三百代言《さんびゃくだいげん》

詭弁《きべん》を弄して言いくるめること。また、その人。いいかげんな弁護士を罵っていう語。

解説「三百」は三百文のことで、価値が低いたとえ。「代言」は代言人の略で、弁護士の古い呼び方。明治時代に資格を持たないまま弁護士のような仕事をした人をいう。

用例 ＊**三百代言**を繰り返す謝罪会見に、出席者から次々と鋭い質問が浴びせられた。

賛否両論《さんぴりょうろん》

類義 議論百出《ぎろんひゃくしゅつ》・甲論乙駁《こうろんおつばく》
対義 衆議一決《しゅうぎいっけつ》・満場一致《まんじょういっち》

賛成と反対の両方の意見。また、それぞれの意見が対立して一つにまとまらず、議論の余地があること。

解説「賛否」は賛成と不賛成。「両論」は異なる二つの意見のこと。賛成・反対の勢力が拮抗《きっこう》している場合は「賛否両論相半ばし……」と言い表したりする。

用例 ＊カジュアルすぎて接客業には向かないなどと、クールビズにも**賛否両論**ある。
＊議会は**賛否両論**が続出し、翌日に持ち越された。

三位一体《さんみいったい》

三つの別々の要素が、一つのもののように固く結びつくこと。三人が気持ちを一つにして物事にあたること。

(解説)本来は、キリスト教の父(創造主)と子(イエス・キリスト)と聖霊は、姿は異なるが同じ一つの神であるという考え。「三位」を「さんい」と読むのは誤り。

(用例)＊夢、意欲、体力の**三位一体**が私の身上です。

＊新年度から品質、価格、サービスが**三位一体**となった販売活動に力を入れていきます。

三面六臂《さんめんろっぴ》

(類義)縦横無尽《じゅうおうむじん》・八面六臂《はちめんろっぴ》

一人で数人分もの働きをすること。また、一人が多方面にわたって目覚ましい活躍をすること。

(解説)一つのからだに三つの顔と、六本の腕を持っているということから。「臂」は手首から肘まで。下膊《かはく》。

(用例)＊設立したての小さな会社だから、**三面六臂**でも足りないぐらいだ。

＊あのタレントは、女優、コメンテーター、さらに趣味の油絵の個展と、まさに**三面六臂**だ。

三令五申《さんれいごしん》

(類義)耳提面訓《じていめんくん》・周知徹底《しゅうちてってい》・提耳面命《ていじめんめい》

何度も言い聞かせること。繰り返して命令すること。

(解説)三度命令し、五度繰り返して言い聞かせるという意から。「申」は繰り返すこと。説いて敷衍《ふえん》すること。

(用例)＊今回の改革はたいへん重要なので、関係各位に**三令五申**して、趣旨を理解してもらってください。

＊現在、当社では新たな社是を**三令五申**し、社員への徹底を図っているところです。

(出典)「史記《しき》」孫武伝《そんぶでん》

思《し》案《あん》投《なげ》首《くび》

名案が浮かばず、途方に暮れているさま。

(解説)「投首」は首を傾ける、首を垂れるの意。あれこれ考えても妙案が思いつかず、首を投げだすように傾けて、とても困っているさまから。

(用例)＊新たなアイデアが出ず、プロジェクトメンバーは皆、**思案投首**の体《てい》だ。

＊こんなときは**思案投首**しててもしょうがない。気晴らしにドライブでもするか。

尸《し》位《い》素《そ》餐《さん》

(類義) 窃《せつ》位《い》素《そ》餐《さん》・素《そ》餐《さん》尸《し》禄《ろく》
伴食宰相《ばんしょくさいしょう》・無《む》為《い》徒《と》食《しょく》

高位にありながら、その任を果たさず、むだに禄《ろく》を得ていること。また、その人。禄盗人《ぬすびと》。ごくつぶし。

(解説)「素餐」は、ただ食うだけの意。「素餐尸位」ともいう。

(用例)＊なんの経験もないのに天下りしてくる役人は、**尸位素餐**の最たるものだ。

＊声高にコスト削減を叫ぶよりも、**尸位素餐**を一掃することが先決だ。

(出典)「漢書《かんじょ》」朱雲伝《しゅうんでん》

慈《じ》烏《う》反《はん》哺《ぽ》

(類義) 烏《う》鳥《ちょうの》私《し》情《じょう》

親孝行すること。子が恩に報いて親を大切にすること。

(解説)烏《からす》は育ててもらった恩を忘れず、親鳥が老いたら口移しで餌を与えるとされていることから。「鳩《はと》に三枝の礼あり、烏に反哺の孝あり」という。

(用例)＊故郷で両親に**慈烏反哺**を尽くそうと思う。

＊親元を離れてから、父母の情愛のありがたみをひしひしと感じ、**慈烏反哺**の心情を強くした。

(出典)「禽経《きんけい》」

四《し》海《かい》兄《けい》弟《てい》

類義 四海一家《しかいいっか》・四海同胞《しかいどうほう》

世界中の人々は皆、兄弟のように隔てなく親しくすべきであるということ。

解説「四海」は四方の海。転じて世界、天下のこと。「兄弟」は漢音読みで、「きょうだい」とも読む。

用例 ＊国際社会では、**四海兄弟**の精神が大切だ。

＊**四海兄弟**などと口にするのはたやすいが、世界平和の実現には、まだまだ時間がかかるでしょう。

出典「論語《ろんご》」顔淵《がんえん》

事《じ》過《か》境《きょう》遷《せん》

類義 事過情遷《じかじょうせん》

状況が変われば、それに連れて心境も変わっていくこと。また、過ぎ去ってしまえば、その物事の境遇や周囲の様子も変わっていくこと。

解説「境」は心境、境遇の意。「遷」は移る、変わること。

用例 ＊彼女とのことは心配いらない。ここから去って見えなくなれば**事過境遷**で、きっと忘れられる。

＊**事過境遷**とばかりに割りきって、過去を投げ捨てるのはよくないよ。

自《じ》画《が》自《じ》賛《さん》

類義 一分自慢《いちぶじまん》・我田引水《がでんいんすい》
自負自賛《じふじさん》・手前味噌《てまえみそ》

自分の行為や作品を自分でほめること。

解説 自分の描いた絵に自分で賛(絵に合わせて書き込む詩や文章)を添えることから。「自画」を「自我」と書くのは誤り。「自賛」は「自讃」とも書く。

用例 ＊自分の業績をアピールするのは一つの選挙戦術だが、やりすぎるとただの**自画自賛**でしかない。

＊今回の企画書は自信をもって提出できる出来だと**自画自賛**しております。

し

死活問題《しかつもんだい》

生き死ににかかわるような、深刻な問題のこと。転じて、組織や団体の存続などに影響を与える重大な問題。

(解説)「死活」は死ぬか生きるかの意。

(用例) ＊万引きの被害額は年々増しており、店側にとってはまさに**死活問題**だ。
＊不況による観光客の減少は、財政難につながる県の**死活問題**ととらえ、対策を協議すべきだ。
＊あの会社は赤字続きで、**死活問題**を抱えている。

自家撞着《じかどうちゃく》

(類義) 自己撞着《じこどうちゃく》・自己矛盾《じこむじゅん》 矛盾撞着《むじゅんどうちゃく》

発言や行動が、前後で矛盾していること。

(解説)「自家」は自分の家、転じて自分のこと。「撞着」は突きあたること、矛盾すること。「どうじゃく」「とうちゃく」とも読み、「撞著」とも書く。

(用例) ＊他人を非難するなと言いながら、友人の悪口を言うのだから、**自家撞着**もはなはだしい。
＊報道は**自家撞着**が日常化してきた。

(出典)「禅林類聚《ぜんりんるいじゅう》」看経門《かんきんもん》

士気高揚《しきこうよう》

(類義) 旗鼓堂堂《きこどうどう》
(対義) 士気阻喪《しきそそう》

物事を団結して行うさい全員の意気込みが高まること。

(解説)「士気」は、もと兵士の戦いに対する意気込みのこと。転じて、集団で物事を行うときの人々のやる気。おもに個々の「こころざし」について使う、同音の「志気」と書くのは誤り。「高揚」は、精神や気分が高まること。「昂揚」とも書く。

(用例) ＊力の限り声援し、チームの**士気高揚**を促した。
＊賞与の奮発は、社員を**士気高揚**させるでしょう。

時期尚早《じきしょうそう》

事を起こすには、まだ時期が早すぎるということ。まだ機が熟していない状態。

(解説)「時期」を「時機」「時季」などと書くのは誤り。「尚」は副詞の「なお」で、「尚早」は「なお早い」の意。

(用例)＊卒業したばかりで**時期尚早**と言われ、結婚を認めてもらえなかった。
＊斬新で画期的だったが、実現させるには**時期尚早**な企画だと判断された。

色即是空《しきそくぜくう》

(類義) 一切皆空《いっさいかいくう》・空即是色《くうそくぜしき》 五蘊皆空《ごうんかいくう》

この世に存在するものはすべて仮の姿で、一切は空であるという仏教の教え。そこから、この世の事物には執着すべきでないという戒め。

(解説)「色」は、世の中すべての物事や現象。万物。「空」は、実体ではないということ。「般若心経」のことば。

(用例)＊**色即是空**を唱えていれば、悩みも消えるだろう。
＊頭では**色即是空**とわかっていても、現実に直面してみるとなかなか簡単に割り切れるものではない。

自給自足《じきゅうじそく》

必要なものを自分でつくること。よそから調達するのでなく、自分でまかなうこと。

(解説)「自給」は自ら給する、「自足」は自ら足りること。「自給自足の生活」などと使う。

(用例)＊日本は資源が少ないため、**自給自足**ではまかなえず、輸入に頼らざるをえない。
＊実家は食料を**自給自足**している農家だから、米と野菜には困らない。

四苦八苦《しくはっく》

(類義) 艱難辛苦《かんなんしんく》・七難八苦《しちなんはっく》

ひどい苦しみ。非常に苦労すること。もと仏教語で、思いどおりにならないあらゆる苦しみのこと。

(解説)「四苦」は生・老・病・死。「八苦」は四苦と愛別離苦《あいべつりく》(愛する者と別れる苦しみ)・怨憎会苦《おんぞうえく》(憎む者と会う苦しみ)・求不得苦《ぐふとくく》(求めても得られない苦しみ)・五陰盛苦《ごおんじょうく》(身体から発する苦しみ)の四つの苦労。

(用例) ＊締め切りが目前に迫り、**四苦八苦**の毎日です。
＊覚えたての機械の操作に**四苦八苦**している。

自己暗示《じこあんじ》

物事の結果などを、自分自身に思い込ませること。特定の意識を持つよう自分に暗示をかけ、実力以上の能力を発揮したり好結果を生んだりするよう仕向けること。

(解説)「暗示」は、それとなく示すこと。

(用例) ＊決勝戦には「あんなに特訓したんだから自分が最強」と**自己暗示**して臨みました。
＊スリムになったとの**自己暗示**も一つの痩身術だ。
＊本番に弱いのは、**自己暗示**が下手だからだ。

試行錯誤《しこうさくご》

(類義) 暗中模索《あんちゅうもさく》

困難な課題を解決しようと、試みと失敗を繰り返しながら解決法を探っていくこと。

(解説) trial and error の訳語。「試行」を「思考」「志向」などと書くのは誤り。「錯誤」は誤り、間違いの意。

(用例) ＊この新製品は、スタッフが長年の**試行錯誤**の末に完成させた労作だ。
＊宇宙開発は多くの犠牲を払い、**試行錯誤**しつつ現在もなお、さかんに行われている。

し

自《じ》業《ごう》自《じ》得《とく》

(類義) 因《いん》果《が》応《おう》報《ほう》・自《じ》業《ごう》自《じ》縛《ばく》
自《じ》作《さく》自《じ》受《じゅ》・自《じ》縄《じょう》自《じ》縛《ばく》

自分の働いた悪事の報いを自分で受けること。

(解説) 仏教の「因果の法則」に従って自分の行為の結果は自分で受ける、の意。本来は善悪両方の結果に用いるが、現在は悪事の報いについていうことが多い。

(用例) ＊勉強もろくにせずに遊んでばかりいては、受験に失敗しても**自業自得**だ。
＊事業の失敗は**自業自得**とはいえ、家族を路頭に迷わせるわけにはいきません。

自《じ》己《こ》嫌《けん》悪《お》

自分で自分が嫌になること。自分自身をうとましく思う気持ち。

(解説) 「嫌悪」は、憎んで不快になること。ひどく嫌うこと。「自己嫌悪に陥る」などと使う。

(用例) ＊寝坊して会議に遅刻し、そのうえ資料まで忘れた**自己嫌悪**から、しばらく立ち直れそうもない。
＊つい感情的になって親友にひどいことを言ってしまい、**自己嫌悪**に陥った。

自《じ》己《こ》顕《けん》示《じ》

自分の存在や価値などを人前で見せつけようとすること。また、自分の功績などをひけらかすこと。

(解説) 「顕示」は、わかるようにはっきりと示すこと、明確に表すこと。「自己顕示欲が強い」などと否定的な意味で用いられることが多い。

(用例) ＊**自己顕示**欲が強すぎるせいか、どうもあの担当者といっしょに仕事をしているとストレスがたまる。
＊出世のためには適度な**自己顕示**も必要だ。

自作自演《じさくじえん》

自分でシナリオを書き、自分が演じること。一人芝居。

(解説)「自作」は自分で作ること。「自演」は自分で演じること。強盗の被害に遭ったと見せかけて警察に通報する犯行など、悪い意味でよく使われる。

(用例)＊世間を騒がせた誘拐事件は、被害者とされていた少女の狂言による**自作自演**だった。
＊披露宴の余興で、新郎新婦が**自作自演**したビデオレターが流された。

時時刻刻《じじこくこく》

(類義) 念念刻刻《ねんねんこくこく》

時間を追って次々と。時と共に刻一刻と。絶えずに。その時その時。しだいしだいに。

(解説)物事が連続して起こる場合にもいう。「刻刻」は「こっこく」とも読み、「剋剋」とも書く。

(用例)＊経営者には、**時時刻刻**と変化する情勢を的確にとらえて対応する能力が求められる。
＊採用面接を前に**時時刻刻**、緊張は否が応でも高まっていった。

師資相承《ししそうしょう》

(類義) 血脈相承《けちみゃくそうしょう》

師匠の教えを弟子へと代々伝えていくこと。また、技術などを受け継いでいくこと。

(解説)「師資」は師と頼むこと。または師弟関係。「相承」は引き継ぐこと。訓読して「師資相《あい》承《う》く」ともいう。

(用例)＊後継者不足で風前のともしびとなった**師資相承**の芸を、守っていくことはできないだろうか。
＊この菓子の製法は、**師資相承**によって忠実に守られています。

子《し》子《し》孫《そん》孫《そん》

子孫の代々。孫子の代まで。子孫の続くかぎり。

(解説)「子孫」を1字ずつ重ねて意味を強めた語。「孫孫」は「そんぞん」とも読む。

(用例)＊過ちを繰り返さないために、戦争の悲惨さは**子子孫孫**、永く語り継がねばならない。

＊わが家の秘伝を絶やさず、**子子孫孫**に至るまで伝えていくのが務めです。

＊この蔵元の伝統は**子子孫孫**と守っていきます。

事《じ》実《じつ》無《む》根《こん》

事実に基づかない話。実際とはまったく違うこと。根も葉もないこと。

(解説)「無根」は根拠がないこと。

(用例)＊関係者は、週刊誌に掲載された記事は**事実無根**の内容だと、必死に否定した。

＊**事実無根**の話でも、世間はそれを事実だと思い込む場合もある。

＊**事実無根**の疑いで、事情聴取を受けた。

獅《し》子《し》奮《ふん》迅《じん》

(類義) 勇往邁進《ゆうおうまいしん》

勢いよく突き進んで物事に対処するさま。激しく勇みたって突進すること。

(解説)「獅子」はライオン。「奮迅」は、激しく奮いたつこと。「獅子奮迅の勢い」などと使う。

(用例)＊社長の**獅子奮迅**の働きが先方の心を動かし、会社はなんとか援助を取りつけることができた。

＊彼の**獅子奮迅**の活躍で勝利を確信した。

(出典)「大般若経《だいはんにゃきょう》」

自《じ》浄《じょう》作《さ》用《よう》

河川、海水、大気などが、それ自体の働きで汚れなどを取り去ること。転じて、組織内部の悪いところを自力で改めるような働きのこと。

(解説)「自浄」は自らの力で汚れや悪いところを取り除き、きれいになること。

(用例) ＊自然の**自浄作用**を利用する技術を開発し、国内の注目を集めた。
＊政界の腐敗はもう、**自浄作用**に任せておけない。

自《じ》縄《じょう》自《じ》縛《ばく》

(類義) 作繭自縛《さくけんじばく》・自業自得《じごうじとく》
自業自縛《じごうじばく》

自分の行動や発言によって身動きがとれなくなること。自分の言動が災いして自分が苦労すること。

(解説)「縛」はしばる、縄をかけるという意味。自分の縄で自分を縛ることから。「自爆」と書くのは誤り。

(用例) ＊一人で十分だと言ったのが**自縄自縛**になって、本当に一人で苦労する羽目になったらしい。
＊目標を高くして**自縄自縛**に陥った。
＊細則をつくりすぎ、**自縄自縛**の状態だ。

死《し》屍《し》累《るい》累《るい》

(類義) 阿鼻叫喚《あびきょうかん》

多くの死体が折り重なって、正視に堪えないさま。戦いのあとの悲惨な状態。

(解説)「死屍」は死体、しかばね。「累累」は重なり合っている、また、辺り一面に転がっているさま。

(用例) ＊記録映画の**死屍累累**と連なる惨状を見て、戦争の恐ろしさを改めて痛感した。
＊倒産が相次ぐ**死屍累累**たる業界の中で会社を維持していくのは、並大抵ではない。

自然淘汰《しぜんとうた》

類義 自然選択《しぜんせんたく》・適者生存《てきしゃせいぞん》
対義 人為淘汰《じんいとうた》

環境や自然条件に適合した生物は生き残り、そうでないものはおのずと滅びていくということ。よいものは残り、悪いものは消えていくということ。

解説 ダーウィンが進化論で説いた語(natural selection)の訳。「淘」「汰」は共に選び分けること。「陶汰」は誤り。

用例 ＊どんなに似ていても、消費者の目にさらされることによって商品は、**自然淘汰**されていきます。
＊初めは大勢いても**自然淘汰**で残るのは数人だ。

志操堅固《しそうけんご》

類義 堅忍不抜《けんにんふばつ》・秋霜烈日《しゅうそうれつじつ》
対義 意志薄弱《いしはくじゃく》・薄志弱行《はくしじゃっこう》

自分の志や考えをかたくなに守り続けて、容易には変えないこと。

解説 「志操」はみさお。それをさらに固く守って変えない意思のこと。「思想」と書くのは誤り。

用例 ＊困難があっても、**志操堅固**を貫き目標を下げなかったので、レベルの高い作品に仕上がった。
＊組織の中で生きていくには**志操堅固**な態度も大切だが、妥協が必要なこともある。

時代錯誤《じだいさくご》

いつまでも昔ふうのものに固執すること。考えや行動などが時流に合わず逆行していること。時代遅れ。アナクロニズム。

解説 「錯誤」は、認識が誤っていること。

用例 ＊たとえ世間から**時代錯誤**と笑われても、私は正直一筋でこの商売をやっていくつもりです。
＊校則を守ることは大切だが、一部、**時代錯誤**の規則があるのも事実で、改定の余地がありそうだ。

舌先三寸《したさきさんずん》

(類義) 巧言令色《こうげんれいしょく》

口先だけでことば巧みに話すこと。口ばかりで心がこもっていないこと。

(解説)「舌先」はことば、弁舌のこと。「したざき」ともいう。「三寸」は約９センチで、短いことのたとえ。縮めて「舌三寸」ともいうが、「口先三寸」は誤り。

(用例) ＊口が達者で、**舌先三寸**で言いくるめられた。
＊**舌先三寸**の宣伝文句にあおられてはいけない。

(出典)「史記《しき》」平原君虞卿伝《へいげんくんぐけいでん》

七転八起《しちてんはっき》

(類義) 捲土重来《けんどちょうらい》・不撓不屈《ふとうふくつ》

失敗を繰り返しても屈することなく、勇気を奮って立ち上がること。七転び八起き。不退転。

(解説)「七」「八」は数が多いことを表している。七度転んだら七回起き上がればよいのだが、起き上がる数のほうを大きくして意味を強調している。「七転」は「七顚」とも書く。

(用例) ＊どんな苦境も**七転八起**の決意で立ち向かった。
＊**七転八起**の人生は妻がいてくれたからこそです。

七転八倒《しちてんばっとう》

激しい苦痛に、のたうち回って苦しむこと。また、そのような混乱状態のこと。

(解説)「しちてんはちとう」「しちてんはっとう」「しってんばっとう」とも読む。「七転」は「七顚」とも書く。

(用例) ＊胃けいれんを起こし**七転八倒**の痛みを味わった。
＊胆石の発作で**七転八倒**した苦しみは、もう二度と経験したくないね。

(出典)「朱子語類《しゅしごるい》」

し

七難八苦《しちなんはっく》

(類義) 艱難辛苦《かんなんしんく》・四苦八苦《しくはっく》

さまざまな苦しみや災難。また、それに遭うこと。

(解説) もとは仏教語。「七難」は、この世で受ける火難、水難などの七種の災難（経典によって異なる）のこと。「八苦」は「四苦八苦」を参照。

(用例) ＊前途に**七難八苦**が待ち受けているとはいえ、一度決意したことを曲げるわけにはいかない。
＊早くに両親を亡くし、幼い頃から**七難八苦**の連続だったが、けっしてくじけなかった。

四通八達《しつうはったつ》

(類義) 四衢八街《しくはちがい》・四通五達《しつうごたつ》
阡陌交通《せんぱくこうつう》

道路が四方八方に通じていること。交通網が発達していること。情報がよく伝わること。

(解説) 交通が至便で往来の激しい所から、「都会」の意味もある。「八達」を「発達」と書くのは誤り。「四達八通」ともいう。

(用例) ＊**四通八達**した都会では、自家用車より、公共交通機関を利用するほうが早く到着する場合もある。

(出典) 「晋書《しんじょ》」慕容徳載記《ぼようとくさいき》

質疑応答《しつぎおうとう》

質問とそれへの答弁のやりとり。

(解説) 「質」は「問いただす」の意で、「質疑」は疑問点を質問すること。「質議」と書くのは誤り。「応答」は受けた質問に答えること。受け答え。

(用例) ＊説明の後に**質疑応答**の時間を設けますので、まず聞いてください。
＊謝罪会見の**質疑応答**で、論理をすり替えて弁明する事故当事者に聴衆が憤った。

し

実事求是《じつじきゅうぜ》

事実に基づいて真理を探求すること。先入観や風説を排し、真実を追い求める姿勢。

(解説)「実事」は本当のこと。「求是」は真実を求めること。中国・清朝《しんちょう》の考証学の学風とされる。「事《こと》を実《じつ》にして是《ぜ》を求《もと》む」と訓読して使われたりもする。

(用例)＊研究者の身上は、**実事求是**であるべきだ。

＊実態調査は、**実事求是**の意気込みで臨みなさい。

(出典)「漢書《かんじょ》」景十三王伝《けいじゅうさんおうでん》

質実剛健《しつじつごうけん》

(類義) 剛毅木訥《ごうきぼくとつ》

(対義) 巧言令色《こうげんれいしょく》

飾り気がなく、真摯で強く、たくましいさま。

(解説)「質実」は派手さがなく真面目なこと。「剛健」は心身が強く、しっかりとしていること。「強健」と書くのは誤り。「剛健質実」ともいう。

(用例)＊彼は、今どき珍しい**質実剛健**の好青年だ。

＊尊敬する人物は、働き者で**質実剛健**な父です。

＊卒業した学校は、**質実剛健**を尊ぶ校風で生活指導が厳しいことで有名です。

実践躬行《じっせんきゅうこう》

(類義) 率先躬行《そっせんきゅうこう》・率先垂範《そっせんすいはん》
率先励行《そっせんれいこう》

理論や観念、信条を、口だけでなく自分で実際に行うこと。主義主張を言うだけでなく、態度で示すこと。

(解説)有言実行の大切さをいったことば。「実践」は実際に行う、「躬」は自ら、自分で、の意で、「躬行」は自分自身で行うということ。「躬行実践」ともいう。

(用例)＊目標は揚げることより**実践躬行**するのが大切だ。

＊**実践躬行**を第一に考えているから、行動の伴わない人は信用しない。

叱咤激励《しったげきれい》

(類義) 啓発激励《けいはつげきれい》・鼓舞激励《こぶげきれい》
叱咤督励《しったとくれい》

大声をあげて激しく叱ったり励ましたりして、力づけること。奮起させること。鼓舞すること。

(解説)「叱咤」は怒気を含んだ大声で、叱り励ますこと。「激励」は元気づけること。

(用例)＊ただ**叱咤激励**するだけでは、部下の本当の力を引きだすことは難しい。
＊監督の**叱咤激励**で選手が奮起しピンチを脱した。
＊ＯＢの**叱咤激励**が控え室に響き渡った。

十中八九《じっちゅうはっく》

(類義) 九分九厘《くぶくりん》

ほとんど。おおかた。

(解説)「十のうちの八から九」の意で、八割から九割の確率から、ほとんど間違いがないということ。「十中」は「じゅっちゅう」「じゅうちゅう」とも読む。

(用例)＊きみの実力なら、今大会の１回戦突破は**十中八九**間違いないだろう。
＊元党首の二世なのだし、地盤・看板・鞄《かばん》の「三ばん」がそろっているのだから**十中八九**、当選だろう。

疾風迅雷《しっぷうじんらい》

(類義) 疾風怒濤《しっぷうどとう》・迅速果敢《じんそくかかん》
迅雷風裂《じんらいふうれつ》・電光石火《でんこうせっか》

動きがすばやく激しいさま。目にもとまらぬ速さでやり遂げること。また、事態が急変すること。

(解説)「疾風」は、はやて。速くて激しい風のこと。「迅雷」は激しい雷鳴。

(用例)＊このチャンスを逃してはなるまいと、計画を実行に移した身のこなしは**疾風迅雷**だった。
＊**疾風迅雷**のフットワークが、わが社の強みです。

(出典)「礼記《らいき》」玉藻《ぎょくそう》

疾風怒濤《しっぷうどとう》

類義 狂瀾怒濤《きょうらんどとう》・疾風迅雷《しっぷうじんらい》 電光石火《でんこうせっか》・暴風怒濤《ぼうふうどとう》

強い風と逆巻く波から、時代や状況が大きく変化すること。動きがすばやいこと。激しい勢いで押し寄せること。

解説 激動の時代、物事や人生の激変についていう。もとは18世紀後半のドイツ文学、新潮流の Sturm und《シュトゥルム ウント》 Drang《ドラング》（嵐と緊張）の訳語。自由や権威への反抗を旨とする。

用例 ＊現代を生き抜くには、国際情勢が**疾風怒濤**でも冷静に見極める確かな眼力が必要だ。

櫛風沐雨《しっぷうもくう》

類義 櫛風浴雨《しっぷうよくう》

雨風にさらされながら、たいへん苦労すること。休む間もなく奔走して働くこと。

解説「櫛風」は髪が風にとかされること。「沐雨」は髪が雨で洗われること。「風に櫛《くしけず》り雨に沐す」と訓読もする。「風櫛雨沐」ともいう。

用例 ＊豊かな時代に生まれた若者には、戦後の**櫛風沐雨**をとうてい理解できないだろう。

出典「荘子《そうじ》」天下《てんか》

紫電一閃《しでんいっせん》

類義 光芒一閃《こうぼういっせん》・疾風迅雷《しっぷうじんらい》 電光石火《でんこうせっか》

刀がきらりとひらめく光のこと。一瞬の変化、物事が急激に変化すること。

解説「紫電」は、鋭い刀を振るとひらめく紫の稲妻のこと。「一閃」は、さっとひらめくこと。

用例 ＊内閣の総辞職で株価が**紫電一閃**のごとく暴落し、市場が大混乱した。

＊不用意な発言に**紫電一閃**、それまで平穏だった会議は一転し喧噪《けんそう》の坩堝《るつぼ》と化した。

自然法爾《じねんほうに》

類義 自然法然《じねんほうねん》・法性自爾《ほうしょうじに》
法爾法然《ほうにほうねん》

人為を捨て、ありのままに任せること。仏教語で、一切の存在はおのずから真理にかなっているということ。

解説 浄土真宗で、如来《にょらい》の力を頼むこと。「自然」を「しぜん」と読むのは誤り。「法爾自然」ともいう。

用例 ＊なんでも無理やり行うのではなく、**自然法爾**の教えを生かした昔ながらの生活を見直すべきだ。
＊**自然法爾**、時が解決してくれるのを待とう。
＊口をはさむのはよそう、**自然法爾**というだろ。

雌伏雄飛《しふくゆうひ》

将来を期して人につき従い、やがて大活躍すること。

解説「雌伏」は雌鳥が雄鳥に従い伏すこと。「雄飛」は雄鳥が飛びたつように奮いたつこと。将来のために不遇に耐え忍び、時期が来ればおおいに羽ばたき、活躍するということ。

用例 ＊大家のアシスタントを務めながら**雌伏雄飛**を遂げ、いまや押しも押されもしない人気作家だ。

出典「後漢書《ごかんじょ》」趙典伝《ちょうてんでん》

四分五裂《しぶんごれつ》

類義 四散五裂《しさんごれつ》・四分五割《しぶんごかつ》
四分五落《しぶんごらく》・分崩離析《ぶんぽうりせき》

ばらばらに分裂すること。秩序・統一を失って乱れること。また、そのような状態。

解説「分」は分かれる、「裂」は裂ける。「四分」は「しぶ」とも読む。「五裂」を「五列」と書くのは誤り。

用例 ＊**四分五裂**の組織をなんとかしないと、外部に応援を頼んでも意味がない。
＊リーダー不在の集団では、**四分五裂**してしまう。

出典「戦国策《せんごくさく》」魏策《ぎさく》

自暴自棄《じぼうじき》

失望のあまりやけになること。物事が思いどおりにならず、投げやりになること。やけくそ。捨てばち。

(解説) 自分で自分の身を損なう「自暴者」と、投げやりになって自分の身を捨ててかかる「自棄者」の合成。

(用例) ＊失格者の**自暴自棄**な言動はたしなめるべきだ。
＊不幸続きで**自暴自棄**になった時期もあった。
＊挫折した友の**自暴自棄**をいさめた。

(出典)「孟子《もうし》」離婁《りろう》・上

四方八方《しほうはっぽう》

(類義) 四方八面《しほうはちめん》・四面八方《しめんはっぽう》

あらゆる方向。あちらこちら。

(解説)「四方」は東西南北の四つの方角。「八方」は四方に、さらに北東・北西・南東・南西の四つを加えたもの。ここから、あらゆる方向のこと。

(用例) ＊デパートの歳末大売り出しには**四方八方**から客が押し寄せ、ものすごい混雑になった。
＊連絡の取れなくなった派遣員を、**四方八方**手を尽くして捜しているところです。

揣摩臆測《しまおくそく》

(類義) 揣摩臆断《しまおくだん》

勝手な想像であれこれ推し量ること。当て推量。

(解説)「揣摩」は、事情を推測すること。「すいま」とも読む。「臆測」は、いいかげんな推測のこと。「憶測」とも書く。推量の意の語を重ねて意味を強めている。

(用例) ＊人気女優の突然の引退に、ワイドショーはさかんに**揣摩臆測**していた。
＊ビジネス社会では、飛び交う**揣摩臆測**に惑わされず、正確な情報を選び取る能力が必要だ。

四面楚歌《しめんそか》

(類義) 孤軍奮闘《こぐんふんとう》・孤城落日《こじょうらくじつ》
孤立無援《こりつむえん》

周りがすべて敵で、味方もなく孤立しているさま。四方を敵に囲まれて心細いこと。

(解説) 中国・楚の項羽《こうう》が漢《かん》軍に囲まれたとき、漢軍から楚の歌を歌う声が聞こえてきたので、楚の軍勢はすでに降伏したのかと驚いて嘆いた故事から。

(用例) ＊ずっと反対を標榜《ひょうぼう》していたが、仲間が次々と賛成派に回り、**四面楚歌**の状況になっている。

(出典)「史記《しき》」項羽紀《こううき》

自問自答《じもんじとう》

自分自身に問い、自分でそれに答えること。自分の疑問に自分で答えを出すこと。心の声に耳を傾けること。

(解説) 自省や自戒の意味を込めて多用される。「自問自答を繰り返す」などと使う。

(用例) ＊大晦日《おおみそか》には除夜の鐘を聴きながら、**自問自答**して一年を振り返ることにしている。
＊**自問自答**を繰り返し、自分の判断に間違いはないと確信した。

杓子定規《しゃくしじょうぎ》

(類義) 四角四面《しかくしめん》
(対義) 融通無碍《ゆうずうむげ》・臨機応変《りんきおうへん》

一つの基準や規則をすべてに適用して、物事を判断しようとすること。融通がきかないこと。

(解説) もとは、「杓子も定規になる」で、杓子の柄は曲がっているのに、それを定規の代わりとすること。誤った基準で物事を判断することをいった。

(用例) ＊いつも規則規則と**杓子定規**な対応をしていると、そのうち顧客をよそに取られてしまうよ。
＊**杓子定規**の意見しか出ない会議では無意味だ。

弱肉強食《じゃくにくきょうしょく》

類義 適者生存《てきしゃせいぞん》・優勝劣敗《ゆうしょうれっぱい》
対義 共存共栄《きょうぞんきょうえい》

弱い者は強い者に倒され、征服されること。強い者が弱い者を倒して繁栄すること。

解説 弱者の肉は強者の食料となることから。

用例 ＊**弱肉強食**は世の習いだから次々と、新しくて刺激的な商品を当社も開発していく必要がある。
＊大きくも強くもない人類は、**弱肉強食**の太古の世界で、知恵を働かせて生き残る方法を選んだ。

出典 韓愈《かんゆ》「浮屠文暢師《ふとぶんちょうし》を送《おく》るの序《じょ》」

寂滅為楽《じゃくめついらく》

類義 生滅滅已《しょうめつめつい》

煩悩を断ち切った涅槃《ねはん》の境地が、安楽の世界であるということ。

解説 仏教語。「寂滅」は迷いや悩みから逃れた悟りの境地。涅槃の境地。

用例 ＊定年後は、1日も早く煩わしい俗事から解放されて、**寂滅為楽**の生活を送りたいものだ。
＊世俗を離れましても、ただ馬齢を重ねるだけで、余生を**寂滅為楽**にするのはほど遠いのが現状です。

社交辞令《しゃこうじれい》

類義 外交辞令《がいこうじれい》

世の中のつきあいのための、愛想のよい応対やお世辞のこと。リップサービス。

解説 「辞令」は応対のことば。特に習慣的で形式的な言い回し。「辞礼」「事令」「事例」とするのは誤り。

用例 ＊**社交辞令**だけでは、本当に実りのある交渉など、とうていできないだろう。
＊あなたとは一度、**社交辞令**を抜きに腹を割って話し合いたいと思っています。

奢《しゃ》侈《し》淫《いん》佚《いつ》

(類義) 驕奢淫逸《きょうしゃいんいつ》

ぜいたくな暮らしをして、みだらな楽しみや遊興にふけること。

(解説)「奢侈」は度を越したぜいたく。「淫佚」はみだらでだらしのないこと。「淫逸」とも書く。

(用例) ＊事業で大成功したその青年長者の生活は**奢侈淫佚**を極め、みるみるうちに全財産が底をついた。
＊成り上がりのにわか金持ちが**奢侈淫佚**すれば、良識のある人たちからは白い目で見られて当然だ。

洒《しゃ》洒《しゃ》落《らく》落《らく》

(類義) 軽妙洒脱《けいみょうしゃだつ》

性格や態度、言動などがさっぱりとしていること。物事に執着しないこと。また、そのような人。

(解説)「洒落」はわだかまりがなく、あっさりしていること。同じ字を重ねて強調している。「洒洒」は「灑灑」とも書き、「さいさい」とも読む。「酒酒」は誤り。

(用例) ＊**洒洒落落**たる彼は情に厚い、愛すべき青年です。
＊伯父は高名な博士だが**洒洒落落**として、すこしも偉ぶるところがない。

遮《しゃ》二《に》無《む》二《に》

(類義) 我武者羅《がむしゃら》・無二無三《むにむさん》

後先を考えずに、一つの物事にがむしゃらに取り組むこと。周囲に目もくれず強引なこと。無鉄砲。ひたすら。

(解説)「遮二」は二を遮る、で一つのことに熱中すること。「無二」は二がない、で先を考えずに進むこと。和語の「しゃりむり」の当て字とする説もある。

(用例) ＊自分の意見を**遮二無二**主張しても、周囲の協力を得られないのではどうしようもない。
＊時には困難に**遮二無二**ぶつかることも必要だ。

縦横無尽《じゅうおうむじん》

(類義) 縦横自在《じゅうおうじざい》・縦横無隅《じゅうおうむぐう》
縦横無碍《じゅうおうむげ》・自由自在《じゆうじざい》

思う存分に行動すること。気ままで、のびのびと自由自在であること。

(解説)「縦横」は縦と横、東西と南北、四方八方。転じて、あらゆる方向に、の意。

(用例) ＊今度のプロジェクトは、彼の**縦横無尽**の活躍で大成功をおさめることができた。
＊あのコラムニストは、**縦横無尽**な筆致でばっさばっさと著名人の虚偽を暴くことで有名だ。

自由闊達《じゆうかったつ》

(類義) 闊達自在《かったつじざい》・豪放磊落《ごうほうらいらく》
天空海闊《てんくうかいかつ》

度量が大きく、小事にこだわらないこと。心が広く、おおらかで気取りがないこと。

(解説)「闊達」は心が大きく、ささいなことにこだわらないこと。「濶達」「豁達」とも書く。「闊達自由」ともいう。

(用例) ＊うちの社長は**自由闊達**な気性で、堅苦しいパーティーや窮屈な席が大の苦手です。
＊若い頃は、生涯何ものにもとらわれず、鳥のように**自由闊達**に生きていきたいと考えたものだ。

衆議一決《しゅうぎいっけつ》

(類義) 衆口一致《しゅうこういっち》・満場一致《まんじょういっち》
(対義) 議論百出《ぎろんひゃくしゅつ》・甲論乙駁《こうろんおつばく》

多くの人々が協議したうえで意見がまとまること。大人数で相談した末に決定されること。

(解説)「衆議」は多くの人々の相談。「集議」と書くのは誤り。「一決」は一つに決まること。

(用例) ＊社を二分して議論されていた懸案事項が、ようやく**衆議一決**した。
＊関係者の、迅速でぬかりない根回しのおかげで難問を**衆議一決**できた。

羞月閉花《しゅうげつへいか》

（類義）沈魚落雁《ちんぎょらくがん》・粉粧玉琢《ふんしょうぎょくたく》
粉白黛墨《ふんぱくたいぼく》・豊頬曲眉《ほうきょうきょくび》

女性の容貌が非常に美しいことを、たたえていうことば。また、美しい女性のこと。

（解説）そのあまりの美しさに、月は恥じらい隠れ、花も閉じてしまうということから。字を並べ換え「羞花閉月」「閉月羞花」ともいう。

（用例）＊皆さん、**羞月閉花**の花嫁を得た花婿の、あのうれしそうな顔をごらんください。
＊主役は、**羞月閉花**でひっぱりだこの女優だ。

自由自在《じゆうじざい》

（類義）七縦八横《しちじゅうはちおう》・縦横自在《じゅうおうじざい》
縦横無尽《じゅうおうむじん》・自由無碍《じゆうむげ》

何事にもとらわれず、自分の思うようにできること。思いどおりであること。

（解説）「自在」は束縛するものや邪魔するものがなく、思いのままにできること。

（用例）＊社員がパソコンを**自由自在**に操作できるようになって、仕事の能率がぐんと上がった。
＊欧米の要人を招く会議には、３か国語の対話が**自由自在**な彼女にぜひ出席してもらいたい。

周章狼狽《しゅうしょうろうばい》

（類義）右往左往《うおうさおう》・心慌意乱《しんこういらん》
（対義）神色自若《しんしょくじじゃく》・泰然自若《たいぜんじじゃく》

思いがけない事態に出合い慌てふためくこと。うろたえて取り乱し、騒いでいるさま。

（解説）「周章」も「狼狽」も、おおいに慌てること。同義語を重ね、意味を強調している。「狼敗」は誤り。

（用例）＊いつもは冷静だが、大切な書類をなくしたときは、さすがに**周章狼狽**した。
＊緊急時の教師の、あの**周章狼狽**ぶりでは生徒の安全を守ることなどとてもできません。

衆人環視《しゅうじんかんし》

類義 衆目環視《しゅうもくかんし》

大勢が周囲を取り巻いて見ていること。公衆の面前。

解説「衆人」は多くの人。「環視」は、ぐるりと取り囲んで見ること。「監視」と書くのは誤り。ふつう、見られる側にとってはありがたくない場合にいう。

用例 ＊白昼、**衆人環視**の宝石店でダイヤの指輪が盗まれるという衝撃的なニュースが飛び込んできた。

＊**衆人環視**による開票結果だから、異議を差しはさむ余地は誰にもない。

修身斉家《しゅうしんせいか》

自分の身を修めて行いを正し、家庭をととのえること。

解説「斉」はととのえ治めること。「斉家」を「さいか」と読むのは誤り。儒教で政治家の理念を説いた「修身斉家治国平天下(身を修め、家庭をととのえ、国を治め、天下を平和に保つ)」のことばから。

用例 ＊夫として妻に、父として子に**修身斉家**をそれぞれ誓い、それを掛け軸の書にしました。

出典「大学《だいがく》」

秋霜烈日《しゅうそうれつじつ》

類義 志操堅固《しそうけんご》

対義 春風駘蕩《しゅんぷうたいとう》

規律や刑罰が非常に厳しいこと。意志や権威などが厳格であること。

解説「秋霜」は秋の冷たい霜。「烈日」は夏の激しい日光。そのように厳しく容赦ないこと。

用例 ＊幹部への、**秋霜烈日**を極める懲罰に社長の怒りの大きさがうかがい知れた。

＊父は鬼刑事として**秋霜烈日**の厳しさを見せていたが、引退して表情がすこし和らいできた。

周知徹底《しゅうちてってい》

(類義) 三令五申《さんれいごしん》

広く世間の隅々にまで知らせて、きちんと知れ渡るようにすること。

(解説)「周」は「あまねく」の意で、「周知」は広く人々に知れ渡っていること。「徹底」を「撤底」と書くのは誤り。

(用例) ＊この案件を知らない人もいるようなので、あらゆる手段を用いて**周知徹底**を図ってください。
＊自治体は災害時における避難経路を、住民に**周知徹底**する必要がある。

十人十色《じゅうにんといろ》

(類義) 各人各様《かくじんかくよう》・三者三様《さんしゃさんよう》
千差万別《せんさばんべつ》・多種多様《たしゅたよう》

考えや好みなどが人によってそれぞれであるということ。たで食う虫も好きずき。

(解説)「十人」を「とおにん」と読むのは誤り。

(用例) ＊自社の合併の発表に、社員の反応は**十人十色**だ。
＊通り一遍の研修では、**十人十色**の個性を持った社員の能力を生かすことはできない。
＊動物園の猿でも**十人十色**、いたずら好きも世話好きもいる。

秋風索寞《しゅうふうさくばく》

(類義) 秋風寂寞《しゅうふうせきばく》・秋風落寞《しゅうふうらくばく》

さかんだったものの勢いが衰え、もの寂しくなること。落ちぶれてわびしげなさま。

(解説)「秋風」は、盛りの夏が過ぎて吹く秋の風。寂しいもののたとえ。「寞」は「莫」「漠」とも書く。

(用例) ＊かつては大にぎわいだったこの通りも今や**秋風索寞**で、人っ子一人通らない。
＊人間関係につまずいたときには誰しも孤独を感じ、**秋風索寞**とした気持ちになるものだ。

し

自由奔放《じゆうほんぽう》

(類義) 奔放自在《ほんぽうじざい》・奔放不羈《ほんぽうふき》
(対義) 自縄自縛《じじょうじばく》

なんの気兼ねもなく、思いどおりに振る舞うこと。慣習などにとらわれず、好きなようにすること。

(解説)「奔放」は勢いのあるさま。転じて、伝統や慣習にとらわれずに思うがままに振る舞うこと。「本放」「翻弄」と書くのは誤り。

(用例) ＊**自由奔放**に生きているように見られますが、これでけっこう世間の評判を気にしています。
＊性格が**自由奔放**な選手の起用には、いつも悩む。

熟読玩味《じゅくどくがんみ》

(類義) 韋編三絶《いへんさんぜつ》・眼光紙背《がんこうしはい》

文章の意味をよく考えながら読み、内容をじっくり味わうこと。

(解説)「熟読」は繰り返し、じっくり読むこと。その逆は「卒読」。「玩味」は「含味」とも書き、食べ物をよく味わうことから、物事の意味を理解し、深く味わうこと。

(用例) ＊続編の執筆には前作の**熟読玩味**が必須だろう。
＊味わい深い古典は、若者に**熟読玩味**してほしい。

(出典)「小学《しょうがく》」嘉言《かげん》

熟慮断行《じゅくりょだんこう》

(類義) 思慮分別《しりょふんべつ》
(対義) 軽挙妄動《けいきょもうどう》・直情径行《ちょくじょうけいこう》

十分に考え抜いた末、思いきって決行すること。じっくり考えてから行動を起こすこと。

(解説)「断行」は、思いきって実行に移すこと。悪条件を承知で行うときによく使われる。

(用例) ＊経済の構造改革という難事業は、**熟慮断行**のもとに臨まなくてはならない。
＊**熟慮断行**したにもかかわらず、今になって作戦の変更を後悔している。

取捨選択《しゅしゃせんたく》

(類義) 取捨分別《しゅしゃぶんべつ》

不要なものは捨てて必要なものを選び取ること。

(解説) 語釈のポイントは「選び取る」。したがって「取捨」を、類似の音読みと意味の類推から「拾捨」とするのは誤り。「選択」は、複数の中から選びだすこと。

(用例) ＊情報は、収集より**取捨選択**のほうが大切だ。
＊**取捨選択**した結果、三つの作品が出展された。
＊ダイエットにもいろいろあって**取捨選択**に困るだろうから、自分に適した方法で続けなさい。

種種雑多《しゅじゅざった》

(類義) 種種様様《しゅじゅさまざま》・多種多様《たしゅたよう》

種類や大きさなど、いろいろなものが入り交じってたくさんあるさま。

(解説)「種種」はさまざまなものがあること。「しゅしゅ」と読むのは誤り。「雑多」は入り交じった多くのもの。つまらないものが雑然とあるという、悪い意味で使われることが多い。

(用例) ＊パソコンには**種種雑多**な写真が、整理もせずに放り込んである。

衆生済度《しゅじょうさいど》

仏や菩薩《ぼさつ》が、生きているものすべてを迷いの苦しみから救いだし、悟りへと導くこと。

(解説) 仏教語。「衆生」は仏の救済の対象となる、迷いの世界にいる生き物すべて。「済度」は迷い苦しむものを悟らせること。「斉度」と書くのは誤り。

(用例) ＊仏像には、**衆生済度**の願いが込められている。
＊ご本尊が開帳されると、境内はあっという間に**衆生済度**を願う人でいっぱいになった。

朱唇皓歯《しゅしんこうし》

(類義) 紅口白牙《こうこうはくが》・紅粉青蛾《こうふんせいが》
朱唇榴歯《しゅしんりゅうし》・明眸皓歯《めいぼうこうし》

美しい女性を形容することば。

(解説)「朱唇」は紅をさして赤くした女性の唇。「朱脣」とも書く。「皓歯」は真っ白で美しい歯。

(用例) ＊社会に出たとたん**朱唇皓歯**に惑わされ、仕事が手につかないで困っている。
＊ミスコンテストでは、**朱唇皓歯**の出場者が華やかな笑顔を振りまいて妍《けん》を競っていた。

(出典)「楚辞《そじ》」大招《たいしょう》

首鼠両端《しゅそりょうたん》

(類義) 右顧左眄《うこさべん》・狐疑逡巡《こぎしゅんじゅん》
(対義) 旗幟鮮明《きしせんめい》

どうしたらよいか迷って、決めかねること。ぐずぐずと周囲の状況をさぐること。日和見《ひよりみ》。

(解説)「首鼠」はねずみが穴から首を出して、きょろきょろと様子をうかがうこと。「両端」は二心のこと。「首鼠両端を持する」などと使う。

(用例) ＊顧客の**首鼠両端**の態度にじらされた。
＊**首鼠両端**でいると決断力が乏しいと思われるよ。

(出典)「史記《しき》」魏其武安侯伝《ぎきぶあんこうでん》

酒池肉林《しゅちにくりん》

(類義) 鐘鼎玉帛《しょうていぎょくはく》・肉山脯林《にくざんほりん》

ぜいたくを極めた盛大な酒宴。いかがわしい宴会。

(解説)「酒池」は酒をたたえた池。「肉林」は、木に干し肉をかけて林のようにしたもの。中国・殷《いん》の紂王《ちゅうおう》が池に酒を満たし、木に肉をかけ、そのあいだを裸の男女に走り回らせて酒宴を開いたという故事から。

(用例) ＊その大富豪は夜ごと**酒池肉林**の宴《うたげ》を繰り広げた。
＊祝勝会はＯＢを交えての**酒池肉林**だった。

(出典)「史記《しき》」殷紀《いんき》

出処進退《しゅっしょしんたい》

（類義）用行舎蔵《ようこうしゃぞう》

現在の職や地位にとどまるか、辞めてしまうかということ。身の処し方。仕官と在野。

（解説）「出処」は世に出て役人になることと、官につかず下野すること。「出所」と書くのは誤り。

（用例）＊官僚が**出処進退**を明らかにせず、ワイドショーでは責任の所在を糾弾する報道がなされている。

＊選挙で惨敗した党首の**出処進退**によって離党者が続出し、残党の数しだいでは党の存続も危うい。

酒嚢飯袋《しゅのうはんたい》

（類義）酒甕飯嚢《しゅおうはんのう》・無芸大食《むげいたいしょく》

なんの役にもたたない人。いたずらに飲食し、むだに時を過ごす人を軽蔑していう。むだ飯食い。ごくつぶし。

（解説）「酒嚢」は酒を入れる革の袋。「飯袋」は飯を入れる袋。ここから、飲み食いばかりして無能な人のこと。

（用例）＊仕事をさせると失敗ばかり……まさに**酒嚢飯袋**を地でいく大食漢だ。

＊管理者なら部下がたとえ**酒嚢飯袋**でも、個々の能力を生かすことを考えるべきだ。

春日遅遅《しゅんじつちち》

（類義）春風駘蕩《しゅんぷうたいとう》

春の日の暮れるのが遅いこと。うららかでのどかな春の日のさま。

（解説）「春日」は春の太陽。「遅遅」は日がのどかで長いこと。よく「春日遅遅の一日」として使われる。

（用例）＊**春日遅遅**とした日がな一日を、海岸で釣りをして過ごすのも気持ちのよいものです。

＊**春日遅遅**の休日を、子どもとのんびり過ごす。

（出典）「詩経《しきょう》」豳風《ひんぷう》・七月

純真《じゅんしん》無垢《むく》

(類義) 純一《じゅんいつ》無雑《むざつ》・純情《じゅんじょう》可憐《かれん》
純粋《じゅんすい》無垢《むく》・清浄《せいじょう》無垢《むく》

偽りや汚れのない清らかな心を持っていること。また、性格や性質が素直で飾り気がないこと。

(解説) とくに子どもについていう。「純真」を「純心」と書くのは誤り。「無垢」の「垢」は、あか、汚れの意。

(用例) ＊**純真無垢**とした園児たちを見ていると、こちらの心まで洗われるようだ。

＊**純真無垢**な心を持つ好青年だから、誰とでもこだわりなく接することができる。

春風駘蕩《しゅんぷうたいとう》

(類義) 春日遅遅《しゅんじつちち》
(対義) 秋霜烈日《しゅうそうれつじつ》

やわらかな風がそよそよと吹くような、春の景色ののどかなさま。ここから、人柄などが穏やかでのんびりしていること。また、変わったことがなく平穏無事なこと。

(解説)「駘蕩」は、のびのびとして穏やかなさま。

(用例) ＊どんなに険悪な場面でも、彼が姿を見せると、たちまち**春風駘蕩**とした空気に変わってしまう。

＊**春風駘蕩**たる本日、当神社にてお二人が永久の愛を誓われたことを、ご報告いたします。

醇風《じゅんぷう》美俗《びぞく》

(類義) 良風《りょうふう》美俗《びぞく》

人情が厚く、風俗が美しいこと。

(解説)「醇風」は人情に厚いこと。「淳風」とも書くが「順風」と書くのは誤り。明治以降に道徳的規範としてよく使われたことば。

(用例) ＊この休暇は仕事を忘れ、**醇風美俗**の残る村で、のんびりと過ごせました。

＊都会からは**醇風美俗**が失われて久しいが、私の故郷はまだまだ人情豊かなお国柄だ。

順風満帆《じゅんぷうまんぱん》

(類義) 乗風破浪《じょうふうはろう》・万事如意《ばんじにょい》

なんの障害もなく、なにもかも順調に進むこと。すべてがうまくいくこと。

(解説) 船が追い風を帆にはらんで、順調に進むことから。「順風」は追い風のこと。向かい風は「逆風」。「満帆」を「まんぽ」と読むのは誤り。

(用例) ＊お二人の**順風満帆**の門出を祝って乾杯します。
＊苦労を知らず、人生を**順風満帆**に過ごしてきた人ほど、ちょっとしたことでも挫折しやすいものだ。

上意下達《じょういかたつ》

(類義) 上命下達《じょうめいかたつ》
(対義) 下意上達《かいじょうたつ》

地位の高い人からの命令を下の人に伝えること。上の意思を下に徹底させること。

(解説)「上意」は上の者の考えや命令。「上位」は誤り。「下達」は下の者に通じさせること。「げたつ」は誤読。

(用例) ＊組織の秩序を維持するには、まず**上意下達**のしくみを構築することが大切だ。
＊**上意下達**ばかりでは、個人の能力を十分に生かせなくなる恐れがある。

証拠隠滅《しょうこいんめつ》

犯罪に関する証拠などを、故意に隠したり破棄したりすること。自分に不利な証拠を消してしまうこと。

(解説)「隠滅」は隠したり、なくしたりすること。「証拠隠滅を図る」などと使う。

(用例) ＊**証拠隠滅**の恐れがあるため、容疑者の保釈は認められなかった。
＊強盗を働いたのち、**証拠隠滅**を図るために放火した凶悪犯が逮捕された。

笑止千万《しょうしせんばん》

(類義) 荒唐無稽《こうとうむけい》

非常にばかげていて滑稽なこと。ばかばかしくて話にならないこと。

(解説)「笑止」はおかしいこと、ばかばかしいこと。また、気の毒なこと。「千万」は接尾辞で程度が著しいの意。

(用例) ＊青二才が正面切って勝負を挑んでくるとは**笑止千万**、その思い上がりをたたき潰してくれよう。

＊自分のミスを棚に上げて相手を責めるとは、いかにも**笑止千万**な振る舞いだ。

盛者必衰《じょうしゃひっすい》

(類義) 栄枯盛衰《えいこせいすい》・会者定離《えしゃじょうり》
生者必滅《しょうじゃひつめつ》・盛者必滅《じょうしゃひつめつ》

現在ときめいて栄華を誇っている者でも、やがては必ず衰えるということ。この世のはかなさを嘆くことば。

(解説) 仏教語。「盛者」は「しょうじゃ」「しょうしゃ」とも読む。「盛者必衰の理《ことわり》」などと使う。

(用例) ＊あれだけ業績を伸ばしていた大企業でさえも、**盛者必衰**の道理からは逃れられなかったようだ。

＊**盛者必衰**は世の習いとはいえ、あの大邸宅も人手に渡り取り壊されるそうだ。

生者必滅《しょうじゃひつめつ》

(類義) 栄枯盛衰《えいこせいすい》・会者定離《えしゃじょうり》
盛者必衰《じょうしゃひっすい》・是生滅法《ぜしょうめっぽう》

生きている者は必ず死に至るものであるということ。

(解説) 仏教語。人生の無常をいったことば。「生者必滅、会者定離(は世の習い)」のように、対にして使うことが多い。

(用例) ＊人間は、**生者必滅**の理《ことわり》から逃れられません。

＊長年連れ添った妻を亡くした今、**生者必滅**などと悟った顔で言えるものではない。

(出典)「大涅槃経《だいねはんぎょう》」

常住《じょうじゅう》不《ふ》断《だん》

(類義) 行住《ぎょうじゅう》坐《ざ》臥《が》・常住《じょうじゅう》坐《ざ》臥《が》

絶え間なくつねに継続していること。平生。いつも。

(解説)「常住」は仏教語で、過去・現在・未来にわたり生滅変化なく、つねに存在するということ。「無常」の対。永遠。「不断」は絶え間なく続くこと。

(用例) ＊経営者になってからは、経済情勢には**常住不断**に目を配るようにしている。

＊どんな仕事でも、その道の第一人者をめざすなら、**常住不断**の勉強を怠ってはならない。

情状酌量《じょうじょうしゃくりょう》

(類義) 酌量減刑《しゃくりょうげんけい》

罪を断じる際に、さまざまな事情を考慮して刑を軽減すること。罰を下すときに諸事情をくみ取ること。

(解説)「酌量」は、もとは米や酒を量ること。転じて、処分を決定するにあたって事情を考慮すること。

(用例) ＊賭博の借金の穴埋めに公金を横領したとあっては、**情状酌量**の余地はないだろう。

＊減刑の署名嘆願が功を奏し、**情状酌量**してもらって実刑を免れた。

精進潔斎《しょうじんけっさい》

(類義) 斎戒沐浴《さいかいもくよく》

一所に籠もり酒や肉類などを断ち、行いを慎んで心身を清めること。神仏に対する祭事などの前の心構え。

(解説)「精進」は身を清めて不浄を避け、仏道修行に励むこと。「潔斎」を「潔斉」「決済」「決裁」と書くのは誤り。

(用例) ＊息子が元気に退院してくるまでは、**精進潔斎**のつもりで好きな晩酌を断つことにしました。

＊あの名監督が、大事な試合の前には必ず**精進潔斎**するとは意外だった。

正真正銘《しょうしんしょうめい》

(類義) 真正真銘《しんせいしんめい》

うそ偽りがまったくないこと。すこしも偽りがなく、本物であること。

(解説)「正真」は「しょうじん」とも読む。「正銘」は真実であること。「証明」と書くのは誤り。

(用例) ＊**正真正銘**のダイヤモンドでも、値札と同じ価値があるわけではないそうだ。

＊真偽のほどが議論された、いわくつきの絵画が**正真正銘**、ルノワールの作ということで落着した。

小心翼翼《しょうしんよくよく》

(類義) 細心翼翼《さいしんよくよく》・戦戦兢兢《せんせんきょうきょう》
(対義) 豪放磊落《ごうほうらいらく》・大胆不敵《だいたんふてき》

細かいことにも気を配り、おとなしくしていること。つねに気が小さくてびくびくして落ち着かないさま。

(解説)「翼翼」は慎み深いこと。「翼翼小心」ともいう。

(用例) ＊先輩はいつも**小心翼翼**として上役の顔色をうかがっているが、部下に接するときは非常に尊大だ。

＊**小心翼翼**の臆病者といわれているが、裏を返せば慎重で控えめともいえる。

(出典)「詩経《しきょう》」大雅《たいが》・大明《たいめい》

情緒纏綿《じょうちょてんめん》

情が深く、離れがたいこと。さまざまな情がまとわりついて離れないさま。

(解説)「情緒」は、しみじみとした趣や雰囲気。本来は「じょうしょ」と読むが、現在では「じょうちょ」が一般的。「纏綿」は、いつまでもまといついて離れないさま。

(用例) ＊桜の花びらが風に舞い散るのを見て、故郷の**情緒纏綿**たる景色を思いだした。

＊旧街道筋の街には、**情緒纏綿**とした風情がある。

常套手段《じょうとうしゅだん》

(類義) 慣用手段《かんようしゅだん》

同じような問題が起こったときに、その解決や処理のために、いつも決まってとられる手段。

(解説) 工夫のない月並みな方法をさすこともある。「常套」は、ありふれていて古くさいやり方。

(用例) ＊いつも遅れてきて相手をいらだたせるのが、彼の**常套手段**なのです。
＊選挙のたびにあの政党が用いる**常套手段**は、お涙頂戴の、泣き落とし戦術だ。

嘯風弄月《しょうふうろうげつ》

(類義) 吟風弄月《ぎんぷうろうげつ》・嘲風弄月《ちょうふうろうげつ》

四季折々の美しい景色を楽しむこと。自然の風景をめで、趣を味わうこと。

(解説)「嘯」はうそぶく、詩歌などを口ずさむこと。「弄月」は月を弄ぶこと。転じて、月を眺めて楽しむこと。

(用例) ＊退職してからは都会を離れ、すっかり**嘯風弄月**の毎日を送っています。
＊秋の夜長は虫の声に風の音、月もまた美しく、**嘯風弄月**に事欠かない。

枝葉末節《しようまっせつ》

(類義) 枝葉末端《しようまったん》

物事の本質からはずれた細かい部分。そこから、重要でない、ささいなもののたとえ。

(解説)「枝葉」も「末節」も樹木の一部分。幹から見て、枝や葉、末のほうの節は副次的なものであることから。

(用例) ＊この論文は**枝葉末節**にこだわりすぎていて、本旨がなんなのかわからない。
＊大勢にはまったく影響がないのだから、**枝葉末節**の話は省略しよう。

諸行無常《しょぎょうむじょう》

(類義) 有為転変《ういてんぺん》・有為無常《ういむじょう》
万物流転《ばんぶつるてん》

世の中のすべてはつねに変化して、永久不変なものはないということ。人生の無常をいうことば。

(解説) 仏教語。「諸行」はこの世の万物、宇宙のあらゆるもの。「諸業」、「無情」と書くのは誤り。

(用例) ＊30年ぶりに訪れた故郷のあまりの変わりように、**諸行無常**の感を強くした。
＊会社が倒産して、**諸行無常**を悟った。

(出典)「北本涅槃経《ほくほんねはんぎょう》」

初志貫徹《しょしかんてつ》

(類義) 徹頭徹尾《てっとうてつび》

志を貫き通すこと。最初に抱いた信念を最後まで抱き続けること。初心忘るべからず。

(解説)「初志」は、最初に思い立った志。初めからの志望。「貫徹」を「貫撤」「完徹」と書くのは誤り。

(用例) ＊弁護士になる夢を**初志貫徹**し、受験5年目にして司法試験についに合格した。
＊たび重なる不運に屈することなく偉業を成し遂げた**初志貫徹**ぶりは立派の一言だった。

諸説紛紛《しょせつふんぷん》

(類義) 甲論乙駁《こうろんおつばく》・紛紛聚訴《ふんぷんしゅうそ》
(対義) 衆議一決《しゅうぎいっけつ》・満場一致《まんじょういっち》

さまざまな説や意見が入り乱れて収拾がつかないこと。また、一つの問題に対しうわさがいろいろあって、真実がつかめないこと。

(解説)「紛紛」は糸が乱れ、もつれるようす。「芬芬」とも書くが、「粉粉」は誤り。

(用例) ＊突然の大臣辞任については**諸説紛紛**としていて、その真相はまったくわかりません。
＊日本人のルーツについては**諸説紛紛**である。

職権濫用《しょっけんらんよう》

地位上の権限や職務権限を、自らの利害のためや他人の権利を侵害するのに用いること。

(解説)「職権」は職務上に与えられた権限。「濫用」はみだりに用いることで、「乱用」とも書く。おもに公務員の行為に対して使われるが、一般の職務でもいう。

(用例)＊殴られまいと抗《あらが》ったのは暴力にあたるとして、突き飛ばされた男が警察官の**職権濫用**を訴えた。
＊課長の左遷は、保身を図る部長の**職権濫用**だ。

白河夜船《しらかわよふね》

ぐっすりと寝込むこと。眠っていてなにも気づかないこと。また、知ったかぶりをすること。

(解説)京都を見てきたふりをした人が地名の白河について問われ「夜に船で通ったのでわからない」と答えた話から。「船」は「舟」とも書き、「ぶね」とも読む。

(用例)＊せっかく中国まで行ったのに、桂林の絶景を**白河夜船**で見逃してしまったとは、残念なことです。

(出典)「毛吹草《けふきぐさ》」

私利私欲《しりしよく》

(類義)我利私欲《がりしよく》
(対義)無欲無私《むよくむし》

自分だけの個人的な利益や欲求だけを追求すること。個人的な損得を公益より優先させること。

(解説)「私利」は私的な利益の意。「私欲」は私的な欲望の意で、「私欲に走る」などと使う。「私慾」とも書く。

(用例)＊公僕である役所の職員が**私利私欲**から逮捕されるとはどうしたことだろう。
＊選挙で**私利私欲**とは無縁の候補者を選びなさい。
＊**私利私欲**で背信行為を犯した社員に厳罰を下す。

し

支離滅裂《しりめつれつ》

(類義) 四分五裂《しぶんごれつ》・乱雑無章《らんざつむしょう》
(対義) 順理成章《じゅんりせいしょう》・理路整然《りろせいぜん》

言うことが筋道だっていないこと。散漫でまとまりがないこと。また、そのさま。

(解説)「支離」も「滅裂」もばらばらなこと。「支離」を「枝離」「四離」と書くのは誤り。

(用例) ＊決定的な証拠を突きつけられた容疑者は、その場しのぎの**支離滅裂**な言い訳を繰り返した。
＊酔っぱらった二人の議論は**支離滅裂**で、なにを言い合っているのかさっぱりわからない。

思慮分別《しりょふんべつ》

(類義) 熟慮断行《じゅくりょだんこう》
(対義) 軽挙妄動《けいきょもうどう》・短慮軽率《たんりょけいそつ》

物事を深く考え、適切に判断すること。また、正しい判断を下し行動するための知恵。

(解説)「思慮」は深く考えをめぐらすこと。「分別」は道理をわきまえること。「ぶんべつ」と読むのは誤り。

(用例) ＊若い頃はいろいろとむちゃをしたが、不惑の年齢になって、ようやく**思慮分別**がついたようだ。
＊発覚した不祥事は、**思慮分別**のある大人の行為とはとても思えない。

四六時中《しろくじちゅう》

一日中。つねに。いつも。終日。

(解説)「四六時」は「４×６」で24時間。「中」は「…のあいだ（ずっと）」の意。昔は、昼と夜がそれぞれ６刻ずつで計12刻としていたので「二六時中」といった。語の構成は「四六時」＋「中」。

(用例) ＊がめついから**四六時中**金儲《もう》けばかり考えている。
＊護衛に見張られているのは**四六時中**だから、政府の要人は気の休まる暇もないだろう。

神韻縹渺《しんいんひょうびょう》

芸術作品の持つ奥深い味わい。また、詩文などにきわめて優れた趣があること。

(解説)「神韻」は人間業とは思えないようなすばらしい趣。「縹渺」は広々と果てしないさま、そこから、うっすらとかすかに見えること。「縹緲」「縹眇」とも書く。

(用例)＊**神韻縹渺**とした水墨画を見ていると、桃源郷に遊ぶ仙人にでもなったような気がしてきます。
＊その著作は**神韻縹渺**たる名作といえる。

人海戦術《じんかいせんじゅつ》

(類義) 人海作戦《じんかいさくせん》

大勢を動員して物事を成し遂げること。

(解説)もとは、大勢の兵員を投じ数の力で敵軍を撃破することから。「人海」は、大勢が集まって海のように見える状態。

(用例)＊恒例の年に一度のイベントは毎回、社員総出の**人海戦術**で運営している。
＊コンピューターの故障により、資料収集・分析作業については**人海戦術**をとる。

心機一転《しんきいってん》

あることを契機に気持ちを入れ替えて出直すこと、取り組み直すこと。気分一新。

(解説)おもによい方向に進むときに使う。「心機」は心の働きや気持ち。「心気」「新機」「新気」と書くのは誤り。

(用例)＊いろいろあったが、再就職も決まったことだしここは**心機一転**、気を引き締めてがんばろう。
＊**心機一転**を図ろうと旅に出たら、気分がはれてスランプから脱した。

人権蹂躙《じんけんじゅうりん》

類義 人権侵害《じんけんしんがい》

人が生まれながらに持っている権利を、暴力や権力によって踏みにじること。

解説「人権」は人として持つ基本的な権利。「蹂躙」は踏みにじること。国家や強い立場にある者が、弱い立場の人の権利を侵害することにいう。

用例 ＊長時間にわたる尋問など、警察の取り調べによる**人権蹂躙**が問題視されている。

＊セクハラは**人権蹂躙**の愚かな行為だ。

深山幽谷《しんざんゆうこく》

類義 窮山通谷《きゅうざんつうこく》・窮山幽谷《きゅうざんゆうこく》
深山窮谷《しんざんきゅうこく》

人の気配を感じさせないような、静かな自然のたたずまい。奥深い山ふところ。

解説「幽谷」は、人里離れた山奥の静かな谷のこと。

用例 ＊当代一といわれる先生の水墨画には、いずれも**深山幽谷**の風情が醸しだされていますね。

＊**深山幽谷**に足を踏み入れると、まるで自然の霊気に心が癒やされている心地がする。

出典「列子《れっし》」黄帝《こうてい》

紳士協定《しんしきょうてい》

類義 紳士協約《しんしきょうやく》

互いに相手を信頼し合って結ばれる、法的な拘束力を持たない国際的な取り決め。互いを信頼したうえで決める私的な約束にも用いられる。

解説 英語の gentlemen's agreement の訳語。「紳士」は教養があり礼儀正しい男性。国を擬人化していう。「協定」は協議して取り決めること。

用例 ＊就業時間に関する**紳士協定**によって、出勤・退勤時刻が自由に決められるルールになった。

真実一路《しんじついちろ》

どこまでも真実を貫き通すこと。うそ偽りのない、誠実な生き方の形容。

(解説)「真実」は率直で誠実なこと。「一路」は一筋の道のことで、まっすぐ、ひたすらに、という意味。

(用例)＊息子には**真実一路**に生きてもらいたい。
＊社会に出たら**真実一路**、他人から慕われ後進にも敬われるよう自分を律しなさい。
＊**真実一路**な性分が徒《あだ》となり、詐欺に遭った。

人事不省《じんじふせい》

(類義) 意識不明《いしきふめい》・前後不覚《ぜんごふかく》

昏睡状態に陥り、意識を失うこと。気絶すること。

(解説)「人事」はここでは、人の力でできることの意。「不省」はかえりみない、わきまえないこと。「ふしょう」と読むのは誤り。

(用例)＊自分の昇進祝いの宴会で飲みすぎて**人事不省**に陥るとは、ふがいないなあ。
＊事故の被害者はいずれも**人事不省**らしい。
＊救助隊が被害者を**人事不省**のまま担架にのせた。

唇歯輔車《しんしほしゃ》

(類義) 唇歯相依《しんしそうい》・唇亡歯寒《しんぼうしかん》
輔車相依《ほしゃそうい》

互いに補って助け合う関係。利害が密接に結びついている、持ちつ持たれつの関係。唇歯の国。

(解説)「唇歯」は唇と歯の意で「脣歯」とも書く。「輔車」は頬骨と下顎の骨の意で、車の添え木と車輪との説もある。いずれも非常に密接な関係のたとえ。「唇亡《ほろ》びて歯寒し」はここからきた。「輔車唇歯」ともいう。

(用例)＊あの会社とは同業者として**唇歯輔車**の関係だ。

(出典)「春秋左氏伝《しゅんじゅうさしでん》」僖公《きこう》五年

斟酌折衷《しんしゃくせっちゅう》

双方の事情や心情をくみ取り、ほどよく取り計らって、その中間におさめること。

(解説)「斟酌」は事情をくみ取って、ほどよく処理すること。「折衷」は取捨選択して、その中間を取ること。「折中」とも書く。

(用例)＊外交の鍵は**斟酌折衷**にある。
＊解決の道は**斟酌折衷**することだ。
＊ご隠居さんの**斟酌折衷**ぶりには感心しました。

神出鬼没《しんしゅつきぼつ》

(類義)鬼出電入《きしゅつでんにゅう》・神出鬼行《しんしゅつきこう》
神変出没《しんぺんしゅつぼつ》

たちどころに現れたり消えたりすること。不意に現れたり見えなくなったりして、居場所がつかめないこと。

(解説)鬼神のように自在に出没することから。「神出」を「進出」「侵出」と書くのは誤り。

(用例)＊**神出鬼没**で放火を繰り返した犯人が逮捕された。
＊いつどこを訪れるかわからない社長の**神出鬼没**な支店視察に、支店長は皆びくびくしている。

(出典)「淮南子《えなんじ》」兵略訓《へいりゃくくん》

尋常一様《じんじょういちよう》

(類義)日常茶飯《にちじょうさはん》

ほかとあまり変わりがなく、ごく普通であるさま。

(解説)「尋常一様でない」などと下に打ち消しの語を伴って使うことが多い。「尋常」はごく当たり前であること。「一様」は行動、状態などがほかと同じさま。

(用例)＊生き馬の目を抜くこの業界では、**尋常一様**のことをやっていても生き残れない。
＊あの作家は変わり者だから、締め切りまでに原稿をくれと催促しても**尋常一様**にはいかないよ。

信賞必罰《しんしょうひつばつ》

(類義) 恩威並行《おんいへいこう》・論功行賞《ろんこうこうしょう》
(対義) 僭賞濫刑《せんしょうらんけい》

功労者には必ずそれに見合う賞を与え、罪を犯した者は見逃さず必ず処罰すること。

(解説) 人を使うときの心構えをいったもの。

(用例) ＊洋の東西を問わず、戦乱の時代には**信賞必罰**を吹聴して兵士の志気を高める策略がとられた。
＊**信賞必罰**の方針を掲げるなら、実績を正しく評価する力量も必要だ。

(出典)「韓非子《かんぴし》」外儲説《がいちょせつ》

針小棒大《しんしょうぼうだい》

(類義) 誇大妄想《こだいもうそう》・大言壮語《たいげんそうご》

ささいな物事を誇張して言うこと。

(解説) 針の頭ほどの小さなことを、話に尾ひれをつけ棒のようにおおげさに言うことから。「棒大」を「膨大」と書くのは誤り。「針小棒大な話」などと使う。

(用例) ＊あの人の話は自分の実績のことになると**針小棒大**が過ぎるから、話半分に聞いておこう。
＊似たり寄ったりの新製品でもつい手に取ってみたくなるのは、宣伝が**針小棒大**だからだろう。

新進気鋭《しんしんきえい》

(類義) 少壮気鋭《しょうそうきえい》・少壮有為《しょうそうゆうい》

その分野に新たに登場し、有望なさま。意気さかんで将来が期待される人。

(解説)「新進」は、新たに進出してくること。「進新」「進進」などと書くのは誤り。

(用例) ＊**新進気鋭**の作家たちのおかげで、低迷していた出版界もようやく活気づいてきた。
＊政界に風穴を開けると豪語する**新進気鋭**な議員に、多くの国民が期待している。

人生行路《じんせいこうろ》

(類義) 人生羈旅《じんせいきりょ》

この世を生きてきた道程。

(解説) 人生の長い道筋を旅程にたとえていったことば。「人生」は人の一生、生きてから死ぬまで。「行路」は道筋、旅路。「航路」と書くのは誤り。

(用例) ＊山あり谷ありの**人生行路**を、二人で手を取り合って生きてきました。
＊輝かしい**人生行路**の果てに、こんな屈辱が待っていようとは思いもしなかった。

晨星落落《しんせいらくらく》

仲のよかった友人が、しだいに少なくなるさま。また、年をとって友人が、だんだん死んでいなくなるさま。

(解説)「晨星」は明け方の空に残っている星。「落落」はまばらでさみしいさま。夜明けの空に残っていた星が一つ一つ消えていくさまから。「落落晨星」ともいう。

(用例) ＊旧友の遺影を見つめ**晨星落落**の感慨にひたる。
＊長寿ではありますが**晨星落落**たる状態です。

(出典) 劉禹錫《りゅううしゃく》の詩

人跡未踏《じんせきみとう》

(類義) 前人未踏《ぜんじんみとう》

いまだかつて、誰も足を踏み入れていないこと。また、人が手をつけていない分野のたとえ。

(解説)「未踏」は、人が足を踏み入れていないこと。「未到」と書くのは誤り。

(用例) ＊子どもの頃は、**人跡未踏**の秘境に分け入って秘宝を発見するのが夢だった。
＊この不況にベンチャービジネスを始めるとは、**人跡未踏**を承知で未開の地に挑むようなものだ。

深層心理《しんそうしんり》

日常生活での、無意識の心理状態のこと。心の奥深くで動いている、自分でも気づかない心の動き。

(解説)心理学者のフロイトとユングによる心理学用語。「深層」は奥深くの隠れた部分のことで「表層」の対義語。「深窓」「真相」と書くのは誤り。「心理」は心の状態のこと。「心裏」「真理」と書くのは誤り。

(用例)＊専門家による精神鑑定で、容疑者の、犯行に至るまでの**深層心理**が明らかになった。

身体髪膚《しんたいはっぷ》

人のからだ全体。全身。肉体。

(解説)「髪膚」は髪の毛と皮膚。からだと毛髪、皮膚に至るまで。「身体髪膚これを父母に受く」から。両親から授かったからだは大切なものだから、むやみに傷つけてはならないという戒め。

(用例)＊いくつになっても**身体髪膚**はいたわりなさい。
＊労働の資本は**身体髪膚**、健康が一番だ。

(出典)「孝経《こうきょう》」開宗明義章《かいそうめいぎしょう》

進退両難《しんたいりょうなん》

(類義)進退維谷《しんたいいこく》

進むことも退くこともできず、困り果てること。動きがとれなくなって、身の処遇に困ること。にっちもさっちもいかなくなること。

(解説)「進退両《ふた》つながら難《かた》し」とも訓読する。

(用例)＊注文キャンセルの急報が入ったが、生産を中止できず、**進退両難**となった。
＊その件については、折衷案を出したところで**進退両難**に陥るのが関の山だ。

新陳代謝《しんちんたいしゃ》

類義 除旧更新《じょきゅうこうしん》・新旧交替《しんきゅうこうたい》
吐故納新《とこのうしん》・物質代謝《ぶっしつたいしゃ》

新しいものが、古いものと徐々に入れ代わること。もとは、生体内で生命を保つために必要物質を取り入れ、不要物を排泄《はいせつ》する作用のこと。

解説 比喩的に、組織の若返りを図ったり人事を刷新したりする場合などにもいう。

用例 ＊業界を活性化するには**新陳代謝**が必要だ。
＊健康を保つには運動して**新陳代謝**を促進し、体内の老廃物を排出するのが一番です。

震天動地《しんてんどうち》

類義 驚天動地《きょうてんどうち》・震天駭地《しんてんがいち》

異変や大事件などが起こって、人々を驚かせること。また、物音や勢いがものすごいこと。

解説 天を震わし、地を動かすほどに激しいことから。「震地動天」ともいう。

用例 ＊大物代議士の名前も挙がっている汚職疑惑で、政財界の**震天動地**はしばらくおさまりそうにない。
＊**震天動地**の大災害で、家族の絆《きずな》が強まった。

出典 「水経注《すいけいちゅう》」河水《かすい》

人品骨柄《じんぴんこつがら》

人柄や風采など、その人から受ける印象。人相から判断できる性格などのこと。

解説 「人品」は、その人の持つ品性や気品のこと。「骨柄」は顔だち、からだつきから感じられる人柄のこと。

用例 ＊人は見かけによらないといわれるが、やはり**人品骨柄**の第一印象が決め手になりやすい。
＊どんなに仕事ができても**人品骨柄**に難点があると、接客業には向かない。

深謀遠慮《しんぼうえんりょ》

類義 深識遠慮《しんしきえんりょ》
対義 軽挙妄動《けいきょもうどう》・短慮軽率《たんりょけいそつ》

物事を深いところまで考え、先々のことまで考慮に入れること。用意周到な計画を練ること。

解説 「深謀」は深く考えること。「神謀」と書くのは誤り。「深慮遠謀」ともいう。

用例 ＊つねに**深謀遠慮**をめぐらせて決断する社長だから、今回の人事異動もなにか思惑があるはずだ。
＊**深謀遠慮**のもくろみが、もろくも崩れ去った。

出典 賈誼《かぎ》「過秦論《かしんろん》」

人面獣心《じんめんじゅうしん》

類義 虎吻鴟目《こふんしもく》・人頭畜鳴《じんとうちくめい》
対義 鬼面仏心《きめんぶっしん》

冷酷で、人の恩や情けを知らない無慈悲な人。人でなし。

解説 顔は人間でも、心はけだものであるということから。「人面」は「にんめん」とも読む。同じ読みで妖怪や怪物を示す「人面獣身」と混同しないよう注意。

用例 ＊恩人を平気で裏切るなんて、まるで**人面獣心**だ。
＊納得できる絵を描くために、画才を伸ばしてくれた師匠を踏み台にするとは**人面獣心**の行為だ。

出典 「史記《しき》」匈奴伝《きょうどでん》

森羅万象《しんらばんしょう》

類義 一切合切《いっさいがっさい》・有象無象《うぞうむぞう》
天地万象《てんちばんしょう》・天地万物《てんちばんぶつ》

宇宙に存在するありとあらゆるもの。この世に起こるすべての事柄。

解説 「森羅」は、森の樹木のように多く並ぶこと。「万象」は万物の意で、あらゆる物事や、いろいろな形。「ばんぞう」「まんぞう」とも読む。

用例 ＊専攻は自然科学で、研究の対象は**森羅万象**です。
＊樹齢千年の大杉を見ていると、**森羅万象**をつかさどる神の存在を信じたくなる。

辛《しん》労《ろう》辛《しん》苦《く》

(類義) 艱難辛苦《かんなんしんく》・苦心惨憺《くしんさんたん》
千辛万苦《せんしんばんく》・粒粒辛苦《りゅうりゅうしんく》

非常につらい目に遭うこと。苦労すること。

(解説)「辛労」「辛苦」は共に、とても苦しむこと。「辛労」を「心労」と書くのは誤り。「辛労辛苦をなめる」などと使う。「辛苦辛労」ともいう。

(用例) ＊ずいぶん**辛労辛苦**をなめてきたが、その甲斐《かい》あって事業に成功した。
＊社会人になってからは、育ててくれた両親の**辛労辛苦**に報いようと懸命に働きました。

す

酔《すい》眼《がん》朦《もう》朧《ろう》

(類義) 酔歩蹣跚《すいほまんさん》

酒に酔って視点が定まらなくなり、周囲の様子がはっきり見えなくなること。酒に酔ってぼうっとするさま。

(解説)「酔眼」は、酒に酔って焦点の定まらない目つき。「酔った顔つき」と誤解して、「酔顔」と書かない。

(用例) ＊終点で**酔眼朦朧**とした乗客を起こした。
＊祝辞の順番が回ってきたときにはすでに**酔眼朦朧**で、なにを話したのかまったく覚えていない。

(出典) 蘇軾《そしょく》の詩

随《ずい》喜《き》渇《かつ》仰《ごう》

心の底から深く仏に帰依し、厚く信仰すること。また、そのように進んで物事に取り組むこと。

(解説) 仏教語。「渇仰」は、渇して水を求めるように、仏を思い深く信仰すること。

(用例) ＊難所にある寺にもかかわらず、**随喜渇仰**して秘仏を一目見ようとする人で境内はいつもいっぱいだ。
＊転属先での**随喜渇仰**ぶりが評価されているのだから、異動は成功だったといえるだろう。

酔生夢死《すいせいむし》

類義 無為徒食《むいとしょく》・遊生夢私《ゆうせいむし》

価値のあることをなにもせず、ただぼんやりと一生を過ごすこと。人生をむだに送ること。

解説 酒に酔ったような、夢の中にいるような心地で死んでいくということから。「夢」を「無」と書くのは誤り。

用例 ＊人生は一度きりなのだから、**酔生夢死**ではもったいない。世界に飛びだす気概を持とう。
＊故人の晩年は**酔生夢死**であったといえましょう。

出典 「小学《しょうがく》」嘉言《かげん》

翠帳紅閨《すいちょうこうけい》

高貴な女性の、美しく飾った寝室。また、貴婦人の豪奢《ごうしゃ》な生活のたとえ。

解説 「翠帳」は、翡翠《かわせみ》の羽でつくった美しい帳《とばり》のこと。「紅閨」は赤く塗って飾った婦人の寝室。

用例 ＊財閥のお嬢さんの寝台と寝具は**翠帳紅閨**にふさわしく、すべて舶来品の特注らしい。
＊**翠帳紅閨**で育った彼女には、庶民の暮らしぶりなど想像もつかないだろう。

水天髣髴《すいてんほうふつ》

類義 水天一色《すいてんいっしょく》・水天一碧《すいてんいっぺき》

遠い沖合で、海と空がひと続きになって見分けがつかないさま。

解説 「水天」は海と空。「髣髴」は、はっきりしない、ぼんやりしていること。「彷彿」とも書く。

用例 ＊海岸線を走るバスの窓から見える**水天髣髴**に、一同から大きな歓声が上がった。
＊**水天髣髴**とした彼方《かなた》に小舟が浮かんでいた。

出典 頼山陽《らいさんよう》「天草洋《あまくさなだ》に泊《はく》す」

す

頭寒足熱《ずかんそくねつ》

(類義) 頭寒足暖《ずかんそくだん》

頭部は冷やし、足元は温かくしておくこと。

(解説) 健康法の一つ。寝るときにこうするとからだによいとされる。「頭寒」を「とうかん」と読むのは誤り。

(用例) ＊風邪をひいたら**頭寒足熱**、栄養のあるものを食べて、あとはゆっくりおやすみなさい。

＊子どもの時分から祖母の教えで、**頭寒足熱**を心がけているので、大病を患ったことなど一度もない。

＊布団をかぶって寝ていたら**頭寒足熱**にならない。

寸進尺退《すんしんしゃくたい》

すこし進んで、大きく退くこと。転じて、すこしのものを得て、多くのものを失うこと。

(解説) 一寸は約3センチ。一尺は約30センチをさす。「尺退」は「せきたい」とも読む。「寸進退尺」ともいう。

(用例) ＊研究は**寸進尺退**として、いっこうに進まない。

＊単打と犠打で得点を重ねては本塁打の連発を浴びるという**寸進尺退**で、戦況ははかばかしくない。

(出典)「老子《ろうし》」

寸善尺魔《すんぜんしゃくま》

世の中にはよいことが少なく、悪いことが多いということ。また、すこしよいことがあってもそれを悪いことが妨げること。好事魔多し。

(解説) 一寸の善と一尺の魔から。尺は寸の10倍で、「尺魔」が「寸善」にまさるということ。「尺魔」は「せきま」とも読む。「寸善」を「寸前」と書くのは誤り。

(用例) ＊この世は**寸善尺魔**が当たり前だと思っている。

＊**寸善尺魔**だから、順調なときほど用心すべきだ。

星火燎原《せいかりょうげん》

最初は小さな勢力でも、ほうっておくとしだいに大きくなって、侮れなくなること。燎原の火。

(解説)「星火」は星の光のような、かすかな火。「燎原」は原野を焼き尽くすこと。はじめは小さな一揆《いっき》や反乱の勢力がだんだんと大きくなって、やがて防ぎきれなくなることのたとえ。

(用例)＊新型ウイルスの感染が**星火燎原**の勢いで広まる。

(出典)「後漢書《ごかんじょ》」周紆伝《しゅううでん》

晴好雨奇《せいこううき》

自然の景色が、晴れでも雨でもそれぞれ趣があり、眺めがすばらしいこと。

(解説)「奇」は普通と違って優れている意。中国の名勝として知られる西湖《せいこ》の美しさを、当地出身の美女西施《せいし》になぞらえた詩から。「雨奇晴好」ともいう。

(用例)＊さすがは天下の名勝、嵐山の景観は**晴好雨奇**で、いつ眺めてもすばらしい。

(出典)蘇軾《そしょく》の詩

晴耕雨読《せいこううどく》

(類義) 安居楽業《あんきょらくぎょう》・悠悠自適《ゆうゆうじてき》

田舎でのんびりと心穏やかに暮らすこと。自然に逆らわず、ゆったりと平穏な生活を送ること。

(解説)晴れた日には田畑を耕し、雨の日には家にこもって本を読む、の意から。隠居後の理想の生活とされる。

(用例)＊退職後は帰郷して、**晴耕雨読**を体験してみたいと思っています。

＊田舎で**晴耕雨読**の暮らしをするよりも、都会で忙しく働くほうが私の性に合っている。

生殺与奪《せいさつよだつ》

(類義) 活殺自在《かっさつじざい》

相手を思うままに支配すること。絶対的権力をいう。

(解説) 生かすも殺すも、与えるも奪うも自分しだいということから。「生殺」を「せいさい」「しょうさつ」と読むのは誤り。一般に「生殺与奪の権」と使う。「殺生与奪」ともいう。

(用例) ＊**生殺与奪**の権力を握っているからといって、むちゃな要求をしてはいけません。

(出典) 「荀子《じゅんし》」王制《おうせい》

聖人君子《せいじんくんし》

(類義) 聖人賢者《せいじんけんじゃ》

人格に優れ、知識・教養にあふれた、非の打ちどころのない理想的な人物。

(解説) 「聖人」は最高の徳をそなえた人格者。「君子」は学識・人格の優れた賢者。

(用例) ＊だまされてはいけない。教祖だとか**聖人君子**だとか気取っているが、一皮むけば、とんだ野心家だ。
＊風貌といい才能といい、**聖人君子**とは彼のような人物をさしていうのだろう。

誠心誠意《せいしんせいい》

(類義) 一寸丹心《いっすんのたんしん》・碧血丹心《へきけつたんしん》

うそ偽りのない真心。私心を捨てて、物事に誠実に取り組むこと。

(解説) 「誠心」は偽りのない真実の心。「精神」は誤り。「誠意」は打算を交えず、真面目に心を込めること。

(用例) ＊アルバイトから始めて**誠心誠意**働き、今では立派に重役の椅子におさまっている。
＊**誠心誠意**をもって話せば、相手がどんなにかたくなでも、すこしはわかってもらえるだろう。

正正堂堂《せいせいどうどう》

対義 卑怯千万《ひきょうせんばん》

卑怯なことをせず、態度や手段が立派なこと。後ろ暗いところがなく、自信に満ちているさま。

解説 「正正の旗、堂堂の陣」の略で、もとは軍隊の陣容が整然としていて勢いがあること。

用例 ＊どんなときでも**正正堂堂**と戦って勝つんだから、不正などとんでもない話だ。

＊**正正堂堂**たる演説で会場を沸かせた。

出典 「孫子《そんし》」軍争《ぐんそう》

生生流転《せいせいるてん》

類義 生死流転《しょうじるてん》・念念生滅《ねんねんしょうめつ》
万物流転《ばんぶつるてん》・流転輪廻《るてんりんね》

万物はつねに生まれ変わり、絶えず変化しながら移り変わっていくということ。定めがないこと。

解説 「生生」は「しょうじょう」とも読む。ものが絶えず生まれ活動するさま。「流転」は万物が因果に応じてめぐりゆくことから、状況や境遇が移り変わること。

用例 ＊人生は**生生流転**の旅だと思えば、いつでも生まれ変わってやり直せるものだ。

＊晩年は**生生流転**する世を忍んで暮らしていた。

贅沢三昧《ぜいたくざんまい》

類義 活計歓楽《かっけいかんらく》

対義 質素倹約《しっそけんやく》

したい放題に贅沢すること。

解説 「贅沢」は身のほどを知らない必要以上の奢《おご》り。「三昧」はひたすらそのことにふけり、他を顧みないこと。もと仏教語で、精神を集中して雑念を捨て去る意。「三味」と書くのは誤り。

用例 ＊彼女は**贅沢三昧**で育ってきたせいか、結婚後の平凡な暮らしになじめなかった。

＊**贅沢三昧**の生活などいつまでも続くわけがない。

青天白日《せいてんはくじつ》

(類義) 清廉潔白《せいれんけっぱく》

青く澄んだ空と日の光。転じて、心に後ろ暗いところや、やましいところがないこと。疑いが晴れること。

(解説)「青天」を「晴天」と書くのは誤り。「白日」は白く照り輝く太陽。「白日青天」ともいう。

(用例) ＊決着をつけるなら、**青天白日**の下で勝負したい。
＊横領のぬれぎぬを着せられていたが今は**青天白日**の身となった。

(出典) 韓愈《かんゆ》「崔羣《さいぐん》に与《あた》うるの書《しょ》」

正当防衛《せいとうぼうえい》

(類義) 緊急防衛《きんきゅうぼうえい》・正当防御《せいとうぼうぎょ》
(対義) 過剰防衛《かじょうぼうえい》

急に不当な侵害や暴力行為を受けたとき、自分または他人の身を守る権利。

(解説) 法律上、やむをえない権利として、責任を問われることはない。

(用例) ＊殺されそうになって相手を逆に殺してしまったが、**正当防衛**が認められ無罪となった。
＊いくら**正当防衛**を主張したって、あの現場を見れば過剰防衛なのははっきりしている。

生呑活剝《せいどんかっぱく》

他人の書いた詩や文章などをそのまま盗用すること。また、他人のことばを受け売りすること。

(解説)「生呑」は生きたまま丸のみすること。「活剝」は生きたまま皮を剝ぎ取ること。剽窃《ひょうせつ》の意だが、融通がきかないことにも使う。「活剝生呑」ともいう。

(用例) ＊厳粛な科学論文の世界にも**生呑活剝**が行われていたとは、なんとも嘆かわしい。

(出典)「大唐新語《だいとうしんご》」諧謔《かいぎゃく》

清風明月《せいふうめいげつ》

(類義) 清風朗月《せいふうろうげつ》

さわやかな風が吹く、明るく清らかな月夜。そこから、自然の中での風流な遊びのこと。

(解説)「明月」は、美しく澄んだ月のこと。「名月」は誤り。

(用例) ＊どんなに仕事に追われていても、**清風明月**を愛《め》でるゆとりは忘れないでいたい。
＊このような**清風明月**に宴会を開けたことは、まことにありがたいことです。
＊**清風明月**に誘われ、つい遠くまで来てしまった。

精力絶倫《せいりょくぜつりん》

(類義) 精力旺盛《せいりょくおうせい》

元気がよくて活動的なこと。行動力が人並みはずれて旺盛なこと。また、そのような人。

(解説)「精力」は、心身を働かせる源となる気力のこと。「絶倫」は、比較するものがないほどすぐれていること。「精力」を「勢力」、「絶倫」を「絶凜」と書くのは誤り。

(用例) ＊**精力絶倫**な彼は、仕事をばりばりこなしている。
＊社長は**精力絶倫**で、エネルギッシュに部下を引っ張っていくタイプだ。

勢力伯仲《せいりょくはくちゅう》

(対義) 鎧袖一触《がいしゅういっしょく》

互いの力が同じくらいで差がないこと。互いの実力に大きな違いがなく、拮抗《きっこう》していること。伯仲の間。

(解説)「伯」は長兄、「仲」は次兄。「伯仲」は大差なく、実力が近接していること。「勢力」を「精力」と書くのは誤り。

(用例) ＊**勢力伯仲**の両チームの対決は、延長戦に入ってもなかなか勝負がつかなかった。
＊一時は賛成派が優勢だったが、反対派の巻き返しで、今は**勢力伯仲**している。

精励恪勤《せいれいかっきん》

類義 勤倹力行《きんけんりっこう》・刻苦勉励《こっくべんれい》
昼耕夜誦《ちゅうこうやしょう》・奮励努力《ふんれいどりょく》

仕事や学業に励むこと。怠けず真面目に勤務すること。

解説「精励」は力を尽くし努めること。「恪勤」は忠実に一所懸命に勤めること。「恪勤精励」ともいう。

用例 ＊在職中は人一倍**精励恪勤**した先輩も、退職した今は悠悠自適の毎日を送っている。
＊彼は新人ながら無遅刻無欠勤で**精励恪勤**だから、従業員のお手本になっている。
＊新薬は**精励恪勤**な研究者たちの努力の賜《たまもの》だ。

清廉潔白《せいれんけっぱく》

類義 清浄潔白《しょうじょうけっぱく》・青天白日《せいてんはくじつ》

心が清く正しく後ろ暗いところのないさま。私心がなく、行動が理にかなっていること。

解説「清廉」は潔く、私利私欲のないこと。「潔白」は、心や行いが正しくきれいなこと。

用例 ＊**清廉潔白**を身上としている彼が、身に覚えのない嫌疑をかけられて黙っているはずがない。
＊当世は**清廉潔白**なイメージよりも、山積する問題を解決できる手腕のある政治家が求められている。

積厚流光《せきこうりゅうこう》

蓄積されたものが大きければ、それだけその恩恵も大きなものになるということ。

解説「流」は流沢、恩沢、恵みの意。「光」は広くて大きいこと。先祖が偉大な功績を残していれば、子孫にも大きな恩恵がもたらされるということ。

用例 ＊現在の日本の繁栄こそ**積厚流光**で、明治・大正・昭和の先人たちの労苦によるものなのです。

出典「大戴礼《だたいれい》」礼三本《れいさんぼん》

責任転嫁《せきにんてんか》

自分が負うべき任務・責務を他人になすりつけること。

(解説)「責任」は自分が引き受けなければならない務め。「転嫁」はほかに移すこと。「２度目の嫁入り」の意から転じたことば。「転化」と書くのは誤り。

(用例)＊負けは負けだろう。**責任転嫁**や負け惜しみは見苦しいだけだ。

＊力不足を棚に上げ監督采配に**責任転嫁**する選手がいなかったことが、わずかな慰めだ。

是是非非《ぜぜひひ》

(類義) 理非曲直《りひきょくちょく》

正しいことは正しい、悪いことは悪いと物事を公正に判断すること。価値を客観的に論じること。

(解説)「是」は正しいこと、「非」は正しくないこと。「是非」を強調したことば。「是を是とし非を非とする」とも。

(用例)＊さらに議論を重ねて**是是非非**を明らかにしたい。

＊この件につきましては、皆さんの意見を**是是非非**の態度で公平にうかがってまいります。

(出典)「荀子《じゅんし》」脩身《しゅうしん》

節倹力行《せっけんりっこう》

むだ遣いを減らし、費用の削減に努め励むこと。

(解説)「節倹」は節約と倹約で、むだな費用をはぶくこと。「力行」は努力して実行すること。「りょっこう」「りきこう」とも読むが、「りきぎょう」は誤り。

(用例)＊**節倹力行**しているのに、家計は火の車だ。

＊二宮尊徳《にのみやそんとく》翁の教えはたんなる**節倹力行**論ではなく、積極的な殖産興業の勧めだった。

(出典)「史記《しき》」晏嬰伝《あんえいでん》

切磋琢磨《せっさたくま》

(類義) 砥礪切磋《しれいせっさ》・鍛冶研磨《たんやけんま》

学問に励むこと。友人や仲間が競い合い、励まし合って共に向上すること。相互啓発。

(解説) もとは、人格を磨くことを玉や石を細工する過程になぞらえたことば。最近は他者と競争しながら自分を磨くことをいう。「切磋」は「切瑳」とも書く。

(用例) ＊彼は博士とも**切磋琢磨**し、研究を続けている。
＊新記録達成はライバルとの**切磋琢磨**のおかげだ。

(出典) 「詩経《しきょう》」衛風《えいふう》・淇奥《きいく》

切歯扼腕《せっしやくわん》

(類義) 残念無念《ざんねんむねん》・切歯痛憤《せっしつうふん》
切歯腐心《せっしふしん》・偏袒扼腕《へんたんやくわん》

非常に怒り、悔しがること。悔しさに怒り狂うこと。

(解説) 「切歯」は歯ぎしりする、歯をくいしばること。「扼腕」は激しく意気込んで、自分の腕を握りしめること。「搤腕」とも書く。

(用例) ＊出し抜かれたことに、**切歯扼腕**するほかない。
＊接戦の末、惜しくも勝利を逃した選手らは、優勝旗を前にただただ**切歯扼腕**していた。

(出典) 「史記《しき》」張儀伝《ちょうぎでん》

絶体絶命《ぜったいぜつめい》

(類義) 窮途末路《きゅうとまつろ》・山窮水尽《さんきゅうすいじん》

追い詰められて進退極まった状態。どうしようもないせっぱ詰まった事態。前門の虎《とら》、後門の狼《おおかみ》。風前の灯《ともしび》。

(解説) 「絶体」「絶命」は、共に九星占いの凶星で、破滅の星回りといわれる。「絶体」を「絶対」と書くのは誤り。

(用例) ＊**絶体絶命**のピンチを何度も乗り越えてきているから、多少のことでは動じない。
＊資金繰りに詰まって不渡りを出し、自社の存続はもはや**絶体絶命**だ。

刹那主義《せつなしゅぎ》

過去や将来のことは考えず、現在の瞬間を生きることに全力を尽くすという考え方。また、一時的な快楽を求めようとする考え方。

(解説) 本来は、一瞬一瞬を大切に生きるということだが、現在では目の前の快楽を求めるという否定的な意味で使われる。「刹那」はきわめて短い時間のこと。

(用例) ＊「近頃は**刹那主義**の若者が増えた」というのが祖父の口癖だ。

潜移暗化《せんいあんか》

(類義) 水随方円《すいずいほうえん》・潜移黙化《せんいもくか》

環境や他人の影響によって知らず知らず感化され、性質や思想などが変化すること。

(解説) 「潜」「暗」は、共にひそかに、知らないあいだにの意。「移」「化」は移り変わる、感化されること。

(用例) ＊考え方が変わったのは、大学で**潜移暗化**の妙を受けたためでしょう。
＊悪い仲間との交際から**潜移暗化**してしまった。

(出典) 「顔氏家訓《がんしかくん》」慕賢《ぼけん》

浅学非才《せんがくひさい》

(類義) 浅学短才《せんがくたんさい》・浅識非才《せんしきひさい》
(対義) 博学多才《はくがくたさい》・博識多才《はくしきたさい》

学識が浅く未熟で、才能に乏しいこと。学問や知識が足りないこと。

(解説) 自分の識見を謙遜して使うのがふつうで、他人に対しては使わない。「非才」は、本来は「菲才」と書く。

(用例) ＊ただ今の教授の研究発表につきまして、**浅学非才**を顧みず、私の意見を申しあげます。
＊**浅学非才**の身でありながら、こうして発表の場をいただきましたことを、深く感謝いたします。

千客万来《せんきゃくばんらい》

（類義）門前成市《もんぜんせいし》
（対義）門前雀羅《もんぜんじゃくら》

代わるがわる多くの客が来て、絶え間ないこと。門前市を成す。

（解説）「千」「万」は共に数が多いこと。「千客」は「せんかく」とも読む。

（用例）＊あの作家は文学賞を受賞してから**千客万来**、マスコミやお祝いに訪れる人の応対でてんてこまいだ。
＊新装開店を迎え、**千客万来**の繁盛を願ってサービス券つきのちらしを多数配った。

千軍万馬《せんぐんばんば》

（類義）海千山千《うみせんやません》・千兵万馬《せんぺいばんば》
百戦錬磨《ひゃくせんれんま》・飽経風霜《ほうけいふうそう》

多数の兵士と兵馬。大軍。そこから、多くの動乱を経てしたたかになった人。また、ある分野について老練なこと。

（解説）「千」「万」共に数の多いことを示す。

（用例）＊相手は古強者《ふるつわもの》の**千軍万馬**だから、策を弄してもとうていかなわないだろう。
＊超大物選手との契約が成立し、わがチームは**千軍万馬**の援軍を得た。

（出典）「南史《なんし》」陳慶之伝《ちんけいしでん》

千言万語《せんげんばんご》

（類義）千言万句《せんげんばんく》・千言万言《せんげんばんげん》
（対義）一言半句《いちごんはんく》・片言隻句《へんげんせきく》

非常に多くのことば。たくさんのことばを話すこと。また、くどくどと話すこと。

（解説）「千言」「万語」は共に、たくさんのことばの意味。ことばを必要以上に並べて言いたてるなど否定的に使うことが多い。「千言万語を費やす」などと使う。

（用例）＊**千言万語**を尽くした演説がホールに響いた。
＊**千言万語**より行動で示すほうが効果的だ。

（出典）鄭谷《ていこく》「燕詩《えんし》」

千古不易《せんこふえき》

類義 永久不変《えいきゅうふへん》・千古不抜《せんこふばつ》
千古不変《せんこふへん》・万古不易《ばんこふえき》

時がたっても変わらないこと。また、時代が変わっても普遍の価値を持っていること。

解説「千古」は遠い昔。また、そのときから永久に。変化するの意の「易」は、「不易」で変わらないことを示す。

用例 ＊親が子を育てる苦労や喜びは同じなのだから、わが子を思う気持ちは**千古不易**です。
＊孔子《こうし》の思想をまとめた「論語《ろんご》」は、編纂《へんさん》後 2000 年以上たってもなお、**千古不易**の価値がある。

前後不覚《ぜんごふかく》

類義 意識不明《いしきふめい》・人事不省《じんじふせい》

なにが起こったのか前後の判断がつかないほど、正体を失うこと。

解説 この「前後」は位置関係ではなく、時間の前と後のこと。物事が起こった後先の判断もできなくなることから。「不覚」は意識や感覚がないこと。

用例 ＊社内一の酒豪が酔って**前後不覚**だったなんて、よっぽど飲まされたんだろう。
＊会議中、**前後不覚**に眠りこけてしまった。

潜在意識《せんざいいしき》

心の奥深くにある、自分でも気づかない意識のこと。無自覚なのに、行動や考え方などに影響を与えるもの。また、理性で抑えられていて表面に現れない意識のこと。

解説「潜在」は、表面には現れずに内面の奥深くに存在していること。

用例 ＊きっと、反りが合わないという彼に対しての**潜在意識**があるから、冷たく接してしまうのでしょう。
＊夢には、**潜在意識**や願望が現れるという。

千載一遇《せんざいいちぐう》

(類義) 千載一会《せんざいいちえ》・千載一合《せんざいいちごう》
曇華一現《どんげいちげん》

めったにないすばらしい機会。またとない絶好の機会。

(解説)「千載」は千年のこと。「一遇」は一回遭遇すること。千年に一度、偶然ある機会の意。「千載」を「千歳」、「一遇」を「一偶」と書くのは誤り。

(用例) ＊今こそ、計画を実行する**千載一遇**のチャンスだ。
＊大量生産でシェアを伸ばす**千載一遇**に恵まれた。
＊この好機の**千載一遇**を逃したら勝ち目はない。

(出典) 袁宏《えんこう》「三国名臣頌序賛《さんごくめいしんしょうじょさん》」

千錯万綜《せんさくばんそう》

(類義) 千頭万緒《せんとうばんしょ》

物事が複雑に入り交じって、混乱しているさま。

(解説)「錯」「綜」は複雑に入り交じって絡まること。錯綜。これに「たくさん」「さまざまに」の意の「千」「万」を加えたことば。

(用例) ＊ＩＴ社会といっても、**千錯万綜**する情報をうまくコントロールできなければ、なんにもならない。
＊世論は**千錯万綜**、それをリードするマスコミも自信を喪失しているかのようだ。

千差万別《せんさばんべつ》

(類義) 十人十色《じゅうにんといろ》・千姿万態《せんしばんたい》
千種万別《せんしゅばんべつ》・多種多様《たしゅたよう》

ものによってさまざまに、様子が異なること。いろいろな違いがあって一律でないこと。

(解説) 数が多いことを示す「千」「万」が、「異なる」という意味の「差」「別」を強調している。「万別」は「まんべつ」とも読む。

(用例) ＊あの市場には**千差万別**の品物がところせましと並んでいる。
＊ワークスタイルは**千差万別**で、一概にいえない。

せ

千思万考《せんしばんこう》

(類義) 千思万想《せんしばんそう》・千思万慮《せんしばんりょ》
千方百計《せんぽうひゃっけい》・百術千慮《ひゃくじゅつせんりょ》

思いをあれこれめぐらせること。一つのことを何度も繰り返し検討すること。

(解説)「千万の思考」から。「千紫万紅」は同音異義語。

(用例) ＊じっくり**千思万考**してから決断するタイプなので、他人からは優柔不断に見られがちだ。
＊社長が**千思万考**の末に中止を決断したとき、私たちは黙って従うしかなかった。
＊審査員の**千思万考**によりグランプリが決定した。

千紫万紅《せんしばんこう》

(類義) 百花繚乱《ひゃっかりょうらん》

色とりどりの花が一面に咲いているさま。また、そのように華やかなこと。さまざまな花の色の形容。

(解説)「千」「万」は、ここでは数の多さというより共に色彩の豊かさを強調している。「紫」「紅」はあでやかな色のたとえ。「千思万考」は同音異義語。「千紅万紫」「万紫千紅」ともいう。

(用例) ＊新郎が新婦にプロポーズしたのは、**千紫万紅**に彩られた春の公園だったそうです。

千姿万態《せんしばんたい》

(類義) 千差万別《せんさばんべつ》・千状万態《せんじょうばんたい》
千態万状《せんたいばんじょう》・千態万様《せんたいばんよう》

姿かたちや様子などが、さまざまに異なっていること。また、状態がいろいろと変化すること。

(解説)「千万」の「姿態」から。「千」「万」は数が多いこと。「姿態」はからだつき、形、様子のこと。

(用例) ＊春になると色とりどりの服をまとった往来の人々で**千姿万態**、街はいちだんと華やかになる。
＊昆虫採集が趣味だから、**千姿万態**の蝶《ちょう》の種類も一目で見分けられる。

浅酌低唱《せんしゃくていしょう》

(類義) 浅酌微吟《せんしゃくびぎん》・浅斟低唱《せんしんていしょう》
(対義) 杯盤狼藉《はいばんろうぜき》・放歌高吟《ほうかこうぎん》

静かに酒を味わい、小声で歌を口ずさむこと。また、そのような酒宴。上品な酒席のたとえ。ほろ酔い気分。

(解説)「浅酌」は暴飲でなく、ほどよく酒を飲むこと。「低唱」は小声で歌うこと。「低吟」は低い声で歌うこと。

(用例)＊うちでは休みの日には、夫婦そろって**浅酌低唱**するほどの晩酌を楽しんでいます。
＊秋も深まったことですから、月を愛《め》でながらの**浅酌低唱**も、風情があってよいものです。

千秋万歳《せんしゅうばんざい》

(類義) 千秋万古《せんしゅうばんこ》・千秋万世《せんしゅうばんせい》

長い歳月のこと。また、長寿を願ったり祝ったりするときのことば。南山の寿。

(解説)「千」「万」は数が多いこと。「秋」「歳」は共に年のこと。「万歳」は「ばんぜい」「まんざい」とも読む。

(用例)＊先生の**千秋万歳**の教員生活をことほぎ、謡曲「鶴亀」を謡わせていただきます。
＊一族で、祖父母の**千秋万歳**を祝った。

(出典)「韓非子《かんぴし》」顕学《けんがく》

千緒万端《せんしょばんたん》

(類義) 経緯万端《けいいばんたん》・千条万緒《せんじょうばんしょ》
千緒万縷《せんしょばんる》・千頭万緒《せんとうばんしょ》

物事が複雑であること。

(解説)「千」「万」は共に数が多いこと。「緒」は物事の始まりや取っかかり、「端」は物事のはしのこと。「千緒」は「せんちょ」とも読むが、「千著」と書くのは誤り。「千端万緒」ともいう。

(用例)＊数時間の応答でも意見がころころと変わる**千緒万端**だから、先方の本心はさっぱりわからない。

(出典)「晋書《しんじょ》」陶侃伝《とうかんでん》

全身全霊《ぜんしんぜんれい》

(類義) 全心全力《ぜんしんぜんりょく》・全霊全力《ぜんれいぜんりょく》

からだ全体の体力と気力。精神と肉体のすべて。

(解説)「全霊」は魂全体。すべての精神力。

(用例) ＊一度でいいから、自分でどこまでできるか、**全身全霊**を傾けてやってみなさい。

＊この彫刻は、作者の**全身全霊**が込められた、生涯最後の大作です。

＊開発した商品の売り上げを軌道に乗せるため、販路の開拓に**全身全霊**であたった。

前人未到《ぜんじんみとう》

(類義) 先人未到《せんじんみとう》

いまだかつて誰も達成していないこと。また、何者も到達したことのない境地。

(解説)「前人」は今までの人。「全人」と書くのは誤り。「未到」は、誰も足を踏み入れていない地理的な場所をさすときは「未踏」とも書く。

(用例) ＊天賦の才能と不断の鍛錬の積み重ねで、ついに打ち立てた大記録は**前人未到**だ。

＊**前人未到**のこの偉業は、努力の賜《たまもの》だ。

先声後実《せんせいこうじつ》

(類義) 先声奪人《せんせいだつじん》

まず、強いという評判で相手をおじけさせ、そのあとで実力によって攻撃すること。

(解説)「先声」は、先に声をあげることによって相手を威嚇すること。「後実」は、そのあとから実力を行使して攻めること。

(用例) ＊なにも恐れることはない。敵はしょせん**先声後実**の策をとっているに過ぎないのだから。

(出典)「史記《しき》」淮陰侯伝《わいいんこうでん》

戦戦兢兢《せんせんきょうきょう》

(類義) 小心翼翼《しょうしんよくよく》・戦戦慄慄《せんせんりつりつ》

なにか悪いことが起こるのではないかと、びくびくすること。悪い予感におびえているさま。

(解説)「兢兢」は、緊張してはらはらしていること。「恐恐」とも書くが、字形の似た「競競」と書くのは誤り。

(用例) ＊放火が頻発しているが、いまだに犯人が逮捕されず、付近の住民は一様に**戦戦兢兢**としている。
＊監督の雷を恐れて、選手は**戦戦兢兢**の面持ちだ。

(出典)「詩経《しきょう》」小雅《しょうが》・小旻《しょうびん》

前代未聞《ぜんだいみもん》

(類義) 空前絶後《くうぜんぜつご》・先代未聞《せんだいみもん》
破天荒解《はてんこうかい》

今までに一度も耳にしたことがない珍しいこと。空前のできごと。未曽有の珍事。

(解説)「前代」は、今より前の時代、過去。「全代」と書くのは誤り。「未聞」は聞いたことがないこと。「みぶん」と読むのは誤り。

(用例) ＊業績悪化で、ボーナスの代わりに現物支給だなんて**前代未聞**、創立以来こんなことはなかった。
＊あの年は**前代未聞**の大事件が続発した。

全知全能《ぜんちぜんのう》

(類義) 完全無欠《かんぜんむけつ》・十全十美《じゅうぜんじゅうび》
(対義) 無知無能《むちむのう》

完全で欠けたところがないこと。なんでも知っていて、どんなことでもできる完全無欠な能力があること。

(解説) ふつう、神の力について使う。「全」はすべて、完全の意。「全知」は「全智」とも書く。

(用例) ＊小さな子どもにしてみれば、両親は**全知全能**の神にも等しい存在です。
＊学校の先生も**全知全能**ではないのだから、すべての教育問題を一人で解決することなんて不可能だ。

先手必勝《せんてひっしょう》

(類義) 先制攻撃《せんせいこうげき》・先発制人《せんぱつせいじん》

相手よりも先に攻撃を仕掛ければ、最後には必ず勝つということ。

(解説)「先手」は先に攻めること。勝負事は、機先を制して相手の出鼻をくじけば、局面を有利に進められるということ。

(用例) ＊ぜったいに負けられないから**先手必勝**とあせり、けっきょく自滅してしまった。
＊何事も**先手必勝**、立ち止まらず突き進もう。

前途多難《ぜんとたなん》

(類義) 暗雲低迷《あんうんていめい》・前途遼遠《ぜんとりょうえん》
(対義) 前途洋洋《ぜんとようよう》・鵬程万里《ほうていばんり》

行く先々に多くの苦難や災難が待ち受けていること。また、そのような予感。一寸先は闇。

(解説)「前途」は目的までの道のりや先行き、将来のこと。「多難」は災難・困難が多いこと。

(用例) ＊開店したはいいが場所がよくない、目玉商品がない、資金不足ときては、まったく**前途多難**な経営だ。
＊**前途多難**を承知で海外への技術支援に取り組む。
＊野党が優勢な議会相手では新知事も**前途多難**だ。

前途洋洋《ぜんとようよう》

(類義) 前途有望《ぜんとゆうぼう》・鵬程万里《ほうていばんり》
(対義) 前途多難《ぜんとたなん》・前途遼遠《ぜんとりょうえん》

展望が開け、希望にあふれて見通しが明るいこと。

(解説) 若者へ向けた訓示・祝辞でよく使われる。「前途」は目的までの道のりや将来。「洋洋」は一面に満ちているさま。「陽陽」「揚揚」と書くのは誤り。

(用例) ＊厳しい競争を勝ち残ってここまで来たきみたちには、**前途洋洋**の未来が待ち受けているでしょう。
＊彼は学会一のホープと期待されて**前途洋洋**、これからというときに不慮の死を遂げてしまった。

前途遼遠《ぜんとりょうえん》

(類義) 前途多難《ぜんとたなん》
(対義) 前途洋洋《ぜんとようよう》・鵬程万里《ほうていばんり》

目標まではるかに遠いこと。目的までまだまだ時間がかかること。その遠さに気をくじかれる場合に使う。日暮れて道遠し。

(解説)「遼遠」は、時間も距離も遠いさま。

(用例) ＊研究は緒についたばかりで、完成までは**前途遼遠**だが、あきらめずにがんばりましょう。
＊村おこしとは**前途遼遠**な大計で、名産品を製造して娯楽施設を建てればよいというものではない。

千波万波《せんぱばんぱ》

多くの波。押し寄せてくるたくさんの波。または次々と引き続きやってくるもののたとえ。

(解説)「千」「万」は数が多いことを表し、この大きな数字で、波や物事の繰り返すさまを強調している。

(用例) ＊ヨットレースでは強風と**千波万波**の悪条件をものともせずに艇を操り、みごと優勝した。
＊**千波万波**と投げかけられる報道陣の質問にうろたえる女優に、思わず同情してしまった。

全豹一斑《ぜんぴょういっぱん》

(類義) 管窺蠡測《かんきれいそく》・管中窺豹《かんちゅうきひょう》

物事のごく一部を見て、その全体を批評すること。見識がきわめて狭いことのたとえ。

(解説)「全豹」は豹全体、「一斑」は豹の斑点模様の中の一つの斑点。豹の一つの斑点を見て、豹全体の評価をすることから。「一斑全豹」ともいう。

(用例) ＊たった一度の失敗で、実力をうんぬんするのは**全豹一斑**だ。

(出典)「晋書《しんじょ》」王献之伝《おうけんしでん》

千篇一律《せんぺんいちりつ》

(類義) 一本調子《いっぽんぢょうし》・千篇一体《せんぺんいったい》
(対義) 千変万化《せんぺんばんか》・変幻自在《へんげんじざい》

詩や文章などが皆、同じ調子でつくられていること。転じて、物事の様子や進み方が代わり映えせず、おもしろみに欠けること。ワンパターン。

(解説)「律」は音楽の調子。「率」と書くのは誤り。「千篇」は「千編」とも書くが、「千遍」は誤り。

(用例) ＊今回の応募作品は**千篇一律**、似たり寄ったりだ。
＊最近の映画はどれも**千篇一律**で、斬新さがない。

(出典)「詩品《しひん》」

千変万化《せんぺんばんか》

(類義) 生生流転《せいせいるてん》・変幻自在《へんげんじざい》
(対義) 一本調子《いっぽんぢょうし》・千篇一律《せんぺんいちりつ》

物事の状況などが目まぐるしく変化すること。様子が、とどまることなく刻一刻と移り変わること。

(解説) 数の多さを示す「千」「万」で「変化」のさまを強調している。「千変」は「せんべん」とも読む。

(用例) ＊登山では**千変万化**する特有の天候に注意する。
＊政治家には、**千変万化**の政治情勢に振り回されることなく、確固たる信念をもって行動してほしい。

(出典)「列子《れっし》」周穆王《しゅうぼくおう》

千万無量《せんまんむりょう》

(類義) 無量無数《むりょうむすう》・無量無辺《むりょうむへん》

限りなく数が多いこと。はかりしれないほど量が多いこと。幾千万もの。無尽蔵。

(解説)「千万」は「せんばん」とも読む。「千万無量の感」などと使う。

(用例) ＊新郎が**千万無量**の想《おも》いを込めて書いたラブレターが、新婦の心を動かしたそうです。
＊親疎を問わず**千万無量**に知人を持つより、気のおけない友を一人つくるほうがよい。

先憂後楽《せんゆうこうらく》

(類義) 先難後獲《せんなんこうかく》

人の上に立つ者は、つねに人々より先にたって心配し、楽しむときには人々の後で楽しむべき、という戒め。先に苦労しておくと、後で楽ができるということ。

(解説)「天下の憂いに先だちて憂え、天下の楽しみに後れて楽しむ」の略で、もとは政治家の心得とされた。

(用例) ＊何事も**先憂後楽**と思い、若いうちの苦労は買ってでもするものだ。

(出典) 范仲淹《はんちゅうえん》「岳陽楼記《がくようろうのき》」

千里同風《せんりどうふう》

(類義) 同文同軌《どうぶんどうき》・万里同風《ばんりどうふう》

(対義) 群雄割拠《ぐんゆうかっきょ》

世の中が平和で穏やかなこと。また、ある風俗が国の隅々まで行き渡っているさま。

(解説) 千里も離れたところまで同じ風が吹くことから。

(用例) ＊同じ会社とはいえ、全国各地に支店や営業所があれば、**千里同風**というわけにはいかない。

＊現代では、一国内の平和にとどまらず、**千里同風**、世界全体の平和について考える必要がある。

(出典)「論衡《ろんこう》」雷虚《らいきょ》

粗衣粗食《そいそしょく》

(類義) 悪衣悪食《あくいあくしょく》・草衣木食《そういもくしょく》

(対義) 錦衣玉食《きんいぎょくしょく》・暖衣飽食《だんいほうしょく》

粗末な衣服と食事。簡素で質素な暮らしのたとえ。

(解説) 衣食とは生活そのもののこと。「衣食の道」といえば生活を維持する手立てをさす。生活の基本となる「衣」「食」の状態を「粗」で表している。

(用例) ＊学生時代は**粗衣粗食**に甘んじ、ただひたすら学問に打ち込んだ。

＊望めば豪勢な暮らしができるにもかかわらず、若い頃のままに**粗衣粗食**の生活を続けている。

創意工夫《そういくふう》

誰も思いつかない新しいことを考えだし、いろいろと手段を試みること。その物事を行う、好ましい方策をあれこれ思いつくこと。

(解説)「創意」はこれまでにない新たな思いつきのこと。

(用例)＊大賞作は**創意工夫**を凝らした演出が評された。
＊出品された静物画は構図と配色に作者の**創意工夫**が感じられ、きっと高値で落札されるだろう。
＊見本は参考にとどめ、個々に**創意工夫**しなさい。

滄海桑田《そうかいそうでん》

(類義) 桑田碧海《そうでんへきかい》・東海桑田《とうかいそうでん》

世の中の、変転のはなはだしいことのたとえ。桑海の変。滄桑の変。

(解説)「滄海変じて桑田と為《な》る」の略。「滄海」は大海原《おおうなばら》。「蒼海」と書くのは誤り。もとは青い大海原だった場所が、水が干上がって桑畑になってしまった、という意。「桑田滄海」ともいう。

(用例)＊次々に新しいビルが建設される都心は、さながら**滄海桑田**のありさまだ。

双管斉下《そうかんせいか》

二つの事柄を同時に進めること。また、二つの手段を並行して使うこと。

(解説)「双管」は２本の筆、「斉」は「そろって」の意。２本の筆を同時に使って、２種類の絵を描くという意で、中国・唐《とう》の張璪《ちょうそう》が左右の手に筆を１本ずつ持ち、同時に若松と枯れ松を描いたという故事による。

(用例)＊**双管斉下**の計略も、度がすぎると蔑まれる。

(出典)張璪《ちょうそう》「図画見聞志《ずがけんぶんし》」

そ

相互扶助《そうごふじょ》

互いに助け合うこと。また、その精神のこと。

(解説)「扶」は支える、「助」は助けること。ロシアの社会学者クロポトキンの社会学説の基本概念。自発的な互助が、生物や社会の発展の要因になるという考え。

(用例)＊万が一の事故などにそなえて入る保険は、**相互扶助**のシステムで成り立っている。
＊時ならぬ天災では、**相互扶助**するよう避難先で地域住民に呼びかけ、励まし続けました。

相思相愛《そうしそうあい》

互いに相手を愛し、慕い合っていること。

(解説)「相思」は慕い合うこと。「相愛」は愛し合うこと。おもに男女間に使うが、互いの意思がぴたりと一致した「思い思われ」の状態に使うこともある。「相思相愛の仲」などと使う。

(用例)＊お二人は**相思相愛**で、本日晴れて結ばれました。
＊いくら**相思相愛**の仲とはいえ、往来であaべたべたされてはたまったものではない。

造次顚沛《ぞうじてんぱい》

慌ただしい一瞬の間。とっさの間。また、そのようなつかの間にも怠りなく努力すること。

(解説)孔子《こうし》のことば。君子は、慌ただしいとき(造次)や物につまずいたとき(顚沛)でさえ、仁の心を忘れるべきでない、と言ったことから。

(用例)＊社長ともなると、どこにいても会社のことが**造次顚沛**も頭から離れません。

(出典)「論語《ろんご》」里仁《りじん》

相乗効果《そうじょうこうか》

複数の要素が掛け合わさって生みだされる、それぞれの効果を単純に加算した以上の高い効果。

(解説)「相乗」は二つ以上の数を掛け合わせること。「効果」は目的どおりの好結果ということ。

(用例)＊放射線治療と抗がん剤との**相乗効果**は期待以上で、医療の世界でも注目されている。

＊台風と高気圧の**相乗効果**によって、記録的な猛暑がもたらされた。

漱石枕流《そうせきちんりゅう》

(類義) 牽強付会《けんきょうふかい》・指鹿為馬《しろくいば》
孫楚漱石《そんそそうせき》

こじつけて言い逃れること。負け惜しみが強いこと。

(解説)「石で口をすすぎ、川の流れを枕とする」と言ったのをとがめられ、「石で口をすすぐのは歯を磨くため、川の流れを枕とするのは汚らわしいことを聞いた耳を洗うため」と言って譲らなかったことから。「枕流漱石」ともいう。

(用例)＊彼の**漱石枕流**にはあきれるばかり。

(出典)「世説新語《せせつしんご》」排調《はいちょう》

相即不離《そうそくふり》

(類義) 一心同体《いっしんどうたい》・表裏一体《ひょうりいったい》

互いに深く結びついて、切り離すことができない密接な関係。二つのものが一つに溶け合っていること。

(解説)「相即」は、万物は本質的には一体であり、区別できないということ。

(用例)＊政治家と国民はつねに表裏一体であり、**相即不離**の関係にある。

＊たとえ大都会に暮らしていても、人間は、自然との**相即不離**を断ち切ることはできない。

蔵頭露尾《ぞうとうろび》

自分では隠れて人に見られていないつもりでも、気づかないうちに証拠や弱点が丸見えになっていること。蔵頭の雉《ち》。頭隠して尻隠さず。

(解説)「蔵」は隠す、「露」は外に現れること。真相を隠そうとしてあいまいな態度をとることや、わざと一部だけを明らかにして全体を隠すことにもいう。

(用例)＊幼子の隠れんぼは**蔵頭露尾**だが、あどけない。

(出典)「桃花女《とうかじょ》」二

そ

走馬看花《そうばかんか》

物事をおおざっぱに見て、その本質を理解しようとしないこと。

(解説)「走馬」は馬を走らせること、「看花」は花を見ること。もとは、中国で科挙の合格者が都で馬を走らせ花を見て回ったことから、楽しくて得意な様子。「馬を走らせて花を看《み》る」とも訓読する。

(用例)＊原発論議を**走馬看花**に終わらせてはならない。

(出典)孟郊《もうこう》「登科後《とうかののち》」

装模作様《そうもさくよう》

(類義)装模做様《そうもさよう》・装模装様《そうもそうよう》

もったいぶって格好をつけていること。

(解説)「装」はなにかのふりをすること。「模」はまねること。「作様」は動作・様子で、わざとらしく振る舞うこと。「さよう」と読むのは誤り。

(用例)＊そんなに着飾っても**装模作様**ですぐにお里が知れるから、やめたほうがいいよ。

＊プレゼンテーションでのあの**装模作様**ぶりは、傍《はた》目にも痛々しかった。

総量規制《そうりょうきせい》

使用量や金額などの上限を決めて、それを超えないよう全体量を規制すること。

(解説)「総量」は全体の分量・重量・大きさのこと。公害や金融の対策などのための行政用語として多用される。

(用例)＊自然破壊を防ぐため、地域ごとに汚染物質の排出に関する**総量規制**を行った。

＊クレジットカードでの支払いが多すぎて、**総量規制**がかかってしまった。

俗臭芬芬《ぞくしゅうふんぷん》

非常に俗っぽくて下品であること。

(解説)「俗臭」は卑しく下品な感じ。「俗習」と書くのは誤り。「芬芬」は悪臭の強いこと。本来は香《かぐわ》しい場合に使う。「粉粉」とも書く。

(用例)＊地図を頼りに評判の店を訪れてみると、そこは**俗臭芬芬**としてけばけばしかった。

＊たとえ**俗臭芬芬**で行儀の悪い宿泊客のいる旅館でも今夜一晩、夜露がしのげればそれでいい。

速戦即決《そくせんそっけつ》

(類義) 短期決戦《たんきけっせん》

即座に勝負をつけること。短期間で一気に決めること。物事をさっさと片づけること。

(解説)「速戦」は、戦いを長引かせず、短時間のうちに決着させる戦法。「即戦」、「速決」と書くのは誤り。反対に、戦いの時機をわざと遅らせ、時間を十分にかける戦法を「緩兵《かんへい》の計《けい》」という。

(用例)＊**速戦即決**の商法なので、利幅の波が激しい。

＊優勝を狙うのだから、予選は**速戦即決**で進もう。

即断即決《そくだんそっけつ》

（類義）迅速果敢《じんそくかかん》・当機立断《とうきりつだん》
（対義）熟慮断行《じゅくりょだんこう》・遅疑逡巡《ちぎしゅんじゅん》

なにかを決めるのに、迷うことなくすぐ決断すること。時機を逃さずすみやかに決定すること。

（解説）「即断」を「速断」、「即決」を「速決」と書くのは誤り。「即決即断」ともいう。

（用例）＊**即断即決**してすばやく対応してくれたおかげで、事なきをえた。
＊チャンスと見るや**即断即決**で事業を展開した。
＊情勢が一変し、**即断即決**が裏目に出た。

則天去私《そくてんきょし》

私心を捨て、自然の法則に従ってありのままに生きること。また、そのような境地。

（解説）夏目漱石《なつめそうせき》が晩年にめざし、到達した心境を表すことば。「則天」は天地自然の法則に従うこと。「側天」と書くのは誤り。「天に則《のっと》り私を去る」と訓読もする。

（用例）＊隠退した今は**則天去私**の心境で暮らしています。
＊あるがままに物事を受け入れたら、おのずと**則天去私**に到達することでしょう。

粗製濫造《そせいらんぞう》

粗悪な製品を、やたらにたくさんつくること。

（解説）「粗製」は雑で粗末なつくり方。「精製」の逆。「濫造」は無計画にやたらとつくること。「乱造」とも書く。

（用例）＊流行の商品だからと**粗製濫造**していれば、やがて飽きられて、売れなくなってしまうだろう。
＊いくら安くしても、**粗製濫造**な品物では最近の目の肥えた消費者には、すぐに見破られてしまう。
＊**粗製濫造**の品がブームにも乗り遅れ売れ残った。

率先垂範《そっせんすいはん》

(類義) 実践躬行《じっせんきゅうこう》・率先躬行《そっせんきゅうこう》
率先励行《そっせんれいこう》

人より先に実践して、手本となるよう振る舞うこと。

(解説)「率先」は、人の先頭に立つこと。「卒先」と書くのは誤り。「垂範」は模範を示すこと。

(用例) ＊うるさく言うだけで**率先垂範**しなければ、子どもはいつまでたっても親の言うことをききません。
＊管理者なら、部下にはつねに**率先垂範**を心がけて接することを忘れてはならない。
＊**率先垂範**はキャプテンシーの一つだ。

樽俎折衝《そんそせっしょう》

酒席などで、なごやかに歓談しながらも自分に有利なように交渉を進めること。話をうまく運ぶこと。樽俎の間。

(解説)「樽俎」は、酒樽《さかだる》と肴《さかな》を載せる板。転じて、宴席のごちそう。「樽」は「尊」とも書くが、「折衡」は誤り。

(用例) ＊会社の接待では**樽俎折衝**しているけれど、ご機嫌をとりながら談笑するのも楽ではない。
＊妻の**樽俎折衝**にはまり指輪を買うはめになった。

(出典)「晏子春秋《あんししゅんじゅう》」内篇《ないへん》・雑《ざつ》

大廈高楼《たいかこうろう》

大きくて高い建物。豪壮な建物。高層ビル群。摩天楼。

(解説)「廈」は屋根をふいた家の意で、「夏」と書くのは誤り。「楼」は２階建て以上の建物のこと。「高楼大廈」ともいう。

(用例) ＊狭苦しい街が嫌になって帰郷したのに、今となっては**大廈高楼**がひしめく都会が懐かしい。
＊初の上京で、林立する**大廈高楼**を眺めて驚いた。
＊**大廈高楼**は近代都市の一つの象徴だ。

大喝一声《だいかついっせい》

(類義) 大吼一声《たいこういっせい》

大きなひと声で叱りつけること。また、そのどなり声。

(解説)「大喝」は大声で叱ること。「喝」は、もと禅宗で迷いなどを叱り、悟りへと導くための励ましのことば。「大声一喝」ともいう。

(用例) ＊いっこうに静かにしない学生に、教授は老齢とは思えぬほどの**大喝一声**をくらわせた。
＊リーダーが**大喝一声**し気合いを入れたとたん、スタッフらは一様にてきぱきと働きだした。

大願成就《たいがんじょうじゅ》

長年抱き続けてきた大きな願いが、かなえられること。神仏の加護により、願望が実現すること。

(解説)「大願」は大きな願い事。もとは仏が衆生を救おうとした誓願。「だいがん」とも読む。「成就」は願いや望みがかなうこと。物事を成し遂げること。

(用例) ＊**大願成就**がかない、株式上場を果たせた。
＊優勝旗を手にして**大願成就**の感動に浸った。
＊車庫付きの新築一戸建てを構え、**大願成就**した。

大器晩成《たいきばんせい》

(類義) 大才晩成《たいさいばんせい》・大本晩成《たいほんばんせい》

大きな器は完成するのに時間がかかることから、真の大人物は往々にして頭角を現すのが遅いということ。

(解説)「大器」は釣り鐘などの大きな器。そこから器量人、大人物をさす。不遇の人への慰めのことばとしても使う。「大器は晩成す」とも訓読する。

(用例) ＊素質はあるのだから**大器晩成**する選手なのだろう。
＊**大器晩成**型だからといっても努力は怠るなよ。

(出典)「老子《ろうし》」

大義名分《たいぎめいぶん》

行為の基準となる正当な根拠や論理。また、正当な口実となる建て前をさす場合もある。

(解説)「大義」は人として行うべき道。本来は国家や君主に対する忠誠をさす。「名分」は身分に応じて守るべき道徳上の立場。「明分」「名文」と書くのは誤り。

(用例)＊当社の**大義名分**は、社会貢献です。
＊最近は、自立心を養うとの**大義名分**のもとに、子どもを放任する親が少なくない。

対牛弾琴《たいぎゅうだんきん》

(類義) 対驢撫琴《たいろぶきん》・馬耳東風《ばじとうふう》

よかれと思っても、相手にはまったく通じないこと。また、愚かな人に難しい話を説くこと。効果がなく、むだなこと。馬の耳に念仏。糠《ぬか》に釘《くぎ》。

(解説)牛に向かい琴を弾いて聴かせても、牛はなんとも思わないことから。「牛に対して琴を弾ず」と訓読する。

(用例)＊向上心がなく反省すらしない者に、いくら道理を説いても**対牛弾琴**でしかない。

(出典)牟融《ぼうゆう》「理惑論《りわくろん》」

大言壮語《たいげんそうご》

(類義) 誇大妄想《こだいもうそう》・針小棒大《しんしょうぼうだい》
放言高論《ほうげんこうろん》

自分を実力以上に言う。身分不相応なのに威勢よく公言すること。大風呂敷を広げる。おおぼらを吹く。

(解説)「大言」は「だいげん」とも読む。「壮語」は意気さかんなことば。「荘語」と書くのは誤り。「壮言大語」とも。

(用例)＊酔うと**大言壮語**して、明日にでも社長になるとばかりに息まくのだから、困った酒癖だね。
＊彼のすごいところは、**大言壮語**と決めてかかって聞いている眉唾物《まゆつば》の話を実現させてしまうことだ。

泰山北斗《たいざんほくと》

(類義) 天下無双《てんかむそう》・天下無敵《てんかむてき》
斗南一人《となんのいちにん》

その道で名を成し、大家として仰ぎ尊ばれる権威者。第一人者。

(解説)「泰山」は、中国で名山とされる五岳の一つ。「北斗」は北斗七星。いずれも人々が仰ぎ見るものから転じた。略して「泰斗」ともいう。

(用例)＊わが子には、どんな分野でもいいから**泰山北斗**と仰がれるような人間になってほしい。

(出典)「唐書《とうじょ》」韓愈伝《かんゆでん》・賛《さん》

大醇小疵《たいじゅんしょうし》

だいたいは優れていてよいのに、すこしだけ傷があることのたとえ。

(解説)「醇」は熟成した濃厚な酒。「疵」は小さな傷、欠点。

(用例)＊発言内容は理路整然としているのに話しだすと止まらない。**大醇小疵**だね。
＊料理の腕前は確かなのに旬の食材がものたりないから、**大醇小疵**とよく言われる。

(出典)韓愈《かんゆ》「読荀子《どくじゅんし》」

大所高所《たいしょこうしょ》

物事を大局的に見ることのできる大きな観点。さまつなことにこだわらない広い視野。

(解説)「大所」は全体を見渡せる広い視野や観点。「高所」は見通しのきく高い立場や見地。

(用例)＊現在求められているのは、**大所高所**に立って迅速に行動できる政治家だ。
＊経営者には、目先の利益にとらわれず、**大所高所**から判断する才覚が必要だ。

大信不約《たいしんふやく》

類義　大時不斉《たいじふせい》・大道不器《たいどうふき》
大徳不官《だいとくふかん》

本当の信頼関係は、約束や誓約など交わさなくても守られるものだということ。逆に、真心がなければ、どんな約束も反故《ほご》のようなものだということ。

解説「大信」は信義、誠。「約」は約束。

用例 ＊会社の始末書なんて**大信不約**を思えば、まったく疑問だね。
＊彼女はきっと来る。口約束でも**大信不約**だもの。

出典「礼記《らいき》」学記《がくき》

泰然自若《たいぜんじじゃく》

類義　神色自若《しんしょくじじゃく》・冷静沈着《れいせいちんちゃく》
対義　右往左往《うおうさおう》・周章狼狽《しゅうしょうろうばい》

ゆったりと落ち着いていて動じないこと。いざというときもどっしり構えて対処すること。

解説「泰然」は落ち着いていて動じないこと。「自若」はふだんの様子と変わらないこと。

用例 ＊いつも**泰然自若**な父がいてくれたからこそ、毎日安心して暮らすことができました。
＊珍客の乱入で一時騒然となったが、店内の片隅で**泰然自若**と茶をすすっていた。

大胆不敵《だいたんふてき》

類義　剛胆不敵《ごうたんふてき》・明目張胆《めいもくちょうたん》
対義　小心翼翼《しょうしんよくよく》

度胸があって、何物も恐れないこと。胆が据わっていて、何事にも驚かない人の形容。

解説「大胆」は、度胸があり物事に気後れしないこと。「不敵」は、敵を敵とも思わないこと。「不適」は誤り。

用例 ＊小才のきく者ばかりが増え、**大胆不敵**にも行動力で他を圧倒するような大物がいなくなった。
＊筆記試験の点はさっぱりだったが、ものおじしない**大胆不敵**な態度を買われ、なんとか採用された。

大同小異《だいどうしょうい》

(類義) 同工異曲《どうこういきょく》
(対義) 大異小同《だいいしょうどう》

細かい点では差異があるが、全体としてはだいたい同じで大差ないこと。五十歩百歩。似たり寄ったり。

(解説) 細かい違いは問わず大筋で合意するという意味の「小異を捨てて大同につく」は、この語が源。「小異」を「少異」「小違」と書くのは誤り。

(用例) ＊提案は、いずれも**大同小異**だった。
＊**大同小異**な服の柄も、着る人で好みが分かれる。

(出典)「荘子《そうじ》」天下《てんか》

大同団結《だいどうだんけつ》

複数の団体や政党が共通の目的を達成するため、小さな意見の食い違いなどには目をつぶり、結束すること。

(解説)「大同」は同じ目的を持つ者が一つにまとまること。明治時代、自由民権運動の諸派が藩閥政府攻撃のさいに使ったことば。

(用例) ＊被災地の復興のため、業種を問わずさまざまな企業が**大同団結**した。
＊関連会社との**大同団結**で、苦況をしのぎました。

大兵肥満《だいひょうひまん》

(対義) 痩身矮軀《そうしんわいく》

からだが大きく太っていること。また、その人。偉丈夫。

(解説)「大兵」は、大きくてたくましいからだつき。反対は「小兵《こひょう》」。「だいへい」と読むのは誤り。「肥満」は、からだが肥えていること。

(用例) ＊子どもの頃は**大兵肥満**だった幼なじみが、10年ぶりに会ってみるとすっかり痩せていた。
＊**大兵肥満**の警備員はひるむことなく、向かってくる強盗を瞬時に投げ飛ばした。

台風一過《たいふういっか》

台風が過ぎ去って、一気に青空が広がること。転じて、大騒ぎがおさまり静けさを取り戻すこと。

(解説)「一過」はさっと通り過ぎること。暴風雨に見舞われる台風が過ぎ去った後は晴天になることから。

(用例)＊**台風一過**で、ようやくライフラインが復旧した。
＊団体客が降りた車内はとたんに静まり、まるで**台風一過**のようだった。
＊あすの天気は**台風一過**、全国的に晴れそうです。

多岐亡羊《たきぼうよう》

(類義) 岐路亡羊《きろぼうよう》

学問の道があまりにいろいろと細分化しすぎて、真理を把握できないこと。また、方針が多いため、どれを選ぶべきか迷って困ること。亡羊の嘆。

(解説)道がほうぼうに分かれていて、逃げた羊を見失ってしまったことから。「多岐」は多くの分かれ道。

(用例)＊あの教授の講義は、末節にこだわるあまり受講生に**多岐亡羊**の感を起こさせる。

(出典)「列子《れっし》」説符《せっぷ》

度徳量力《たくとくりょうりょく》

自分の信望や力量の有無を知ったうえで事にあたるべきであるということ。身のほどを知ること。

(解説)「度」も「量」も「はかる」の意で、「徳」や「力」をはかること。「量力」は「りょうりき」とも読む。出典では、他国を討つときに相手の徳を考えず、こちらの力不足を考えず、との意味で使われている。

(用例)＊初出場なのだから**度徳量力**して試合に臨もう。

(出典)「春秋左氏伝《しゅんじゅうさしでん》」隠公《いんこう》十一年

他《た》言《ごん》無《む》用《よう》

(類義) 口外無用《こうがいむよう》

ある事柄を、他人に話してはならないということ。

(解説)「他言」は秘密などを他人に漏らしてしまうこと。「たげん」とも読む。「無用」は、してはならないという意味。強く口止めするときに使われる。

(用例) ＊おしゃべりには**他言無用**だと念押ししてもむだだから、いっそ話さないほうがいい。
＊商談成立までは情報が漏れないよう、**他言無用**に願います。

多《た》士《し》済《せい》済《せい》

(類義) 人才済済《じんさいせいせい》

優秀な人物がそろっていること。また、そのさま。粒ぞろい。綺羅星《きらぼし》。

(解説)「士」は学問・道徳を備えた立派な人物。「済済」は数が多くてさかんなさま。誤読の慣用で「さいさい」とも読むが「斉斉」は誤り。「済済多士」ともいう。

(用例) ＊そのシンポジウムには、各界の第一線で活躍する**多士済済**の顔ぶれが名を連ねた。

(出典)「詩経《しきょう》」大雅《たいが》・文王《ぶんのう》

多《た》事《じ》争《そう》論《ろん》

多くの人がいろいろな事柄について論争すること。

(解説) 言い争いのこと。「多事」は多くの事柄、「争論」は議論して戦うこと。「他事」、「総論」と書くのは誤り。

(用例) ＊人の気に障るようなことばかり言うあのコメンテーターは、いつも**多事争論**が絶えない。
＊社内で**多事争論**すると、思いつかなかったアイデアが出てきて懸案事項が解決したりする。
＊**多事争論**を重ね、法案がようやく可決された。

多《た》事《じ》多《た》端《たん》

(類義) 多《た》事《じ》多《た》忙《ぼう》

仕事が次々と回ってきて非常に多忙であること。また、さまざまな事柄が多くて落ち着かないこと。

(解説)「多事」「多端」は共に仕事が多くて忙しいこと。「多事」を「他事」と書くのは誤り。

(用例) ＊正月早々、新プロジェクトのまとめ役に任命され、**多事多端**な一年になりそうだ。

＊ここ数か月、公私共に**多事多端**だったので、ゆっくり休む暇もなかった。

多《た》事《じ》多《た》難《なん》

(類義) 多《た》事《じ》多《た》患《かん》

(対義) 天《てん》下《か》泰《たい》平《へい》・平《へい》穏《おん》無《ぶ》事《じ》

事件や災難、困難が多いこと。また、世情が騒がしく、穏やかでないこと。

(解説)「事」は事件・出来事の、「難」は災難・困難の意。

(用例) ＊身内の事故や仕事上のトラブルなど年中**多事多難**だったが、なんとか年を越せそうだ。

＊あの年は台風や地震の天災に加え、物騒な事件も頻発し、まったく**多事多難**な一年だった。

＊情勢は**多事多難**で、倒産が相次いでいる。

多《た》情《じょう》多《た》感《かん》

感受性が豊かで、心を動かされやすいこと。また、そのさま。感動しやすい気質。

(解説)「多情」は情愛を深く感じやすいこと。「多感」は感受性が鋭いこと。「多感多情」ともいう。

(用例) ＊**多情多感**な年頃の娘に、父親としてどう接すればいいのか、さっぱりわからない。

＊あの音楽家は**多情多感**で、初老の域に達しているとはいえ、楽曲には青年のような若さが感じられる。

多情多恨《たじょうたこん》

(対義) 無念無想《むねんむそう》

何事にも感じやすく、すぐに恨んだり悲しんだりして気をもむこと。気がやさしく、何かにつけて心をかき乱されること。恋慕や愛情が豊かであるさま。

(解説)「多情」は物事に感じやすいこと。また、移り気なこと。「多恨」は恨みや悲しみの気持ち。

(用例) ＊もともと**多情多恨**な性分だから、気疲れも多い。
＊恋愛映画の主演が多いあの女優は、私生活でも**多情多恨**のようだ。

他力本願《たりきほんがん》

(類義) 悪人正機《あくにんしょうき》

衆生の修行の功徳でなく、阿弥陀如来《あみだにょらい》の本願の力を頼り成仏を願うこと。そこから、自分で努力せず、他人の力をあてにすること。

(解説)「他力」は仏教語で、自力でない仏などの力。また、他人の力・助け。「本願」は、仏が衆生を救うために起こした誓願。本来の語意とはずれるが、もっぱら「他人任せ」などのよくない意味で使われている。

(用例) ＊依頼心が強いので、困ったら**他力本願**で乗りきる。

暖衣飽食《だんいほうしょく》

(類義) 錦衣玉食《きんいぎょくしょく》・豊衣足食《ほういそくしょく》
(対義) 粗衣粗食《そいそしょく》・草衣木食《そういもくしょく》

ぜいたくな生活を送ること。安楽にのらくらと暮らすこと。なんの不足もなく満ち足りていること。

(解説) 暖かい衣服を着て、腹いっぱいに食べることから。「飽食暖衣」ともいう。

(用例) ＊**暖衣飽食**する暮らしに慣れた現代人にハングリー精神を唱えても無意味だろう。
＊甘やかしがよくないとはわかっていても、わが子には**暖衣飽食**をさせたいと思うのが親心だ。

断崖絶壁《だんがいぜっぺき》

険しく切り立った崖《がけ》。また、そのように差し迫った危険な状態。

(解説)「断崖」「絶壁」は共に、まっすぐに切り立った険しい崖のこと。同義語を重ね意味を強調したことば。

(用例)＊うちは自転車操業でなんとかやり操りしていて、毎日が**断崖絶壁**にいるようなものです。
＊会社の今後を左右する仕事で大失態を演じてしまい、**断崖絶壁**の縁に立たされた思いだ。

断簡零墨《だんかんれいぼく》

(類義)断編残簡《だんぺんざんかん》

ちょっとした書き物。また、切れ切れになった手紙や文書などの切れ端。

(解説)「断簡」は切れ切れになった文書の切れ端。「零墨」は１滴の墨の意で、墨跡の断片。

(用例)＊あの著名な作家くらいになると、**断簡零墨**でさえびっくりするような高値で取り引きされるらしい。
＊古墳から出土した**断簡零墨**をつなぎ合わせると、それは未発見の貴重な史料だった。

談言微中《だんげんびちゅう》

面と向かってはっきりと言わない、遠回しにさりげなく人の急所や弱みをつく話しぶりのこと。

(解説)「談言」は話すことば。「断言」と書くのは誤り。「微」はひそかに、「中」はぴたりと当てるの意で、それとなく言いながら要点をついていること。

(用例)＊先生は相手が誰だろうといつも**談言微中**で、言われたほうは参ってしまう。

(出典)「史記《しき》」滑稽伝《こっけいでん》・論賛《ろんさん》

箪食瓢飲《たんしひょういん》

類義 一汁一菜《いちじゅういっさい》・一箪一瓢《いったんいっぴょう》
顔回箪瓢《がんかいたんぴょう》

粗末な食事のたとえ。そこから、貧しい暮らしをしながら学問に励むこと。

解説「箪食」は、わりご（竹製の折り箱）1杯のご飯。「瓢飲」はひさご（瓢箪《ひょうたん》の器）1杯の汁物。孔子《こうし》が弟子の顔回《がんかい》をほめたときに言ったことば。「箪食」を「たんしょく」と読むのは誤り。

用例 ＊学生時代の**箪食瓢飲**から、今の地位が築けた。

出典「論語《ろんご》」雍也《ようや》

た

単純明快《たんじゅんめいかい》

類義 簡単明瞭《かんたんめいりょう》・直截簡明《ちょくせつかんめい》
対義 複雑怪奇《ふくざつかいき》

複雑でなく、はっきりしていてわかりやすいこと。

解説「単純」は簡単で、混じりけのないこと。「明快」は筋道が通っていて、わかりやすいこと。「明解」と書くのは誤り。話や文章などがわかりやすく、すぐに理解できることについていう。

用例 ＊下手だから自滅した。敗因は**単純明快**だよ。
＊**単純明快**なプレゼンが、とても好評だった。
＊要点を**単純明快**に言ってほしい。

断章取義《だんしょうしゅぎ》

類義 断章取意《だんしょうしゅい》・断章截句《だんしょうせっく》

他人の詩文などを引用し、その一部を都合よく勝手に解釈すること。自分に好都合な部分を抜きだして使うこと。

解説「章」は詩文の一編。「義」はその意味。「取義」を「主義」と書くのは誤り。訓読で「章を断ちて義を取る」とも。

用例 ＊せっかくのインタビューだったが、**断章取義**する報道によって当事者の真意が伝わってこなかった。
＊この用語は、先人の研究の**断章取義**であり、本来とは異なる意味で用いられている。

胆大心小《たんだいしんしょう》

(類義) 胆大心細《たんだいしんさい》

大胆で度胸があり、しかもすみずみまで気配りが行き届いていること。

(解説) もとは「最初は大胆に始め、次に細心の注意を払って書き進めよ」という作文の心得。

(用例) ＊**胆大心小**、大胆な投資と慎重な運営が身上だ。
＊大胆な彼と配慮にぬかりのない彼女が組んで仕事をすると、**胆大心小**で間違いがない。

(出典)「旧唐書《くとうじょ》」孫思邈伝《そんしばくでん》

単刀直入《たんとうちょくにゅう》

(類義) 単刀趣入《たんとうしゅにゅう》

前置きもなく、ずばりと本論に入ること。短兵急。

(解説) 独りで刀を振るって、正面から敵陣に斬《き》り込んでいくことから、回答しにくいこと、話しづらいことを要求するときに用いたりする。「単刀」は一振りの刀。「短刀」と書くのは誤り。

(用例) ＊**単刀直入**に質問したが、明確な返答はなかった。
＊当事者の**単刀直入**な訴えを退けた。

(出典)「景徳伝灯録《けいとくでんとうろく》」

短慮軽率《たんりょけいそつ》

(類義) 軽佻浮薄《けいちょうふはく》・直情径行《ちょくじょうけいこう》
(対義) 思慮分別《しりょふんべつ》・深謀遠慮《しんぼうえんりょ》

よく考えもせず、軽々しく行動すること。軽はずみで思慮が足りないこと。

(解説)「短慮」は浅はかな考え。「軽率」は軽はずみなこと。「軽卒」と書くのは誤り。「軽率短慮」ともいう。

(用例) ＊その即断は**短慮軽率**のそしりを免れないだろう。
＊**短慮軽率**な計画を破棄した。
＊引き起こしました事態は、私の**短慮軽率**が招いたもので、深くお詫《わ》び申しあげます。

談論風発《だんろんふうはつ》

(類義) 侃侃諤諤《かんかんがくがく》・議論百出《ぎろんひゃくしゅつ》
談論風生《だんろんふうせい》・百家争鳴《ひゃっかそうめい》

議論や討論が活発に行われること。

(解説)「談論」は談話と議論のこと。「風発」は風が吹き起こるように、勢いが激しいこと。

(用例) ＊議題の懸案事項については**談論風発**で、けっきょく解決までには至らなかった。
＊家族旅行の行き先をめぐって、妻や子どもと**談論風発**するはめになった。
＊この委員会はいつも**談論風発**だから長引く。

治外法権《ちがいほうけん》

国際法上、特定の外国人が、滞在している国の法律、とくに裁判権から免れられる権利。

(解説) 元首や外交官などに与えられる特権。転じて、他人の規制などに拘束されない意でも用いる。

(用例) ＊**治外法権**を悪用した外交官が暗躍するストーリーは、昔からスパイ映画の定番だった。
＊自分の部屋は**治外法権**だなどといって、息子が親を部屋に入れないのにはほとほと困った。

遅疑逡巡《ちぎしゅんじゅん》

(類義) 右顧左眄《うこさべん》・狐疑逡巡《こぎしゅんじゅん》
(対義) 即断即決《そくだんそっけつ》

物事に思い迷って、いつまでも決断を引き延ばすこと。あれこれと思いためらって、尻込みすること。

(解説)「遅疑」は、いつまでも疑って迷うこと。「逡巡」は、ためらうこと。決断がつかないこと。

(用例) ＊独断で商談を進めてしまったことは、**遅疑逡巡**している上層部の反感を買った。
＊**遅疑逡巡**の慎重さが災いして、チャンスはいつも取り逃がしてしまう。

知《ち》行《こう》合《ごう》一《いつ》

(類義) 知《ち》行《こう》一《いっ》致《ち》

行為が伴って、はじめて知識は完全になるということ。知識と行為・実践は、一体不可分であるということ。

(解説) 朱子学の先知後行説に対する陽明学の説。知とは実践を伴うべきものである、という主張から。

(用例) ＊**知行合一**をモットーとして活動する。
＊いくら立派な主張を唱えても、行動が伴わなくては**知行合一**とはいえない。

(出典)「伝習録《でんしゅうろく》」

知《ち》足《そく》安《あん》分《ぶん》

(類義) 安《あん》分《ぶん》守《しゅ》己《き》・巣《そう》林《りん》一《いっ》枝《し》
知《ち》足《そく》守《しゅ》分《ぶん》・知《ち》足《そく》常《じょう》楽《らく》

高望みをせず、分相応だと思って自分の身分や境遇に満足すること。

(解説)「知足」は足るを知る、の意で、分相応とわきまえること。「安分」は自分の身分や境遇に満足すること。「案文」と書くのは誤り。

(用例) ＊金持ちを妬むばかりではしかたがない。**知足安分**に暮らすことこそ庶民の特権さ。
＊そんな**知足安分**の境地なんて、老人の戯《ざ》れ言《ごと》だよ。

魑《ち》魅《み》魍《もう》魎《りょう》

(類義) 百《ひゃっ》鬼《き》夜《や》行《こう》・妖《よう》怪《かい》変《へん》化《げ》

さまざまな化け物。また、私益のために悪だくみを行う者のたとえ。

(解説)「魑」「魅」「魍」「魎」は、いずれも山川草木から生じた妖怪の名前。

(用例) ＊鎮守の森は、老木がうっそうと生い茂り、**魑魅魍魎**でも出てきそうなほど不気味です。
＊この業界は**魑魅魍魎**の輩《やから》が多いから気をつけろ。

(出典)「春《しゅん》秋《じゅう》左《さ》氏《し》伝《でん》」宣公《せんこう》三年

着眼大局《ちゃくがんたいきょく》

(類義) 達人大観《たつじんたいかん》
(対義) 着手小局《ちゃくしゅしょうきょく》

広大な視野で物事を全体的にとらえ、その本質や要点を見抜いて誤らないこと。

(解説)「着眼」は目のつけどころ、目のつけ方。「大局」は物事の、全体としての動き、なりゆき。

(用例) ＊マスメディアに求められているのは、いつの時代も**着眼大局**の視点だ。
＊**着眼大局**という大原則にはずれた経営戦略をとったのでは、破綻するのも無理ない。

中途半端《ちゅうとはんぱ》

物事が未完成で、きちんと片づいていないこと。徹底しておらず、どっちつかずなさま。

(解説)「中途」は道の中ほどのこと。「半端」は全部そろっていないこと、どちらともつかないさま。

(用例) ＊やりたい仕事が見つからないまま、**中途半端**な就職活動が続いている。
＊**中途半端**なアドバイスは、どう受け止めていいのか困る。

昼夜兼行《ちゅうやけんこう》

(類義) 倍日并行《ばいじつへいこう》・不眠不休《ふみんふきゅう》

昼夜の区別なく仕事をすること。また、すこしも休まず歩を進めること。突貫工事。

(解説)「昼夜」は昼と夜、一日中。「兼行」は、もとは２日の行程を１日で済ませること。中断せずに道を急ぐということから。

(用例) ＊道路の復旧作業は、**昼夜兼行**になりそうだ。
＊**昼夜兼行**して歩みを進め、山頂で御来光を眺めた。

(出典)「呉志《ごし》」呂蒙伝《りょもうでん》

朝雲暮雨《ちょううんぼう》

(類義) 雲雨巫山《うんうふざん》

男女の情交。また、男女が夢の中で結ばれること。雲雨の夢。巫山の夢。

(解説) 中国・楚《そ》の懐王《かいおう》と夢の中で結ばれた巫山の神女が、去り際に「自分は朝には雲となり、暮れには雨となる」と言った故事から。「暮雨」は夕暮れどきの雨。

(用例) ＊いくら好きでも想《おも》いを伝えなければ、**朝雲暮雨**のはかない片想いでしかない。

(出典) 「文選《もんぜん》」宋玉《そうぎょく》「高唐賦《こうとうのふ》」

朝三暮四《ちょうさんぼし》

(類義) 狙公配事《そこうはいじ》・漏脯充飢《ろうほじゅうき》

結果は同じだが、目先の違いにだまされて判断を誤ること。また、ことば巧みに人をだますこと。

(解説) 中国・宋《そう》の狙公《そこう》が、餌を「朝三つ夜四つ与える」と言ったら猿は怒ったが、「朝四つ夜三つ」と言うと喜んだ、という故事から。「朝四暮三」ともいう。

(用例) ＊所得税の税率が下がっても、他の税金が上がったのでは**朝三暮四**で、真の減税とはいえない。

(出典) 「列子《れっし》」黄帝《こうてい》

張三李四《ちょうさんりし》

(類義) 張王李趙《ちょうおうりちょう》・張甲李乙《ちょうこうりいつ》
張三呂四《ちょうさんりょし》

平凡でおもしろみのない人。ありふれた人。また、目をひくところのないつまらないもののたとえ。

(解説) 張家の三男と李家の四男という意味から。「張」「李」はどちらも中国で多い名字。

(用例) ＊自信があるのなら、**張三李四**の言うことなど聞き流しておきなさい。

＊すこしばかり優秀だからといって相手を**張三李四**と侮っていると、痛い目に遭いますよ。

彫心鏤骨《ちょうしんるこつ》

類義 苦心惨憺《くしんさんたん》・彫肝琢腎《ちょうかんたくじん》
粉骨砕身《ふんこつさいしん》・銘肌鏤骨《めいきるこつ》

心を砕いて詩文などを練り上げること。また、非常に苦労すること。

解説「彫心」は心に刻むこと。「鏤骨」は骨にちりばめること。それほどに大きな苦労のこと。

用例 ＊長年の**彫心鏤骨**が報われ、ついに優勝した。
＊この受賞はひとえに**彫心鏤骨**の賜《たまもの》です。
＊これは、私が一生に一度の大作と思い定め、**彫心鏤骨**して書き上げた小説です。

喋喋喃喃《ちょうちょうなんなん》

小声で親しげに話し合うさま。とくに男女がうちとけてむつまじく語り合うさま。

解説「喋喋」はしきりにしゃべること。「喃喃」は小さな声で話すこと。「喃喃喋喋」ともいう。

用例 ＊久しぶりに出会った幼なじみの二人は、**喋喋喃喃**と思い出話に花を咲かせていた。
＊新郎新婦は学生時代、校庭の桜の木の下で、いつも**喋喋喃喃**としていた。

丁丁発止《ちょうちょうはっし》

刀などで互いに激しく打ち合うさま。転じて、激しく議論し合うこと。

解説「丁丁」は高く冴《さ》えた音が続くことを表す擬音語。「打打」とも書く。「発止」は当て字で、硬いものが強く突き当たるさま。「発矢」とも書く。

用例 ＊剣道大会の決勝戦ともなるとさすがに**丁丁発止**、竹刀さばきもみごとなものだ。
＊学者どうしの**丁丁発止**で室内が熱気に包まれた。

長汀曲浦《ちょうていきょくほ》

海岸線、海辺が延々と続いていること。

(解説)「汀」はなぎさ、みぎわの意で、陸と水が接する所。波打ち際のこと。「浦」は浜辺、湾のこと。長く続いているみぎわと曲がりくねった湾ということから。

(用例)＊車窓から見えた**長汀曲浦**に、一同が歓声を上げた。
＊空から見下ろす**長汀曲浦**の風景は圧巻です。
＊展望台からは、美しい**長汀曲浦**と日本海の荒波が一望できました。

朝蠅暮蚊《ちょうようぼぶん》

度量の狭い人や小人物がはびこること。

(解説)「朝蠅」は朝に蠅《はえ》が集まること。「暮蚊」は夕方に蚊が集まること。「蠅」「蚊」は共に小人物のたとえで、そのような者が集うことから。

(用例)＊政界が**朝蠅暮蚊**だから政情が好転しない。
＊**朝蠅暮蚊**の輩《やから》が幅をきかせる会社を見限って退職し独立した。

(出典)韓愈《かんゆ》「雑詩《ざつし》」

跳梁跋扈《ちょうりょうばっこ》

(類義)横行闊歩《おうこうかっぽ》・飛揚跋扈《ひようばっこ》

悪人や好ましくないものがのさばって、思うままに振る舞うさま。

(解説)「跳梁」は梁《はり》を跳ね越えて逃げること。「跋扈」は扈(魚捕りの籠)から大魚が躍り出て逃げること。そこから、勝手気ままに振る舞い、のさばること。

(用例)＊市民による監視態勢が確立しているところでは、悪徳商法が**跳梁跋扈**する隙などない。
＊ひったくりの**跳梁跋扈**には、ご注意ください。

朝令暮改《ちょうれいぼかい》

類義 朝改暮変《ちょうかいぼへん》・天下法度《てんかはっと》
三日法度《みっかはっと》

命令や法令などが次々に変更され、定まらないこと。命令がくるくると変わって当てにならないこと。

解説 朝に出した命令が、その夕方には改められることから。「朝改暮令」ともいう。

用例 ＊思いつきであれこれやると、**朝令暮改**で現場を混乱させることになりかねない。
＊**朝令暮改**する指示に部員が反発した。

出典「漢書《かんじょ》」食貨志《しょっかし》

直情径行《ちょくじょうけいこう》

類義 短慮軽率《たんりょけいそつ》・直言直行《ちょくげんちょっこう》
対義 熟慮断行《じゅくりょだんこう》

自分の感情のおもむくままに行動すること。周囲の事情も考慮せず、激情に任せて振る舞うこと。

解説 本来は「野蛮な振る舞い」をとがめるのに使うことばで、「正直な人」としてほめる意味はない。

用例 ＊気性が激しいうえに**直情径行**だから、理屈に合わないことにはけっして黙っていない。
＊**直情径行**な新人だが、悪い人物ではない。

出典「礼記《らいき》」檀弓《だんぐう》

猪突猛進《ちょとつもうしん》

類義 暴虎馮河《ぼうこひょうが》

猪《いのしし》のように、目標に向かってまっしぐらに突き進むこと。後先を考えずにぶつかっていくこと。匹夫の勇。

解説 猪は、曲がったり引き返したりする動きが苦手であるとされていることから。

用例 ＊若い頃は、あまり失敗を恐れずに目標を突破する**猪突猛進**の心意気が大切だ。
＊世の中がすっかり落ち着いたせいか、なにかに熱中して**猪突猛進**する若者が少なくなった。

治乱興亡《ちらんこうぼう》

(類義) 群雄割拠《ぐんゆうかっきょ》・治乱興廃《ちらんこうはい》

国家や社会が治まることと乱れること。世の中の移り変わりや浮き沈み。

(解説)「治乱」は世の中が平和に治まることと、乱れること。「興亡」は興隆と衰亡。

(用例) ＊退任パーティーで会長が、**治乱興亡**の激しかった黎明《れいめい》期を振り返り、その苦労を語った。

＊一国の**治乱興亡**を学ぶことは、歴史と共に人間の生き方を学ぶことにもつながります。

沈思黙考《ちんしもっこう》

(類義) 熟思黙想《じゅくしもくそう》・沈思凝想《ちんしぎょうそう》

(対義) 饒舌多弁《じょうぜつたべん》

黙り込んでもの思いにふけること。物事に深く思いをめぐらすこと。

(解説)「沈思」は、深く思い込むこと。「黙考」は、黙って考え込むこと。

(用例) ＊構想を練るときは、いつも湖畔のベンチに腰かけて日がな一日、**沈思黙考**している。

＊30分以上もの**沈思黙考**の末に、ようやく事のいきさつを語り始めた。

珍味佳肴《ちんみかこう》

(類義) 美味佳肴《びみかこう》

とびきりおいしいごちそう。

(解説) めったにないおいしいごちそうをほめていうことば。「珍味」は珍しくておいしい食べ物。「佳肴」はうまい肴《さかな》。「嘉肴」とも書く。

(用例) ＊晩餐《ばんさん》会では上等なワインと**珍味佳肴**が供され、来賓の舌を満足させていた。

＊僕も相当なグルメだが、こんな**珍味佳肴**にはめったにめぐりあうものではない。

通《つう》過《か》儀《ぎ》礼《れい》

人が一生のうちに経験する、誕生、成人、結婚など重要な節目に行われる儀礼のこと。

(解説) 民俗学者ファン・ヘネップの用語で、ある状態から別の状態へ移行するさいに行われる儀礼のことをさす。「儀礼」は、一定の型式にのっとって行われる儀式や礼法のこと。

(用例) ＊境内は子どもの成長を祝う**通過儀礼**を迎えた家族でにぎわい、華々しい七五三の日となった。

通《つう》暁《ぎょう》暢《ちょう》達《たつ》

ある事物に精通していて、文章などがのびやかなこと。

(解説) 「通暁」は詳しく知っていること。「暢達」はのびのびと才能を発揮していること。あることに奥深い知識があるため、その文章やことばがのびのびとしていて、わかりやすいことをいう。

(用例) ＊弁舌がさわやかなのは**通暁暢達**だからで、たんなる話し方のテクニックなどではない。
＊教授の**通暁暢達**な論文は、学会でも有名だ。

津《つ》津《つ》浦《うら》浦《うら》

全国各地、いたる所。

(解説) あちらこちらの港や海辺の意から。「津」は港や船着き場。沼津など「津」のつく地名はここからきた。「津津」は「つづ」とも読む。「浦」は海辺、入り江の意。

(用例) ＊隠れた名品がテレビで紹介されるやいなや発売元に、全国**津津浦浦**から問い合わせが殺到した。
＊定年後は、夫婦で**津津浦浦**をめぐって、趣味の風景写真を撮ろうと計画しています。

手枷足枷《てかせあしかせ》

自由を束縛するもの。また、そのように束縛されている状態。桎梏《しっこく》。

(解説)「手枷」「足枷」は昔、罪人の手首や足首にはめて行動の自由を束縛した刑具。「足枷手枷」ともいう。

(用例)＊親の期待が**手枷足枷**となっている。

＊山積した問題が**手枷足枷**となり能力発揮は難しい。

＊知人から受けた恩はもはや**手枷足枷**でしかなく、不本意ながら危ない橋を渡らざるをえなくなった。

適材適所《てきざいてきしょ》

(類義) 量才録用《りょうさいろくよう》

(対義) 驥服塩車《きふくえんしゃ》・大器小用《たいきしょうよう》

その人の才能や技量にふさわしい地位や任務、役割につけること。

(解説)「適材」は、その地位や任務によくあてはまる能力をそなえている人。「適才適処」とも書く。

(用例)＊**適材適所**の配置転換で個々の能力が発揮され、皆がのびのびと働けるようになった。

＊たとえ実力のあるメンバーがそろっていても、監督が**適材適所**を誤れば優勝はおぼつかない。

適者生存《てきしゃせいぞん》

(類義) 自然選択《しぜんせんたく》・自然淘汰《しぜんとうた》
弱肉強食《じゃくにくきょうしょく》・優勝劣敗《ゆうしょうれっぱい》

生存競争においては、より環境に適したものが生き残りほかのものは滅びゆく、ということ。

(解説)生物進化論の用語。「survival of the fittest」の訳語。

(用例)＊この激しい競争社会は**適者生存**で、人も企業ももはや逃れられない。

＊自然界では、そのおおらかさの裏側に**適者生存**の苛酷な掟《おきて》がある。

＊熟考の末、**適者生存**をかけて合併に踏み切った。

敵本主義《てきほんしゅぎ》

目的が別にあるように見せかけておいて、急に本来の目的を達成させるやり方。

(解説)安土桃山時代、毛利《もうり》攻めを命じられて出陣した明智《あけち》光秀《みつひで》が、方向を変えて織田信長《おだのぶなが》を討ったときのことば、「敵は本能寺にあり」から出たことば。

(用例)＊機嫌を取っているのは**敵本主義**で、先方のブレーンに近づくのが狙いです。
＊外交は洋の東西を問わず、**敵本主義**ばかりだ。

鉄心石腸《てっしんせきちょう》

(類義) 堅忍不抜《けんにんふばつ》・鉄意石心《てついせきしん》 鉄肝石腸《てっかんせきちょう》

意志や精神が堅固で、どんな障害や誘惑にも心を動かされないこと。また、その意志や精神。

(解説)「鉄心」は鉄のような心。「石腸」は石のような腸、はらわた。転じて、強く固い精神。「鉄腸石心」「石心鉄腸」「鉄石心腸」ともいう。

(用例)＊スタッフ全員の**鉄心石腸**なくして、今回の難事業を成功させることはできません。

(出典)蘇軾《そしょく》「李公択《りこうたく》に与《あた》うるの書《しょ》」

徹頭徹尾《てっとうてつび》

(類義) 終始一貫《しゅうしいっかん》・首尾一貫《しゅびいっかん》 初志貫徹《しょしかんてつ》・徹上徹下《てつじょうてっか》

始めから終わりまで一つの主義主張を貫くこと。徹底的に。あくまでも。

(解説)「徹」は一つのことを貫くの意で、頭から尾まで貫き通すということ。「撤」や「鉄」と書くのは誤り。

(用例)＊勝った横綱は相手にまわしを取らせずに、立ち合いから**徹頭徹尾**攻勢をかけ、一気に寄り切った。
＊**徹頭徹尾**拒否する姿勢を崩さない彼を説得できるのは、先生しかいないでしょう。

手練手管《てれんてくだ》

類義 権謀術数《けんぼうじゅっすう》

人を巧みにだます手段や方法。あの手この手と人をさまざまに操る技術。

解説「手練」「手管」は共に、人をだまして丸め込む手段や技術のこと。同義語を重ね意味を強調したことば。

用例 *今度の案件だけは、どんな**手練手管**を使ってでも必ず受注するようにとの厳命が下された。
*・**手練手管**で客を引き入れる新手の悪徳商法が横行しているらしいから、気をつけたほうがいい。

天衣無縫《てんいむほう》

類義 純真無垢《じゅんしんむく》・天真爛漫《てんしんらんまん》

物事が自然で美しいこと。振る舞いがわざとらしくないこと。性格や行動に飾り気がなく、無邪気なこと。また、物事が完全であること。

解説 天上の人が着る衣には、縫い目がないということから。「無縫天衣」ともいう。

用例 *幼少期は田舎で、**天衣無縫**な環境で育てられた。
*画伯は**天衣無縫**に筆を走らせているように見えるが、じつは綿密な計算があってのことだ。

天涯孤独《てんがいこどく》

類義 鰥寡孤独《かんかこどく》

身寄りが一人もないこと。また、故郷を離れてただ独り暮らすこと。

解説「天涯」は空の果て、また、故郷を遠く離れた土地の意。「天涯孤独の身の上」などと使う。

用例 *幼い頃に両親を亡くし、兄弟とも事故で死に別れ**天涯孤独**の身の上です。
*毎日楽しく暮らしているように見えても心中は**天涯孤独**で、寂しさを拭い去れないでいる。

天《てん》涯《がい》比《ひ》隣《りん》

(類義) 千《せん》里《り》比《ひ》隣《りん》

遠くにいても、すぐ近くにいるように親しく思うこと、また、そのような関係の友人。

(解説)「天涯比隣の如《ごと》し」の略。空の果て(天涯)にいても、すぐ隣の家(比隣)にいるように思うことから。

(用例) ＊遠距離交際のお二人でしたが、**天涯比隣**の思いが実を結び、本日ご結婚の運びとなりました。

＊**天涯比隣**がいるから、上京しても寂しくない。

(出典) 王勃《おうぼつ》の詩

天《てん》下《か》泰《たい》平《へい》

(類義) 尭《ぎょう》風《ふう》舜《しゅん》雨《う》・泰《たい》平《へい》無《ぶ》事《じ》

(対義) 多《た》事《じ》多《た》難《なん》・天《てん》下《か》多《た》事《じ》

世の中が平穏無事であること。また、なんの心配事もなくのんびりしているさま。

(解説)「天下」は世の中、全国。「てんが」とも読む。「泰平」は世の中が平和なこと。「太平」とも書く。

(用例) ＊戦争のない**天下泰平**な時代はありがたいものだ。

＊この忙しい年の瀬に大あくびなんかして、あいつはまったく**天下泰平**だなあ。

(出典)「礼《らい》記《き》」仲《ちゅう》尼《じ》燕《えん》居《きょ》

天《てん》下《か》無《む》双《そう》

(類義) 海《かい》内《だい》無《む》双《そう》・国《こく》士《し》無《む》双《そう》

泰《たい》山《ざん》北《ほく》斗《と》・斗《と》南《なん》一《のいち》人《にん》

世の中に並ぶ者がいないほど優れているさま。

(解説)「天下」は全国の意。「てんが」とも読む。「無双」は「ぶそう」とも読み、並ぶ者がいないこと。

(用例) ＊織田信長《おだのぶなが》の戦術は**天下無双**といわれた。

＊宮本武蔵《みやもとむさし》の剣術は、まさしく**天下無双**だった。

＊故人は、この業界に半世紀以上も携わり、**天下無双**のクリエーターとして尊敬されていました。

(出典)「史《し》記《き》」李将軍伝《りしょうぐんでん》

天空海闊《てんくうかいかつ》

類義 豪放磊落《ごうほうらいらく》・自由闊達《じゆうかったつ》
天高海闊《てんこうかいかつ》

海や空が果てしなく広がっていること。また、人の度量が大きく、おおらかでわだかまりがないこと。

解説「天空」は空が雲一つなく晴れ渡り、広々としていること。「海闊」は海がどこまでも広がっていること。「海闊天空」ともいう。

用例 ＊海を見下ろしながら、この露天風呂で過ごすひとときは、まさに**天空海闊**の気分です。

出典「古今詩話《ここんしわ》」

電光石火《でんこうせっか》

類義 疾風迅雷《しっぷうじんらい》・疾風怒濤《しっぷうどとう》
電光朝露《でんこうちょうろ》

動作や物事の動きなどが非常にすばやいこと。また、非常に短い時間のこと。あっという間。

解説 稲光や火打ち石の火花のように、きわめてすばやいことから。「石火」を「石下」と書くのは誤り。

用例 ＊達人の居合い抜きはまさに**電光石火**で、目にもとまらぬ早業だった。
＊キックオフ早々、わがチームは**電光石火**の速攻で先制ゴールを奪った。

天井桟敷《てんじょうさじき》

劇場の客席で、最上階後方にある低料金の席。

解説「天井」は、天井に近い位置にあることから。「桟敷」は見物席のこと。舞台からもっとも遠く、見えにくくてせりふも聞き取れない低料金の席だが、芝居好きの常連が多く集うことから出演者が一目置く。

用例 ＊歌舞伎では「大向《おおむ》こう」という常連さんの席があるが、**天井桟敷**もそんな趣がある。
＊趣味の観劇では、**天井桟敷**に通ったものでした。

天壌無窮《てんじょうむきゅう》

(類義) 天長地久《てんちょうちきゅう》・百載無窮《ひゃくさいむきゅう》

終わることなく永遠に続くこと。天地のように終わりがないこと。

(解説)「天壌」は天と地。あめつち。「天上」「天井」と書くのは誤り。「無窮」は果てしないこと。永遠。

(用例) ＊人間は死んで終わりではなく、**天壌無窮**を約束された魂に還《かえ》って永遠に生き続けるという。

＊堂にこもり神仏に、**天壌無窮**のこの世の平穏をひたすら祈った。

天真爛漫《てんしんらんまん》

(類義) 純真無垢《じゅんしんむく》・天衣無縫《てんいむほう》

飾り気がなく、自然のまま、ありのままであること。また、明るく無邪気で屈託がないさま。

(解説)「天真」は、天から与えられた純粋の性質をいう。「爛漫」は、それが自然のまま素直に表れること。

(用例) ＊**天真爛漫**に遊ぶ子どもたちを見ていると、心が洗われるような気がする。

＊**天真爛漫**な人柄だから、誰に対してもこだわりなく接している。

恬淡寡欲《てんたんかよく》

あっさりとして物事にこだわらず、欲の少ないさま。

(解説)「恬淡」は淡白で物事に執着しないさま。「恬澹」とも書く。「寡欲」は欲が少ないこと。人柄や性格について用いることが多い。

(用例) ＊彼はおっとりして**恬淡寡欲**な人柄で、誰とでもすぐに仲よくなれる。

＊**恬淡寡欲**はいいけれど人間、無欲なままじゃ生きていけないぜ。

天地無用《てんちむよう》

中身が破損しかねないので荷物の上下を逆さまにしてはならないということ。荷物を運ぶさい、梱包《こんぽう》の外側に記載・貼付して警告することば。

(解説)「天地」は上下のこと。「無用」はしてはならない、取り扱ってはならないという意味。「上下はどちら側でもよい」の意味ではない。

(用例)＊食器など割れ物を発送する場合は**天地無用**のシールを必ず貼ってもらってください。

輾転反側《てんてんはんそく》

繰り返し寝返りを打つこと。心配事や不安などでなかなか寝つけないこと。

(解説)「輾転」は車輪が回ること。そのように、ぐるぐると寝返りを打つことから。「展転」とも書く。

(用例)＊ゆうべは**輾転反側**して、すこしも眠れなかった。
＊不合格を知らされた夜は、将来を憂えて**輾転反側**、一睡もできなかった。

(出典)「詩経《しきょう》」周南《しゅうなん》・関雎《かんしょ》

天然自然《てんねんしぜん》

人の手が加わらず、自然なままの状態であること。

(解説)「天然」「自然」は共に人手の加わらない、あるがままの意。天がつくった、そのままであるということ。また、ひとりでに物事が起こること。前後を入れ替え「自然天然」ともいう。

(用例)＊沢歩きで触れた**天然自然**の湧き水は、ひんやりとして素肌に気持ちいい。
＊眼下の島嶼《とうしょ》は**天然自然**、神の創造した絶景だ。

天罰覿面《てんばつてきめん》

（類義）悪因悪果《あくいんあっか》・天網恢恢《てんもうかいかい》

よからぬことをすると、たちどころに報いが訪れること。悪い行いには必ず報いがあるということ。

（解説）「天罰」は天の下す罰、または悪事に対して受ける罰。ちなみに、天罰を免れることを「天網の漏」という。「覿面」は、効果がすぐに現れること。

（用例）＊よその庭の花を取ろうとして蜂に刺されたなんて、まったく**天罰覿面**だよ。
＊路上駐車で**天罰覿面**、すぐ通報されて反則切符さ。

田夫野人《でんぷやじん》

（類義）田夫野老《でんぷやろう》

教養のない粗野な人。礼儀をわきまえない人をののしっていうことば。

（解説）粗野で無粋な者のたとえ。「田夫」は農夫、田舎者の意。「田父」と書くのは誤り。「野人」は田舎の人。

（用例）＊**田夫野人**のことばとお聞き捨てになってもかまいませんので、一度だけお耳をお貸しください。
＊顔を合わせても、挨拶一つしない**田夫野人**な振る舞いに、みんなが腹を立てた。

天変地異《てんぺんちい》

（類義）天災地変《てんさいちへん》・天変地変《てんぺんちへん》

（対義）地平天成《ちへいてんせい》

自然界に起こる災害や、信じられない大異変。

（解説）「天変」は日食、月食、暴風など天空に起こる異変。「転変」と書くのは誤り。「地異」は地震、火山噴火、洪水など地上に起こる異変。

（用例）＊たとえ**天変地異**で地球が滅びても、私の気持ちに変わりはない。
＊台風による暴風雨に火山の噴火、**天変地異**に見舞われた一年だった。

天佑神助《てんゆうしんじょ》

天の助けと神のご加護。また、思いがけない偶然によって助かること。苦しいときの神頼み。

(解説)「天佑」は天の、「神助」は神の助けのこと。「天祐」とも書く。「神助天佑」「神佑天助」ともいう。

(用例)＊できうる限りの手はすべて打った。後は座して**天佑神助**を祈るばかりだ。

＊大きな雪崩《なだれ》に巻き込まれながらも軽傷で救われたのだから、まさに**天佑神助**だ。

当意即妙《とういそくみょう》

その場にかなった、とっさの機転。また、そのように気がきいていること。

(解説)「当意」は、その場ですばやく考えること。「即妙」は、ひらめいた知恵で、とっさに機転をきかせること。

(用例)＊名だたる著名人を集めたパーティーで、ホストとして**当意即妙**に対応し会場を盛り上げた。

＊２時間半の披露宴も、司会者の**当意即妙**なアドリブで終始和やかだった。

凍解氷釈《とうかいひょうしゃく》

問題点や疑問などが、氷が解けてなくなるように解決すること。氷解すること。

(解説)「解」「釈」は、ここでは氷が解けること。

(用例)＊わが家の遺産相続にかかわる問題は、つつがなくすべて**凍解氷釈**した。

＊よく話し合えば**凍解氷釈**で、どんなに複雑な国際関係も改善できると信じています。

(出典)朱熹《しゅき》「中和旧説序《ちゅうわきゅうせつじょ》」

陶《とう》犬《けん》瓦《が》鶏《けい》

(類義) 泥《でい》車《しゃ》瓦《が》狗《こう》・土《ど》牛《ぎゅう》木《もく》馬《ば》

見栄えはいいが実際は役にたたないもの。見かけ倒し。

(解説) 陶器の犬は番犬にもならず、素焼きの鶏は夜明けを告げることもない、ということから。「陶犬」を「闘犬」と書くのは誤り。「瓦鶏陶犬」ともいう。

(用例) ＊風采から、たいした人かと思ったが、仕事ぶりを見たら**陶犬瓦鶏**、期待はずれだった。

＊**陶犬瓦鶏**の輩《やから》の話には、誰も耳を傾けない。

(出典)「金楼子《きんろうし》」立言《りつげん》

同《どう》工《こう》異《い》曲《きょく》

(類義) 大《だい》同《どう》小《しょう》異《い》

詩歌などで、つくる方法は同じでも、その味わいが異なっていること。また、外見は異なっていても中身はたいして変わらないということ。五十歩百歩。

(解説) 似たり寄ったりな物事を非難するときなどに使う。「工」を「巧」と書くのは誤り。「異曲同工」ともいう。

(用例) ＊**同工異曲**な作品ばかりで、鑑賞に堪えない。

＊既製品と**同工異曲**では、たいして売れないよ。

(出典) 韓愈《かんゆ》「進学解《しんがくかい》」

倒《とう》行《こう》逆《ぎゃく》施《し》

道理に逆らった手段・方法で物事を行うこと。

(解説) 時代の風潮に逆らった、よからぬ行い、また、無理強いすることや、ごり押しすることにも使う。「倒」「逆」は逆らうこと。「行」「施」は行うこと。同義語を重ね、意味を強めたことば。「逆施倒行」ともいう。

(用例) ＊どんな場合も**倒行逆施**が通用するわけではない。

＊本意ではないが今回は**倒行逆施**で処理しよう。

(出典)「史記《しき》」伍子胥伝《ごししょでん》

同始異終《どうしいしゅう》

物事は原因や始まりが同じでも、時間の経過によって状況の変化が生まれ、結果は違ってくるということ。

(解説)「始めを同じくするも終わりを異にす」と訓読する。

(用例)＊同期入社といっても**同始異終**で、5年もたてば配属先によって身分に差が出てくる。
＊まさに**同始異終**、出席した同窓会に、同じ母校とは思えないほど出世した同級生がいた。

(出典)「春秋左氏伝《しゅんじゅうさしでん》」昭公《しょうこう》七年

同床異夢《どうしょういむ》

(類義)同床各夢《どうしょうかくむ》
(対義)異榻同夢《いとうどうむ》

立場や所属先は同じでも、目的や考え方がそれぞれ違っていること。

(解説)寝床が同じながら、それぞれ異なった夢を見るということから。「同床異夢の仲間」などと使う。

(用例)＊真理を追究したい彼と、功績第一の彼女では、同じ研究チームにいながら**同床異夢**だ。
＊先輩には**同床異夢**を承知でここまでついてきた。

(出典)陳亮《ちんりょう》「朱元晦《しゅげんかい》に与《あた》うるの書《しょ》」

同声異俗《どうせいいぞく》

人は生まれながらの性質や素質は同じようなものだが、環境や教育など後天的な要素によって、その品行には差が生じるということ。

(解説)「声」は赤子の泣き声、「俗」は風習、習慣。教育の重要性を説いたことば。「生まれて声を同じくし、長じて俗を異にする」の略。

(用例)＊兄弟でも出来が違うのは、**同声異俗**のせいだ。

(出典)「荀子《じゅんし》」勧学《かんがく》

道《どう》聴《ちょう》塗《と》説《せつ》

(類義) 街談巷説《がいだんこうせつ》・口耳講説《こうじこうせつ》
口耳四寸《こうじしすん》

知識が不確かで、把握していないこと。いいかげんな聞きかじりを他人に話すこと。受け売り。口耳の学。

(解説)「塗」は「途」と同じで、道のこと。道でたまたま聞いた話をその道ですぐ人に話して聞かすことから。

(用例) ＊話がいつも**道聴塗説**だから、うっかり真に受けると恥をかく。
＊**道聴塗説**の情報で他人を判断するのは早計だ。

(出典)「論語《ろんご》」陽貨《ようか》

党《とう》同《どう》伐《ばつ》異《い》

(類義) 標同伐異《ひょうどうばつい》

事の是非にかかわらず仲間に味方して、反対する者を攻撃すること。身びいき。

(解説)「伐異党同」「党同異伐」ともいう。

(用例) ＊過失とはいえ事故の原因は自分の身内にあるのに、被害者をとがめるとは、まるで**党同伐異**だ。
＊敵と見れば**党同伐異**で、なんでも非難するのだから話し合ってもむだだ。

(出典)「後漢書《ごかんじょ》」党錮伝《とうこでん》

洞《どう》房《ぼう》花《か》燭《しょく》

結婚式の夜。新婚の夜、または新婚のこと。

(解説)「洞房」は奥まったところにある婦人の部屋。「花燭」は華やかなともしび。「華燭」とも書く。

(用例) ＊**洞房花燭**の宴《うたげ》には 20 年来の親友も駆けつけ、座はいちだんと盛り上がった。
＊結婚 30 年もたてば、**洞房花燭**の思い出はおぼろにかすんでしまうものだよ。

(出典) 庾信《ゆしん》の詩

東奔西走《とうほんせいそう》

類義 東行西走《とうこうせいそう》・南行北走《なんこうほくそう》 南船北馬《なんせんほくば》

仕事などのために、あちこち忙しく駆けずり回ること。

解説 東に西にと、せわしなく奔走することから。「東走西奔」ともいう。

用例 ＊著書が売れると講演依頼が殺到し、執筆どころか**東奔西走**で次作について練る時間が取れなくなる。
＊資金繰りのための金策で、**東奔西走**の日々です。
＊政権を維持しようと、党首が**東奔西走**して各地の立候補者の応援に回った。

党利党略《とうりとうりゃく》

対義 国利民福《こくりみんぷく》

自分のいる集団の利益と、それを確保するためにめぐらすはかりごと。

解説 「党利」は所属する政党・党派の利益。「党略」は政党・党派のはかりごと。

用例 ＊**党利党略**にとらわれない政策を実現できる政治家の登場が待たれる。
＊それぞれのグループで**党利党略**を追求している以上、話し合いなどまとまるはずがない。

時世時節《ときよじせつ》

それぞれの時代の風潮。世の中のありさま。時流。めぐりあわせ。

解説 「時世」は時代、またその時代の風潮や雰囲気。「じせい」と読むのは誤り。「時節」は時機や世の情勢。

用例 ＊**時世時節**が悪いと判断した社長は、業界への参入をしばらく見合わせることにした。
＊今は見向きもされない作品だが、**時世時節**と共に必ず評価されるだろう。

得意満面《とくいまんめん》

(類義) 喜色満面《きしょくまんめん》
(対義) 意気消沈《いきしょうちん》

物事がうまくいって、いかにも誇らしげなさま。得意げな顔つき。

(解説)「得意」は望み(意)がかなって満足すること。「満面」は顔全体。「意を得たること面《おもて》に満つ」と訓読する。

(用例) ＊これまで誰も交わせなかった大口契約を結べた営業部員が、**得意満面**で上司に報告した。
＊百点満点を取ったと**得意満面**に帰ってきた娘を、母が笑顔で抱き上げた。

読書三到《どくしょさんとう》

読書に大切な眼到・口到・心到の三つの心得。

(解説)「眼到」は眼《め》をそらさずによく見ること。「口到」は声に出して読むこと。「心到」は集中して読むこと。これらを心がければ、読んだ本の真意に至ることができるということ。「到」を「倒」と書くのは誤り。

(用例) ＊**読書三到**を意識して読んでいると、不思議なことに姿勢まで美しくなってくる。

(出典) 朱熹《しゅき》「訓学斎規《くんがくさいき》」

読書亡羊《どくしょぼうよう》

ほかの事に気を取られ、仕事をおろそかにすること。

(解説) 羊の番をしていて逃がしてしまった二人の男が、一人は読書に、もう一人は博打《ばくち》に夢中になっていたと理由を答えたが、羊を逃がした点では同罪とされたという故事から。「忘羊」「茫洋」と書くのは誤り。

(用例) ＊競馬ばかりにうつつを抜かしていると、**読書亡羊**のそしりを受けるよ。

(出典)「荘子《そうじ》」駢拇《べんぼ》

独断専行《どくだんせんこう》

自分だけの判断で行動すること。周囲に相談せず物事を単独で進めること。

(解説)「独断」は他人に相談せず、自分自身の考えで決めること。「専行」を「先行」「専攻」と書くのは誤り。

(用例)＊一刻を争う事態だから、**独断専行**させてほしい。
＊部員一人の**独断専行**がチームの和を乱す原因だ。
＊唯一の欠点は、優秀で先見の明がありながら時に**独断専行**して周囲を困らせることです。

特筆大書《とくひつたいしょ》

目だつように大きく書くこと。ことさら取り上げて注目を集めること。

(解説)「特筆」は取りたてて書き記すこと。「大書」を「だいしょ」と読むのは誤り。

(用例)＊気合いを入れようと掲げた「絶対合格」の**特筆大書**も、勉強をしなければただの紙きれ同然だ。
＊50％ＯＦＦと**特筆大書**すれば、完売間違いなしだ。
＊**特筆大書**すべきは「無敗」での優勝だ。

独立自尊《どくりつじそん》

(類義) 自主独立《じしゅどくりつ》・独立不羈《どくりつふき》

ほかから束縛されたり援助を受けたりせず、独力で存在していくこと。

(解説)「独立」は自分の力だけでやっていくこと。「自尊」は自力で自身の品位を保つこと。

(用例)＊少年時代から親元を離れて暮らしていたせいか、**独立自尊**を地で行く生き方が板についている。
＊この私立大学は**独立自尊**の精神を校訓の一つに掲げ、建学されました。

独《ど》立《くりつ》独《どっ》歩《ぽ》

(類義) 独立独行《どくりつどっこう》・独立不羈《どくりつふき》

他人を当てにせず、自分一人で信じる道を突き進むこと。人に頼らずに自立すること。そこから、独自の優れたものを保っていることにも使う。

(用例) *当社は、安易に時世に流されない**独立独歩**の経営で顧客の信頼を得ている。
*子どもはいずれ**独立独歩**して親元から巣立つのだから、それを見守ってあげなさい。
*私はこれまで**独立独歩**を身上としてきました。

徒《と》手《しゅ》空《くう》拳《けん》

(類義) 空手空拳《くうしゅくうけん》・赤手空拳《せきしゅくうけん》

手になにも持っていないこと。また、物事を始めるときに頼るものがなく、元手が自力だけの状態。裸一貫。

(解説)「徒手」も「空拳」も素手の意。同義語を重ね意味を強調したことば。

(用例) *屈強なガードマンが、ナイフを手に向かってくる暴漢を**徒手空拳**ながらみごとにねじ伏せた。
*資金も資材もない**徒手空拳**で始めた店だから、潰れてもまた一からやり直せばいい。

訥《とつ》言《げん》敏《びん》行《こう》

(類義) 訥言実行《とつげんじっこう》・不言実行《ふげんじっこう》

教養のある人は、口数を少なく行動をすばやく正しく行うべき、ということ。言うばかりでなく、すみやかに実践すること。

(解説) 君子の心得を述べたことば。「訥言」は、ことばが達者でないこと。「敏行」は行動がすばやいこと。

(用例) *おとなしい性格に思われがちな彼は、じつは**訥言敏行**で仕事での評価は高い。

(出典)「論語《ろんご》」里仁《りじん》

土崩瓦解《どほうがかい》

類義 氷消瓦解《ひょうしょうがかい》

物事が根底から崩れて、どうしようもないこと。手がつけられないほどひどく崩壊していること。

解説 土が崩れて、瓦《かわら》がばらばらになるさまから。

用例 ＊反発する議員が何人か離党したとたん、その連立政党はもろくも**土崩瓦解**してしまった。
＊戦後、日本人のライフスタイルが欧米化していく一方で、伝統的な風習は**土崩瓦解**の状態だ。

出典「史記《しき》」秦始皇紀《しんしこうき》

内政干渉《ないせいかんしょう》

ある国の政治・経済などの内政問題に、ほかの国が介入して主権を侵害すること。

解説「内政」は国内の政治や行政。「干渉」は権限がないのに口出しをすること。

用例 ＊他国の政治暴動について報道官が遺憾の意を表明したが、当事国から**内政干渉**と抗議を受けた。
＊多くの戦争が、**内政干渉**した結果であることは、歴史を見れば明白な事実だ。

内憂外患《ないゆうがいかん》

類義 内患外禍《ないかんがいか》・内憂外懼《ないゆうがいく》
対義 天下泰平《てんかたいへい》・平穏無事《へいおんぶじ》

国内の心配事と、国外からもたらされるやっかいな問題。内外共に憂慮すべきことが多いこと。

解説 もとは国政、現在は会社や家庭、個人に対しても用いる。「憂」「患」は共に心配事や災い。「内憂外患の苦しみ」などと使う。「外憂内患」ともいう。

用例 ＊社内の派閥争いとストライキ、加えて消費者の不買運動。今後を考えると**内憂外患**、頭が痛い。

出典「春秋左氏伝《しゅんじゅうさしでん》」成公《せいこう》十六年

難行苦行《なんぎょうくぎょう》

類義 悪戦苦闘《あくせんくとう》・苦心惨憺《くしんさんたん》
千辛万苦《せんしんばんく》・粒粒辛苦《りゅうりゅうしんく》

非常に苦しい修行のこと。また、さまざまな辛苦に耐えて苦労すること。

解説「行」は、仏教で悟りに到達するための修行。「難業」「苦業」と書くのは誤り。

用例 *若いうちは、**難行苦行**を求めて自分を磨くくらいの気概がほしい。
*難行苦行に耐えたからこその偉業達成だ。

出典「法華経《ほけきょう》」提婆達多品《だいばだったぼん》

難攻不落《なんこうふらく》

類義 金城鉄壁《きんじょうてっぺき》・金城湯池《きんじょうとうち》
南山不落《なんざんふらく》・要害堅固《ようがいけんご》

守備が堅固で攻撃が難しく、容易に陥落しないこと。そこから、相手がこちらの要望をなかなか受け入れず、思いどおりにならないこと。

解説 訓読で「攻め難くして落ちず」という。「難攻」を「難航」と書くのは誤り。「難攻不落の本丸」などと使う。

用例 *新郎が、**難攻不落**の新婦を陥落できたのは、私という参謀がいたからです。
***難攻不落**の城とはいえ、落とす術《すべ》はあるはずだ。

南船北馬《なんせんほくば》

類義 東行西走《とうこうせいそう》・東走西奔《とうそうせいほん》
東奔西走《とうほんせいそう》・南行北走《なんこうほくそう》

忙しくあちこちを旅行すること。また、ほうぼうを絶えず旅していること。

解説 南へ船で行き、北へは馬で行くということ。中国では南は川や運河が多く、北は山が多いことから。

用例 *仕事柄、毎日のように**南船北馬**だから、たまに家に帰っても子どもがなつかなくて寂しいよ。
***南船北馬**で渡り鳥の生態研究に励んでいる。

出典「淮南子《えなんじ》」斉俗訓《せいぞくくん》

二束三文《にそくさんもん》

数が多くても値段がきわめて安いこと。投げ売りの値段。

(解説)昔、金剛草履(大形の丈夫な草履)が、二足でたった三文の安値で売られていたことから。語源から「二束」は「二足」とも書く。「二束三文の品」などと使う。

(用例)＊急に引っ越すことになった友人から、かなりの蔵書を**二束三文**で譲り受けた。

＊大量の在庫を売りさばくといっても、商品の価値はないのだから、儲《もう》けは**二束三文**にしかならない。

日常茶飯《にちじょうさはん》

(類義)家常茶飯《かじょうさはん》・尋常一様《じんじょういちよう》

(対義)空前絶後《くうぜんぜつご》

日常的に起こる、ごくありふれた事柄。どこでも起こりそうなこと。

(解説)毎日毎日の食事から。一般的に「日常茶飯事《じ》」の形で使う。「茶」を「ちゃ」と読むのは誤り。

(用例)＊遅刻、早退を**日常茶飯**事に繰り返すようでは、信用を失うのも当たり前だ。

＊**日常茶飯**に報道される凶悪事件に、すっかり慣れてしまい、多少のニュースでは驚かなくなった。

日進月歩《にっしんげっぽ》

(類義)日就月将《にっしゅうげっしょう》・日新月異《にっしんげつい》

(対義)旧態依然《きゅうたいいぜん》・十年一日《じゅうねんいちじつ》

絶え間なく進歩・発展すること。また、急速に発展しつつあること。

(解説)「日月《ひつき》」と「進歩」を組み合わせ、毎日毎月、絶えず進み続けることから。「日進」を「日新」と書くのは誤り。訓読で「日々《にちにち》に進み月々に歩む」という。

(用例)＊先進国では新技術が**日進月歩**で開発される。

＊**日進月歩**するこの世の中、昔と変わらない商売では取り残されてしまう。

二《に》人《にん》三《さん》脚《きゃく》

類義 一致《いっち》団結《だんけつ》・同心協力《どうしんきょうりょく》

二人(二者)が協力し、歩調を合わせて物事を成し遂げようとすることのたとえ。

解説 二人が並び、互いの内側の足首を紐《ひも》で縛って、二人合わせて三本の脚で走る競技の名から。

用例 ＊当選を果たせましたのは後援会との**二人三脚**が奏功し、広域な選挙活動がかなったからです。
＊協調性に欠けるあの先輩と**二人三脚**で、仕事を予定どおり進めていくなんて無理な話さ。

二《に》律《りつ》背《はい》反《はん》

互いに矛盾・対立する二つの命題が、同じだけの合理性・妥当性を持ったまま存在すること。

解説 哲学用語で、ドイツ語のアンチノミー（Antinomie）の訳。命題が理論的に両立しないことをいう。「背反」は道理に背くこと。

用例 ＊**二律背反**の政策が成立し、進められている。
＊積極的平和主義で戦争に参加するとは**二律背反**する考えで、とても受け入れられない。

忍《にん》気《き》呑《どん》声《せい》

怒りや悔しさ、悲しみなどの感情を口に出さずに、我慢すること。

解説「気」は怒るの意で、「忍気」は怒りをこらえること。「呑声」は声を出さないこと。いろいろな事情があって感情を抑え、言いたいことを言わずにいること。「呑声忍気」ともいう。

用例 ＊無謀な要求に、**忍気呑声**して断った。
＊言い分もあったが**忍気呑声**のまま叱責を受けた。

拈華微笑《ねんげみしょう》

類義　以心伝心《いしんでんしん》・教外別伝《きょうげべつでん》
不立文字《ふりゅうもんじ》・維摩一黙《ゆいまいちもく》

口には出さず、心から心へと思いを伝えること。

解説「拈華」は指先で花をひねること。弟子に説法していた釈迦《しゃか》が蓮華《れんげ》の花をひねって見せたところ、ただ一人その意味を察してほほえんだので、釈迦がその弟子に仏法のすべてを授けたという故事から。「微笑」を「びしょう」と読むのは誤り。

用例 ＊夫婦というものは、長年連れ添うと**拈華微笑**の仲になってくる。

年功序列《ねんこうじょれつ》

類義　年功加俸《ねんこうかほう》
対義　実力主義《じつりょくしゅぎ》

技能や業績よりも、年齢や年次の多少によって地位や待遇を決めること。

解説 この算定による賃金体系を「年功序列型賃金」という。「年功」は年次による功績や熟練。「序列」は順序・順番のこと。

用例 ＊**年功序列**の終身雇用制は、雇用の安定と技術の蓄積に役だつと再評価する向きもある。
＊わが家の入浴は**年功序列**で、父が一番風呂だ。

年年歳歳《ねんねんさいさい》

来る年も来る年も。毎年毎年。また、そのように同じことが繰り返されるさま。

解説「歳歳年年」ともいう。

用例 ＊こなす仕事は同じでも、**年年歳歳**、携わる人の顔ぶれはすこしずつ変わっている。
＊**年年歳歳**と失われていく故郷の自然を、帰省のたびに目《ま》のあたりにするのは寂しいものだ。

出典 劉希夷《りゅうきい》の詩

ね

年百年中《ねんびゃくねんじゅう》

類義 年頭月尾《ねんとうげつび》

一年中、絶えず。毎日、いつもいつも。つねに。始終。年がら年中。

解説 うんざりするほど同じ状態が続いているさまをいう。良好な状態が続くときはあまり使わない。

用例 ＊いくら財産があっても**年百年中**、派手に遊び暮らしていては、いまに一文無しになってしまう。
＊**年百年中**、仕事だゴルフだと家を空けていると、女房に愛想を尽かされるぞ。

杯酒解怨《はいしゅかいえん》

酒を酌み交わして恨みを水に流し、仲直りすること。

解説「杯酒」は杯に入れた酒のことで、酒を飲むこと。「解怨」は恨みや心のしこりを解き放つこと。中国・唐《とう》の李晟《りせい》と張延賞《ちょうえんしょう》が仲直りしようとしたが、見解の相違からかなわなかったという故事から。

用例 ＊両国の首脳が同席した祝賀の宴《うたげ》が事実上の**杯酒解怨**、懸案事項も解決へと向かうだろう。

出典「唐書《とうじょ》」張延賞《ちょうえんしょう》

杯盤狼藉《はいばんろうぜき》

類義 落花狼藉《らっかろうぜき》

対義 浅酌低唱《せんしゃくていしょう》

酒宴が済んで、周囲に杯や皿が散乱していること。また、宴席の乱れたさま。

解説「杯盤」は杯や皿などの食器類。「盃盤」とも書く。「狼藉」は、狼《おおかみ》が草を敷いて寝た跡が乱雑なこと。「狼籍」と書くのは誤り。

用例 ＊優勝祝賀会の会場は**杯盤狼藉**となった。
＊宴会はすでに**杯盤狼藉**のありさまだった。

出典「史記《しき》」滑稽伝《こっけいでん》

破顔一笑《はがんいっしょう》

類義 破顔大笑《はがんたいしょう》
対義 笑比河清《しょうひかせい》

顔をほころばせて、にっこりと笑うこと。心配事や緊張が消えて笑みを浮かべること。

解説「破顔」は喜びやおかしさで表情を崩すこと。「一笑」は軽く笑うこと。「一生」と書くのは誤り。

用例 ＊上司からよくやったと肩をたたかれ、彼は**破顔一笑**してみんなに頭を下げた。
＊分娩《ぶんべん》に立ち合っていた夫が、妻の無事な出産を知らせ、外で待つ家族の**破顔一笑**を誘った。

波及効果《はきゅうこうか》

水面の波紋のように、効きめが徐々に広い範囲に広がっていくこと。

解説「波及」は影響が徐々に広がり伝わっていくこと。「効果」は効きめの意。水面に物を落とすと、波紋が広がることから。

用例 ＊原油価格高騰の**波及効果**で、パンなどの身近な食品まで値上がりしている。
＊ファッションの流行は**波及効果**をもたらす。

破鏡重円《はきょうじゅうえん》

対義 破鏡不照《はきょうふしょう》

別れた夫婦がよりを戻すこと。また、離れていた夫婦が再会すること。

解説 妻と別れることになった男が、妻に鏡の一片を持たせておきその後、無事に再会できたという故事から。「重円」は「ちょうえん」とも読む。

用例 ＊夫婦げんかが原因で家を飛びだした妻を、**破鏡重円**を願って待ち続けている。

出典「太平広記《たいへいこうき》」

博引旁証《はくいんぼうしょう》

類義 考証該博《こうしょうがいはく》・博引旁捜《はくいんぼうそう》
対義 単文孤証《たんぶんこしょう》

多くの例を引用したくさんの証拠を並べて物事を論じること。また、その論文や議論。

解説「博引」は多くの例を引用すること。「旁証」を「傍証」と書くのは誤り。

用例 ＊動画を交えた**博引旁証**な発表が、考察の価値があるとして学界で取り沙汰されている。

＊**博引旁証**ぶりが評判で、論破することはあっても、されたことなど一度もない。

博学多才《はくがくたさい》

類義 博学多識《はくがくたしき》・博覧強記《はくらんきょうき》
対義 浅学非才《せんがくひさい》

いろいろな分野の知識があって、才能にも恵まれていること。学識と才能があること。

解説「博学」は、さまざまな方面の知識が豊かなこと。もとは孔子《こうし》をたたえたことば。

用例 ＊中国の歴史に詳しいかと思えば、流行の話題にもついていけるのだから、まったく**博学多才**だ。

＊**博学多才**な新郎に才色兼備の新婦ですから、理想の夫婦の誕生と申してよいでしょう。

薄志弱行《はくしじゃっこう》

類義 意志薄弱《いしはくじゃく》・優柔不断《ゆうじゅうふだん》
対義 剛毅果断《ごうきかだん》・明目張胆《めいもくちょうたん》

意志が薄弱で、決断力や実行力に欠けること。物事を成し遂げる気力に乏しいこと。

解説「薄志」には、謙譲語で謝礼（寸志）の意味もある。

用例 ＊**薄志弱行**のメンバーを引っぱっていけるのは、親分肌の彼をおいて、ほかにいないでしょう。

＊自薦をためらった己の**薄志弱行**が情けない。

＊根っからの**薄志弱行**なので仕事でも、いつも周りに後れをとっている。

は

白砂青松《はくしゃせいしょう》

海辺のすばらしい景観のたとえ。白い砂と青々とした松林が続く、美しい浜の景色。

(解説)「白砂」は「はくさ」とも読み、「白沙」とも書く。

(用例)＊名もない浜辺ですが、**白砂青松**に惹《ひ》かれ毎朝この道を散歩しています。

＊**白砂青松**のこの地を訪れてはや 1 週間、世俗の垢《あか》を洗い流して、今は天女にでもなった気分です。

＊窓外の**白砂青松**を見つめ、旅愁に浸った。

拍手喝采《はくしゅかっさい》

手を打ち鳴らし、さかんにほめそやすこと。手をたたき、声を上げてほめること。

(解説)「喝采」は歓声を上げたりして、ほめそやすこと。「喝」を「褐」「渇」「活」と書くのは誤り。

(用例)＊発表会での子どもたちの愛らしい寸劇に、保護者はやんやと**拍手喝采**して喜んだ。

＊みごとな演奏を披露したピアニストが、満場の聴衆から惜しみない**拍手喝采**を浴びた。

爆弾発言《ばくだんはつげん》

(類義) 爆弾声明《ばくだんせいめい》

多くの人を驚かせる発言。また、周囲が大混乱するような発言のこと。

(解説)「爆弾」は、とつぜん周囲の人に大きな影響を与えるもののたとえ。

(用例)＊社長が朝礼で、同業他社と合併すると**爆弾発言**をし、社員は一様にうろたえた。

＊選挙で敗れたら解党する、との党首の**爆弾発言**が物議を醸している。

は

幕天席地《ばくてんせきち》

(類義) 気宇壮大《きうそうだい》

意気込みがさかんで、志が大きいこと。

(解説)「幕天」は、天を屋根代わりの幕とすること。「席地」は大地を席《むしろ》とすること。

(用例) ＊朝礼での社長の激励が効いたのか、みんな**幕天席地**の意気込みで仕事に取り組んだ。

＊海外で一旗揚げるとの心意気が**幕天席地**だったからこそ、壮行会を開いたわけです。

(出典) 劉伶《りゅうれい》「酒徳頌《しゅとくしょう》」

博覧強記《はくらんきょうき》

(類義) 博学多才《はくがくたさい》・博識多才《はくしきたさい》 博聞強記《はくぶんきょうき》・博覧強識《はくらんきょうしき》

各分野の書物を広く読み、それをよく記憶して豊かな知識を持ち合わせていること。

(解説)「博覧」は多くの書物を、読んだり見聞きしたりして知識が豊かなこと。「強記」は記憶力がよいこと。

(用例) ＊**博覧強記**だった祖母は、まるで語り部《べ》のようにいろいろな話を私に聞かせてくれた。

＊クイズ番組で全問正解したチャンピオンの**博覧強記**ぶりに舌を巻いた。

薄利多売《はくりたばい》

商品個々の利益を少なくし、単価を下げて大量に売ることで利益を確保する販売方法。ディスカウント販売。

(解説)「薄利」は利益が少ないこと。

(用例) ＊商売の基本は**薄利多売**、暴利は貪るな、というのが当店代々の教えです。

＊**薄利多売**か高級品だけを扱うか、最近の小売店の戦略は二極化している。

＊住民が少ないのだから**薄利多売**は不向きだろう。

馬《ば》耳《じ》東《とう》風《ふう》

類義 呼牛呼馬《こぎゅうこば》・対牛弾琴《たいぎゅうだんきん》

他人の言うことをまったく気にかけず、聞き流すこと。馬の耳に念仏。柳に風。

解説 春を告げる心地よい東風が吹いても、馬はいっこうに気にしていないように見えることから。

用例 ＊授業に出席していても、しょせん**馬耳東風**なのだから、追試を受けるはめになるのは無理もない。

＊どんなに注意しても、彼には**馬耳東風**だろう。

出典 李白《りはく》の詩

破《は》邪《じゃ》顕《けん》正《しょう》

類義 勧善懲悪《かんぜんちょうあく》

不正を打ち破り、社会に正義を広めること。

解説 仏教語。「破邪」は邪道・邪説を打ち破ること。「顕正」は正しい仏の道をあらわすこと。「けんせい」とも。

用例 ＊選挙で**破邪顕正**を標榜《ひょうぼう》し当選を果たしたが、皮肉なことに汚職で逮捕された。

＊司法試験に合格したら弁護士になって、**破邪顕正**の実現に尽力したい。

出典 「三論玄義《さんろんげんぎ》」

八面玲瓏《はちめんれいろう》

どこから見ても美しく、曇りがないこと。心が澄みきってさっぱりしていること。交際上手な人の形容。

解説 「玲瓏」は玉のように美しいことのたとえ。

用例 ＊摩周湖の**八面玲瓏**たる湖面に、すっかり魅せられてしまいました。

＊顔の広い新郎新婦は共に**八面玲瓏**、披露宴には各界の著名人が大勢顔をそろえた。

出典 馬熙《ばき》の詩

八紘一宇《はっこういちう》

世界をすべて一つにまとめて、一つの家のように和合させること。

(解説)「八紘」は天地の八方の隅のことで、地の果てまで、全世界の意。「宇」は家のこと。第二次世界大戦での日本の理念とされたことばで、海外進出を正当化する標語として用いられた。

(用例)＊日本は**八紘一宇**を掲げ、戦争へと突き進んだ。

(出典)「日本書紀《にほんしょき》」神武紀《じんむき》

抜山蓋世《ばつざんがいせい》

(類義) 回山倒海《かいざんとうかい》・抜山倒河《ばつざんとうか》
抜山翻海《ばつざんほんかい》

勢力や気力が強大でさかんなこと。

(解説)山を抜き取るほどの勢いと、世間を蓋《おお》い尽くすほどの気力にあふれていること。

(用例)＊不況の嵐が吹き荒れるなか新会社を設立した意気込みは**抜山蓋世**で、発展することを祈るばかりだ。
＊人並みはずれた気力と体力が備わっているのだから、きっと**抜山蓋世**の英雄になれるでしょう。

(出典)「史記《しき》」項羽紀《こううき》

八方美人《はっぽうびじん》

(類義) 八面美人《はちめんびじん》

誰からも好かれようと、如才なく振る舞うこと。また、そのような人。お調子者。

(解説)どこから見ても申し分なく美しい人の意から。非難や皮肉として使われることが多い。

(用例)＊誰にでもいい顔をして調子を合わせていると、そのうち周囲から**八方美人**だと思われてしまう。
＊学生時代から**八方美人**のつき合いだったせいか、顔が広いわりには親友が少ない。

抜茅連茹《ばつぼうれんじょ》

能力のある者たちが、自分だけ登用されようとはせず、仲間をいっしょに引き進めること。

(解説)「抜茅」はチガヤ(イネ科の多年草)を抜くこと。チガヤは根がつながっていて、1本を抜くと次々と抜ける。「連」「茹」はつながり引っ張り合っていること。

(用例)＊研究員は皆同じ大学で、**抜茅連茹**して上京した。
＊他薦し合って全員昇格か。**抜茅連茹**だね。

(出典)「易経《えききょう》」泰《たい》

抜本塞源《ばっぽんそくげん》

(類義) 削株掘根《さくしゅくっこん》・翦草除根《せんそうじょこん》
断根枯葉《だんこんこよう》・釜底抽薪《ふていちゅうしん》

災いの原因を根本から取り除くこと。徹底して再発防止を図ること。

(解説)「抜本」は根本の原因を取り除くこと。「塞源」は水源を塞ぐこと。訓読で「本《もと》を抜き源《みなもと》を塞ぐ」という。

(用例)＊会社再建では**抜本塞源**の大改革を断行すべきだ。
＊その場しのぎの懲罰でお茶を濁すのではなく、思いきった**抜本塞源**が必要だ。

(出典)「春秋左氏伝《しゅんじゅうさしでん》」昭公《しょうこう》九年

波瀾万丈《はらんばんじょう》

(類義) 波瀾曲折《はらんきょくせつ》

激しく劇的な変化が次々と訪れること。複雑で大きな変動に翻弄されること。

(解説)「波瀾」はもめごとや騒ぎ。波瀾(大小の波)が万丈(非常に高いさま)まで上がることから。語義に合わないが「波瀾」は「波乱」とも書く。

(用例)＊母の人生は筆舌に尽くせぬほど**波瀾万丈**だった。
＊回顧談で**波瀾万丈**の壮年期を語った。
＊両親の離婚が、**波瀾万丈**の生涯の始まりでした。

は

罵《ば》詈《り》雑《ぞう》言《ごん》

類義 悪口雑言《あっこうぞうごん》・悪口罵詈《あっこうばり》
罵詈讒謗《ばりざんぼう》

あれこれと汚いことばを並べ、あしざまに言うこと。また、そのことば。

解説「罵詈」は汚いことばで罵ること。「雑言」は悪口のこと。「ぞうげん」とも読む。

用例 ＊聴衆からの**罵詈雑言**の限りを尽くした悪質な野次に、怒りをあらわにした。
＊ふがいないプレーで負けて引きあげる選手たちに、スタンドの観衆が**罵詈雑言**を浴びせた。

反《はん》間《かん》苦《く》肉《にく》

自分の身を犠牲にして相手を欺き、敵が仲間割れするよう画策すること。

解説「反間」は敵の間者を利用して敵の仲を裂くこと。「苦肉」は自分の身を傷つけて相手を欺くこと。

用例 ＊対立候補がもくろんだ**反間苦肉**の策に、こちらは内部分裂を起こして撤退せざるをえなくなった。
＊トップの座を手に入れるために弄した**反間苦肉**が裏目に出て、たくさんの友人を失った。

半《はん》官《かん》半《はん》民《みん》

政府と民間企業が、出資し合って事業を行うこと。また、その事業形態のこと。

解説 半ばは官、半ばは民の意。対義の関係となる「官」「民」を入れて、向かい合う、異なる性質や状態が同時に存在していることを表したことば。

用例 ＊交通機関の少ない山地に、**半官半民**で新たに高速道路を造ることになった。
＊地方私鉄が**半官半民**の会社運営で開業した。

煩言砕辞《はんげんさいじ》

くだくだとうっとうしいことば。細かくてわずらわしい文言。煩語。

(解説)「煩言」は、わずらわしいことば。「はんごん」と読むのも、「砕辞」を「細辞」と書くのも誤り。

(用例)＊会議のたびに**煩言砕辞**を尽くした企画書を提出するので、皆うんざりしている。

＊新規約の**煩言砕辞**には、耳を塞ぎたくなる。

(出典)「漢書《かんじょ》」劉歆伝《りゅうきんでん》

盤根錯節《ばんこんさくせつ》

(類義) 紆余曲折《うよきょくせつ》・複雑多岐《ふくざつたき》

複雑に絡み合って、簡単に処理できないこと。込み入った事情があり、容易に解決できないこと。

(解説)「盤根」は絡み合った木の根のこと。「槃根」とも書く。「錯節」は入り組んだ木の節のこと。

(用例)＊事態は**盤根錯節**、収拾には時間がかかりそうだ。

＊**盤根錯節**とした現状をものともせず、思いきった改革に着手した。

(出典)「後漢書《ごかんじょ》」虞詡伝《ぐくでん》

万死一生《ばんしいっしょう》

(類義) 九死一生《きゅうしいっしょう》

決死の覚悟を決めて事にあたること。間一髪で危うく助かること。

(解説)「万死に一生を顧みず」と「万死に一生を得《う》る」の略。「万死」は命が助からないこと。命を投げだすこと。「まんし」は誤りだが、「一生」は「いっせい」とも読む。

(用例)＊社運を賭けた事業に**万死一生**を顧みず臨んだ。

＊対向車と衝突したが、奇跡的に**万死一生**を得た。

(出典)「史記《しき》」張耳陳余伝《ちょうじちんよでん》／「貞観政要《じょうがんせいよう》」君道《くんどう》

半死半生《はんしはんしょう》

類義 気息奄奄《きそくえんえん》

生きるか死ぬかの瀬戸際。ほとんど死にそうで、息も絶え絶えの状態。

解説「半生」は「はんじょう」「はんせい」とも読む。

用例 ＊事故現場は目を覆いたくなるほどの惨状で、倒れている人々は皆、**半死半生**だった。
＊事故に巻き込まれて**半死半生**の目に遭うこともあるのだから、車の運転は慎重にしなさい。

出典 枚乗《ばいじょう》「七発《しちはつ》」

伴食宰相《ばんしょくさいしょう》

類義 尸位素餐《しいそさん》・窃位素餐《せついそさん》
伴食大臣《ばんしょくだいじん》

実力が伴わない大臣のこと。また、職や地位はあっても実権のない人。

解説「伴食」は、主客のお供をしてごちそうになること。「宰相」は大臣のこと。

用例 ＊経営合理化のため、**伴食宰相**の一掃が急務だ。
＊社内で**伴食宰相**と思われている彼は、じつは対外交渉での根回しには欠かせない存在だ。

出典「旧唐書《くとうじょ》」盧懐慎伝《ろかいしんでん》

半信半疑《はんしんはんぎ》

物事を信じきれず、本当かうそか判断しかねること。半分は信じて半分は疑っていること。

解説「半信」を「半真」、「半疑」を「半偽」と書くのは誤り。

用例 ＊**半信半疑**で聞いた速報はやっぱりデマだった。
＊無所属で出馬した立候補者の演説を聞き、公約を果たすのか**半信半疑**ながら投票することに決めた。
＊軽い気持ちで応募した作品が大賞を取ったと連絡を受け、**半信半疑**のまま授賞式に出た。

半推半就《はんすいはんしゅう》

内心はその気なのに、そうでないよう見せかけること。

(解説)「推」はおしやる、辞退する、の意。「就」は近づくこと。表面では断る、また、ぐずぐずと決めかねている様子を表す場合にも使う。

(用例)＊そんな顔をしても**半推半就**なのは皆知っている。
＊機を見るに敏だから、今は**半推半就**のあんな態度をとっているのだろう。

(出典)王実甫《おうじっぽ》「西廂記《せいしょうき》」四

繁文縟礼《はんぶんじょくれい》

こまごました規則や儀礼が多くて、わずらわしいこと。形式が優先で手続きがめんどうなこと。

(解説)「繁文」は規則などが多く、わずらわしいこと。「縟礼」は細かい礼儀作法。略して「繁縟」ともいう。

(用例)＊業務合理化のため、手始めに**繁文縟礼**の原因を探ることになった。
＊やれ用紙だの押印だのと官公庁の**繁文縟礼**に疲れてしまう。

反面教師《はんめんきょうし》

悪い手本。そうなってはいけない例として、好ましい反省材料となる人物や事柄のこと。他山の石。

(解説)悪い言行は、そうしてはいけないという反対の面から教育材料になるという意。毛沢東《もうたくとう》が講話で用いた「反面教員」ということばから。「反面」は反対の面、ほかの面。「半面」と書くのは誤り。

(用例)＊先輩の失敗を**反面教師**として、後輩諸君には成長していってほしい。

万緑一紅《ばんりょくいっこう》

多くのものの中に、優れているものが一つだけあって目だつこと。掃き溜《だ》めに鶴。また、多くの男性の中に女性が一人いること。紅一点。

(解説) 一面の緑の中に紅《あか》い花が一輪だけ咲いているということから。

(用例) ＊安売りの古本の山から幻の名著が出てくるなんて、まさに**万緑一紅**だ。

(出典) 王安石《おうあんせき》の詩

被害妄想《ひがいもうそう》

他人から、ありもしない危害を加えられていると思い込むこと。

(解説)「妄想」は根拠もないのにあれこれと想像し、信じ込むこと。精神疾患の用語。

(用例) ＊自分だけがつらい仕事をさせられているとの**被害妄想**が労働意欲を妨げている。

＊女房にいつも居所を探られているかもしれないなんて、そんなの**被害妄想**だよ。

飛花落葉《ひからくよう》

絶えず移り変わるこの世の、無常であることのたとえ。

(解説) 春に咲く花もやがて散り果て、青々と茂る木々の葉もおいおい枯れ落ちるということから。

(用例) ＊先生のとつぜんの訃報に接し、**飛花落葉**の感慨にひたり胸がいっぱいになりました。

＊かつて繁栄を極めた港湾都市も**飛花落葉**、今では陸上交通の発達で見る影もない。

＊**飛花落葉**なのだから、奔放に生きていけばいい。

悲喜交交《ひきこもごも》

類義 一喜一憂《いっきいちゆう》・悲喜交集《ひきこうしゅう》

悲しみと喜びを、かわるがわる味わうこと。

解説 俗に悲しむ人、喜ぶ人が入り交じっているさまから「合格発表の現場は悲喜交交だ」などと使うのは本来、誤り。「交交」は「いれかわりたちかわり」の意で、一個人に悲しみと喜びがいれかわりに次々とやってくるさまをいったことば。

用例 ＊息子の誕生と愛犬の死を同時に迎えた彼の表情は、まさに**悲喜交交**だった。

飛耳長目《ひじちょうもく》

類義 鳶目兎耳《えんもくとじ》

見聞が広く、物事をよく知っていること。観察力が鋭く、周囲の状況を敏感に察知すること。

解説 遠くのできごとをいち早く聞き知る耳と、見抜くことのできる目の能力から。「長目飛耳」ともいう。

用例 ＊**飛耳長目**だから、皆から一目置かれている。
＊**飛耳長目**の教授には、いいかげんなデータなど、すぐに見破られてしまう。

出典 「管子《かんし》」九守《きゅうしゅ》

美辞麗句《びじれいく》

類義 巧言令色《こうげんれいしょく》

うわべだけで内容の乏しいことば。口先で飾りたてた空疎な表現。おべんちゃら。

解説 「美辞」「麗句」は共に美しく飾ったことば。表面だけで中身がない、という悪い意味で使うことが多い。

用例 ＊新商品の宣伝にどんな**美辞麗句**を並べても、実物がそれに伴っていなければ意味がない。
＊ありきたりな**美辞麗句**の祝辞より、当事者とのエピソードを語るほうが、心がこもっている。

皮《ひ》相《そう》浅《せん》薄《ぱく》

物事を表面だけで判断していること。知識などが浅く不十分なこと。あさはか。皮相の談。

(解説)「皮相」は、うわべ(だけで判断すること)。「浅薄皮相」ともいう。

(用例)＊目の前のことだけで判断すると、**皮相浅薄**な一般論になりかねない。
＊**皮相浅薄**の人の受け売りだから、必ずしも信用できる情報とはかぎらない。

非《ひ》難《なん》囂《ごう》囂《ごう》

(対義) 好評嘖嘖《こうひょうさくさく》

欠点や過失を責めたてとがめる声が、大きくてやかましいこと。

(解説)「囂囂」は騒がしいこと、声が大きいこと。「轟轟」と書くのは誤り。

(用例)＊新監督の出場メンバー選びと采配は、予選リーグの敗退によって**非難囂囂**の的となった。
＊この**非難囂囂**たる状況は、どんな政治家が出てきても変えられはしないだろう。

悲《ひ》憤《ふん》慷《こう》慨《がい》

(類義) 慷慨憤激《こうがいふんげき》・慷慨扼腕《こうがいやくわん》
悲歌慷慨《ひかこうがい》

自分の不遇な運命や社会悪などに対して憤り、嘆き悲しむこと。

(解説)「慷慨」は、社会の不正や自分の運命などに対して憤ること。「忼慨」とも書き、「慷慨悲憤」ともいう。

(用例)＊会社の倒産、家族の死と不幸が重なった友の**悲憤慷慨**を思いやり、励ました。
＊公僕であるべき政治家の相次ぐ不祥事に、国民は**悲憤慷慨**している。

ひ

眉《び》目《もく》秀《しゅう》麗《れい》

(類義) 眉目清秀《びもくせいしゅう》・容姿端麗《ようしたんれい》

顔かたちがたいへん美しいこと。目元涼しき男性。

(解説)「眉目」は眉と目。そこから、顔かたち。ふつう、男性の容貌が優れている場合に使う。女性については「容姿端麗」という。

(用例) ＊**眉目秀麗**だから、誰にでも好感を持たれる。
＊話題作の主演は**眉目秀麗**の若手俳優です。
＊**眉目秀麗**な新郎と容姿端麗な新婦、またとない好一対のカップルです。

百《ひゃく》尺《せき》竿《かん》頭《とう》

百尺もある長い竿《さお》の先。そこから、到達しうる最高の地点のこと。

(解説)「百尺」は、約30メートル。「ひゃくしゃく」とも読む。「竿頭」は竿の先端のこと。「百尺竿頭一歩を進む」で、努力のうえにさらに努力を重ねることをいう。

(用例) ＊諸君には、**百尺竿頭**を極める気概で新製品の開発に取り組んでもらいたい。

(出典)「景徳伝灯録《けいとくでんとうろく》」

百《ひゃく》折《せつ》不《ふ》撓《とう》

(類義) 独立不撓《どくりつふとう》・百挫不折《ひゃくざふせつ》
不撓不屈《ふとうふくつ》

何度挫折してもくじけないこと。あきらめず、志を曲げないこと。七転び八起き。

(解説)「百折」は何度も折れること。「不撓」は、たわんだり曲がったりしないこと。「ふどう」とも読む。

(用例) ＊困難な仕事を**百折不撓**の精神でやり遂げた。
＊彼がその身上である**百折不撓**を貫けば、外国での事業も成功するに違いない。

(出典) 蔡邕《さいよう》「橋太尉碑《きょうたいいのひ》」

百戦錬磨《ひゃくせんれんま》

(類義) 海千山千《うみせんやません》・千軍万馬《せんぐんばんば》
飽経風霜《ほうけいふうそう》

数多くの実戦に参加して経験を積むこと。また、多くの経験によって鍛えられ、したたかになった人。

(解説)「百戦」は多くの戦い。「錬磨」は精神や肉体、技術などを鍛え磨くこと。「練磨」とも書く。

(用例) ＊師範はかつて、その道ではちょっと名の知れた**百戦錬磨**の強者《つわもの》だった。

＊**百戦錬磨**で会得した技を駆使し、柔道の無差別級で金メダルを獲得した。

百家争鳴《ひゃっかそうめい》

(類義) 侃侃諤諤《かんかんがくがく》・議論百出《ぎろんひゃくしゅつ》
談論風発《だんろんふうはつ》

多くの学者や論客などがさかんに議論し合うこと。さまざまな人々が自由に論じ合うこと。

(解説) 中国共産党のスローガンとしても掲げられた。「百家」を「百花」と、「争鳴」を「騒鳴」と書くのは誤り。

(用例) ＊荒廃する学校教育について、各界の識者が集まり**百家争鳴**を繰り広げた。

＊定説を覆す発見により、研究者の間では**百家争鳴**の末、新説が唱えられた。

百花繚乱《ひゃっかりょうらん》

(類義) 千紫万紅《せんしばんこう》・百花斉放《ひゃっかせいほう》

多くの花が色とりどりに咲き乱れること。また、優れた人物や偉業などが立て続けに現れること。

(解説)「繚乱」は花などが咲き乱れていること。「瞭乱」と書くのは誤り。

(用例) ＊今が盛りのモデルや女優が集まったパーティーは、さながら**百花繚乱**で、華やかでした。

＊黄金期を迎えた文壇は**百花繚乱**の様相を呈し、斬新な作品が次々と発表された。

ひ

百発百中《ひゃっぱつひゃくちゅう》

(類義) 百歩穿楊《ひゃっぽせんよう》

撃ちだした弾がすべて命中すること。そこから、計画や予想などが全部的中すること。

(解説) 中国・楚《そ》の弓の名人、養由基《ようゆうき》が百本の矢を射て一本もはずさなかったという故事から。

(用例) ＊ご託宣が**百発百中**と評判の占い師だから、いつ行っても長蛇の列だ。

＊競馬の予想が**百発百中**なら、大金持ちになるよ。

(出典)「戦国策《せんごくさく》」西周策《せいしゅうさく》

表裏一体《ひょうりいったい》

(類義) 一心同体《いっしんどうたい》・相即不離《そうそくふり》

二つのものが分かちがたく結びつき、一体となっていること、また、そのような密接な関係。

(解説)「表裏」は、おもてとうら。一見、相反するものがじつは同体で、切り離せないということから。

(用例) ＊攻撃と防御は**表裏一体**、かみ合わなくては勝利はおぼつかない。

＊製造現場と営業は**表裏一体**と心得て、互いに協力しながら取り組んでほしい。

比翼連理《ひよくれんり》

(類義) 偕老同穴《かいろうどうけつ》・琴瑟相和《きんしつそうわ》
双宿双飛《そうしゅくそうひ》

男女の情愛が深いこと。仲むつまじい男女のたとえ。

(解説)「比翼」は、雌雄が翼を共有してつねに一体となって飛ぶという想像上の鳥。「連理」は、根は分かれているが途中から枝どうしがくっついている木。「比翼の鳥、連理の枝」の略。

(用例) ＊新郎新婦は神前で**比翼連理**の誓いをたてました。

＊**比翼連理**の仲で、金婚式を迎えられました。

(出典) 白居易《はくきょい》「長恨歌《ちょうごんか》」

疲《ひ》労《ろう》困《こん》憊《ぱい》

(類義) 精《せい》疲《ひ》力《りき》尽《じん》・満《まん》身《しん》傷《しょう》痍《い》
満《まん》身《しん》創《そう》痍《い》

すっかり疲れきって、くたくたになること。疲労のあまり弱りきること。

(解説)「困憊」は、非常に疲れて弱ること。「困敗」と書くのは誤り。

(用例) ＊登山途中で道に迷い、**疲労困憊**して山小屋にたどり着いたときは、もう息も絶え絶えでした。
＊連日の仕事で**疲労困憊**、それでからだを壊してしまっては元も子もありません。

牝《ひん》鶏《けい》牡《ぼ》鳴《めい》

(類義) 哲《てっ》婦《ぷ》傾《けい》城《せい》・牝《ひん》鶏《けい》司《し》晨《しん》
牝《ひん》鶏《けい》晨《しん》鳴《めい》

ひ

女性が権力を握ること。牝鶏の晨。

(解説)「牝鶏」はめんどり、「牡鳴」はおんどりの鳴きまねをすること。めんどりがおんどりの鳴きまねをすることから、女性が実権を掌握することのたとえ。

(用例) ＊当社は創業当時から**牝鶏牡鳴**だが、それでうまくやっている。
＊**牝鶏牡鳴**と言われても女性大臣は登用すべきだ。

(出典)「後《ご》漢《かん》書《じょ》」楊《よう》震《しん》伝《でん》

品《ひん》行《こう》方《ほう》正《せい》

(類義) 規《き》行《こう》矩《く》歩《ほ》・聖《せい》人《じん》君《くん》子《し》

態度や行動が、きちんとしていて正しいさま。道徳的に立派で模範的なこと。方正の士。

(解説)「品行」は行いや身持ち、行状のこと。「方正」は、きちんとしていて正しいこと。

(用例) ＊見合い相手は好青年と評判で、礼儀正しく**品行方正**な人柄です。一度会ってみてはいかがですか。
＊あの**品行方正**な彼が悪事に手を染めたとは、にわかに信じがたい。

無為不言《ぶいふげん》

なにもせず、なにも言わないのに、万事うまく運ぶこと。

(解説)「無為」はなにもしないこと。「むい」とも読む。「不言」はなにも言わないこと。「ふごん」と読むのは誤り。

(用例)＊うろたえての手出しは無用。**無為不言**のうちに、事態は丸くおさまることだろう。

＊老師は**無為不言**を理想とし、弟子たちは、ただ黙ってついていっている。

(出典)「老子《ろうし》」

風紀紊乱《ふうきびんらん》

(類義) 傷風敗俗《しょうふうはいぞく》・風俗壊乱《ふうぞくかいらん》

社会の規律や風俗が乱れること。とくに男女交際の節度の乱れについていう。

(解説)「紊乱」は乱れること、乱すこと。「びんらん」は慣用読みで、正しくは「ぶんらん」。

(用例)＊人々の暮らしが豊かになるにつれ、**風紀紊乱**が起こるのは世の習いだ。

＊厳格なしつけを受けて育ってきたせいか、昨今の**風紀紊乱**を苦々しく思っている。

風光明媚《ふうこうめいび》

(類義) 山紫水明《さんしすいめい》

自然の景色が清らかで美しいこと。美しくすがすがしい山水の眺め。

(解説)「明媚」は、山や川などの景色が美しくてあざやかなこと。また、女性の美しい目元のことにもいう。「明眉」「明美」と書くのは誤り。

(用例)＊たまには、**風光明媚**な景勝地に出かけ、命の洗濯をするのもいいでしょう。

＊古里は**風光明媚**で空気のおいしい土地柄です。

風声鶴唳《ふうせいかくれい》

(類義) 影駭響震《えいがいきょうしん》・疑心暗鬼《ぎしんあんき》
草木皆兵《そうもくかいへい》

おじけづき、ほんのちょっとした気配や物音にも驚き恐れること。

(解説)「風声」は風の吹く音。「鶴唳」は鶴の鳴き声。戦いに敗れた兵が、風の音や鶴の鳴き声にも敵の来襲かと思って脅《おび》えたことから。「鶴唳風声」ともいう。

(用例)＊暗い夜道を独りで帰ってきたときは、心細くて**風声鶴唳**の心境でした。

(出典)「晋書《しんじょ》」謝玄伝《しゃげんでん》

風評被害《ふうひょうひがい》

実際には問題ないのによくない評判やうわさが広まり、不当な損害を被ること。

(解説)「風評」は世間に取り沙汰されるうわさ。とくに悪いうわさをいうことが多い。

(用例)＊田畑が被災したうえ**風評被害**が起こっては、地元で農業を続けていくのは困難だ。
＊とかく**風評被害**は、過剰なマスコミ報道によって広まってしまう。

風流韻事《ふうりゅういんじ》

(類義) 花鳥風月《かちょうふうげつ》・風流佳事《ふうりゅうかじ》
風流閑事《ふうりゅうかんじ》・風流三昧《ふうりゅうざんまい》

自然に親しみ、詩歌などをつくって楽しむこと。また、そのように優雅な遊びにふけって世俗を忘れること。

(解説)「風流」「韻事」は、共に詩歌や書画などの風雅な遊びのことをいう。

(用例)＊定年退職した父は出不精だから、自宅でのんびりと**風流韻事**を満喫している。
＊ただ**風流韻事**の時間さえあれば満足で、それで名を上げようとは思っていません。

風林火山《ふうりんかざん》

物事に対処するときの四つの心構え。

(解説)行動するときは風のようにすばやく、静止するときは林のように、攻めるときは燃え盛る火のように激しく、じっとするときは山のようにどっしり構えている、ということ。武田信玄《たけだしんげん》が旗印に使った語。

(用例)＊戦略においては**風林火山**で、時と場合に応じて変化させる柔軟さが必要だ。

(出典)「孫子《そんし》」軍争《ぐんそう》

不易流行《ふえきりゅうこう》

(対義)一時流行《いちじりゅうこう》

いつまでも変化しない本質的なものの中に、新しい変化を取り入れていくこと。また、変化を重ねていく流行性こそが永遠性である不易の本質で、不易と流行は本来同一のものと考えねばならないという理念を表す。

(解説)「不易」はいつまでも変わらないこと。「流行」は時代に応じて変化すること。蕉風俳諧《しょうふうはいかい》の理念の一つで、解釈には諸説ある。

(用例)＊社是は**不易流行**、伝統と変革をめざす。

不可抗力《ふかこうりょく》

人力ではどうすることもできない、外部からの力。

(解説)「抗すべからざる力」のことで、防ぎようのない天災などについていう。法律用語では、十分な対策をとったにもかかわらず被害や損害を防げなかったことをいう。語の構成は「不可抗」＋「力」。

(用例)＊この悲劇はけっして**不可抗力**で起こったのではなく、警備を怠った人災と言っていい。
＊大雨という**不可抗力**が地域に災害をもたらした。

不《ふ》協《きょう》和《わ》音《おん》

互いの意見が異なることで対立が出て、調和がとれないこと。また、いっしょにいるとしっくりしない関係の人との組み合わせのこと。

(解説)もとは、同時に鳴らした複数の音が調和して聞こえる「調和音」に対し、調和せず耳障りな音を響かせる和音のことをいう。語の構成は「不」＋「協和音」。

(用例)＊デザインセンスの違う人と制作させても**不協和音**を起こすだけで、完成品には期待できない。

複《ふく》雑《ざつ》怪《かい》奇《き》

(対義) 簡単明瞭《かんたんめいりょう》・単純明快《たんじゅんめいかい》
直截簡明《ちょくせつかんめい》

事情などが込み入っていて、理解できないこと。ふつうでは考えられないような不思議なこと。

(解説)「怪奇」は不思議で怪しいこと。奇妙なこと。

(用例)＊巧妙に練られた作戦は**複雑怪奇**を極めている。
＊青少年による**複雑怪奇**な事件が増加して、重大な社会問題になっている。
＊今回の人事異動は、まったく根拠がなく**複雑怪奇**で、社員からは不満の声が上がった。

複《ふく》雑《ざつ》多《た》岐《き》

(類義) 盤根錯節《ばんこんさくせつ》・複雑多様《ふくざつたよう》

事情や経緯が込み入っていて多方面にわたること。また、ややこしくてわかりにくい事態。

(解説)「多岐」は分かれ道が多いこと。

(用例)＊環境問題は、さまざまな要因が**複雑多岐**に絡み合っているので、容易に解決できない。
＊事件の発端は、**複雑多岐**な人間関係による怨恨といえそうだ。
＊創業百周年を機に**複雑多岐**の社内規約を改めた。

不倶戴天《ふぐたいてん》

(対義) 共存共栄《きょうぞんきょうえい》

深い憎しみや怒りのあまり、この世に共存できないほど腹立たしく思うこと。また、そのような相手。

(解説) 同じ天を戴くことはできない、同じ天の下には生かしておけないということから。本来は父の仇《あだ》に対して使ったが、現在では広く敵一般に使う。「倶不戴天」ともいう。

(用例) ＊被害者の遺族が**不倶戴天**の犯人をにらんだ。

(出典) 「礼記《らいき》」曲礼《きょくらい》

伏竜鳳雛《ふくりゅうほうすう》

(類義) 臥竜鳳雛《がりゅうほうすう》・孔明臥竜《こうめいがりゅう》 鳳凰在笯《ほうおうざいど》・猛虎伏草《もうこふくそう》

才能がありながら機会に恵まれず、実力を発揮できないでいる者のこと。また、まだ世に知られていない優れた人物や将来有望な人物のたとえ。

(解説) 地中の竜も鳳凰の雛《ひな》も、まだ真価を発揮していないことから。「竜」は「りょう」とも読む。

(用例) ＊人の上に立つからには、**伏竜鳳雛**の人材を見抜く力を養うべきだろう。

(出典) 「蜀志《しょくし》」諸葛亮伝《しょかつりょうでん》

不言実行《ふげんじっこう》

(類義) 訥言実行《とつげんじっこう》・訥言敏行《とつげんびんこう》

(対義) 有言実行《ゆうげんじっこう》・有口無行《ゆうこうむこう》

あれこれ口にせず、黙って行動すること。また、ことさらことばにしないこと。

(解説) 本来は、たんにものを言わないだけでなく、実際に行動を起こすことをほめることば。

(用例) ＊**不言実行**の上司にはおのずと部下もついてくる。
＊新婦は、**不言実行**で律儀な新郎の姿にいたく感動したそうです。
＊**不言実行**した任務をようやく果たした。

富《ふ》国《こく》強《きょう》兵《へい》

国の経済を豊かにし、軍事力を増強すること。国を富ませ諸外国に対抗すること。

(解説) 明治政府がスローガンとして掲げた語。

(用例) ＊明治時代、日本政府は諸外国に後れをとらぬようにと、**富国強兵**を合いことばにした。

＊世界平和を考えているこの時代に、**富国強兵**策の意義を力説するとは時代錯誤もはなはだしい。

(出典) 「戦国策《せんごくさく》」秦策《しんさく》

不《ふ》惜《しゃく》身《しん》命《みょう》

(対義) 可惜身命《あたらしんみょう》

仏道を修めるためには命を惜しまないこと。また、そのような捨て身の決意。命がけで事にあたるさま。

(解説) 仏教語。「不惜」は惜しまないこと。「ふせき」と読むのは誤り。「身命」は生命と身体で、特に命のこと。「しんめい」と読むのは誤り。

(用例) ＊大役を任されましたからには、微力ながら**不惜身命**、必ずや責任をまっとうする所存です。

(出典) 「法華経《ほけきょう》」譬喩品《ひゆぼん》

不《ふ》承《しょう》不《ぶ》承《しょう》

しぶしぶ、いやいやながら行うこと。やむをえず承知すること。

(解説) 「不承」一つで「承知しない」の意がある。それを重ねて意味を強調させたことば。

(用例) ＊**不承不承**に登校しているようだから、授業態度もおそらくよいとはいえないだろう。

＊たとえ**不承不承**でも、いったん承諾したからには必ずやってくれるでしょう。

夫《ふ》唱《しょう》婦《ふ》随《ずい》

(類義) 琴瑟相和《きんしつそうわ》・陽唱陰和《ようしょういんわ》

夫婦仲が非常によいこと。夫婦和合していること。

(解説) 夫が言いだし、妻がそれに従うことから。「唱」は「倡」とも書く。

(用例) ＊最近は**夫唱婦随**より、夫が妻に従う婦唱夫随のほうがはやりらしい。

＊郷里の祖父母は昔気質《かたぎ》に**夫唱婦随**を守って、寄り添って暮らしています。

(出典) 「関尹子《かんいんし》」三極《さんきょく》

浮《ふ》石《せき》沈《ちん》木《ぼく》

(類義) 三人成虎《さんにんせいこ》・衆口鑠金《しゅうこうしゃくきん》・聚蚊成雷《しゅうぶんせいらい》・曽参殺人《そうしんさつじん》

無責任な言動が、現実味をもって世間に受け入れられてしまうこと。

(解説) 石が浮き、木が沈むというありえないことでも、事実として喧伝《けんでん》されれば、それがまかり通ってしまうということから。

(用例) ＊その情報は**浮石沈木**、しょせん邪説だよ。

＊**浮石沈木**と思いながらも疑念は払えなかった。

(出典) 「魏志《ぎし》」孫礼伝《そんれいでん》

不《ふ》即《そく》不《ふ》離《り》

(類義) 形影相同《けいえいそうどう》

互いがつかず離れずの距離にある関係のこと。

(解説) 「即」はぴたりとくっつくこと。本来は仏教語で、同一ではないが、反対でもない微妙な関係をいった。「不離不即」ともいう。

(用例) ＊彼らの態度は、人前では**不即不離**だが本当はかなり親しい間柄らしい。

＊あの取引先とは**不即不離**でつき合おう。

(出典) 「円覚経《えんがくきょう》」

物情騒然《ぶつじょうそうぜん》

(類義) 物議騒然《ぶつぎそうぜん》・物論囂囂《ぶつろんごうごう》
(対義) 平穏無事《へいおんぶじ》

世間が騒がしく、人々の心が落ち着かないこと。事件が立て続けに起こって不穏な空気が流れていること。物騒な雰囲気。

(解説)「物情」は世の中のありさま、世の人の心。

(用例) ＊テロによる爆破事件が相次ぎ、街中の警備がものものしく、**物情騒然**としていた。
＊調査員による報告書の捏造《ねつぞう》が発覚し、本部は**物情騒然**としている。

不撓不屈《ふとうふくつ》

(類義) 七転八起《しちてんはっき》・独立不撓《どくりつふとう》
百折不撓《ひゃくせつふとう》

どんな困難や苦しみにも負けずに立ち向かうこと。強い意志をもって成し遂げること。

(解説)「不撓」は、たわまないという意味。「ふぎょう」と読むのも、「不倒」「不到」などと書くのも誤り。

(用例) ＊最後に勝利を手にするのは、**不撓不屈**でうまずたゆまず努力する者だ。
＊**不撓不屈**の精神力でみごとに再起した選手に、観衆は惜しみない拍手を送った。

不得要領《ふとくようりょう》

(対義) 論旨明快《ろんしめいかい》

あいまいでわけがわからないこと。肝心な点がはっきりしないこと。要領を得ず。

(解説) 着物の腰の部分(要)と襟の部分(領)から。物事の要となる部分が得られないということ。

(用例) ＊あの先生の授業は**不得要領**でポイントをつかめないそうで、生徒の評判が悪い。
＊議題そのものが**不得要領**だったせいか、会議が長引いてしまった。

腐《ふ》敗《はい》堕《だ》落《らく》

健全な精神がたるんで乱れ、身を持ち崩して品行が悪くなること。

(解説)「腐敗」は腐り崩れることから精神がたるむこと。「堕落」は身を持ち崩すこと。「堕落腐敗」ともいう。

(用例)＊あの優等生がたった一度の不合格で、なぜこんなに**腐敗堕落**してしまったんだろう。
＊政府高官の**腐敗堕落**は、けっして許せない。
＊生徒の**腐敗堕落**を嘆く前に、己を律しなさい。

舞《ぶ》文《ぶん》曲《きょく》筆《ひつ》

ことさらにことばを飾って弄び、事実と反したことを書くこと。

(解説)「曲筆」は、事実を曲げたり誇張したりすること。「曲筆舞文」ともいう。

(用例)＊提案書を**舞文曲筆**して仕上げたところで、内容がなくては意味がない。
＊前書きばかり長いうえに、**舞文曲筆**の限りを尽くしている論文だから、肝心の主張がさっぱりだ。

普《ふ》遍《へん》妥《だ》当《とう》

どんな場合でもすべて共通し、当てはまること。

(解説)「普遍」はすべてのものに共通すること。「妥当」は適切に当てはまること。時間や空間を超越して、一般的に認められるべきこと。

(用例)＊自身の人生論を**普遍妥当**のように押しつけられても、けっして共感できない。
＊すべての生徒が**普遍妥当**に守らなくてはならないからこそ校則とされているのです。

不老不死《ふろうふし》

(類義) 長生不死《ちょうせいふし》・長生不老《ちょうせいふろう》
不老長寿《ふろうちょうじゅ》

いつまでも年老いず、死にもしないこと。

(解説)「不老」は年をとらないこと、「不死」は死なないこと。

(用例) ＊洋の東西を問わず支配者は、永遠の命、**不老不死**の薬を求めて大金を投じた。
＊科学が進歩しても、**不老不死**はありえないだろう。
＊**不老不死**を願うより、限られた人生をいかに有意義に過ごすかを考えるべきだと思う。

(出典)「列子《れっし》」湯問《とうもん》

付和雷同《ふわらいどう》

(類義) 阿付雷同《あふらいどう》・唯唯諾諾《いいだくだく》
吠影吠声《はいえいはいせい》・付和随行《ふわずいこう》

しっかりとした自分の主張を持たず、他人の意見に軽々しく同調すること。周囲の意見に流されやすいこと。

(解説)「付和」は「附和」とも書く。「雷同」は、雷が鳴ると物がそれに共鳴するように、他人に同調すること。「雷同付和」ともいう。

(用例) ＊共同経営を持ちかけた友人に**付和雷同**して、破産の憂き目に遭った。
＊**付和雷同**で、発言を促しても意見など出ない。

粉骨砕身《ふんこつさいしん》

(類義) 苦心惨憺《くしんさんたん》・彫心鏤骨《ちょうしんるこつ》

骨身を惜しまず精いっぱい努力すること。必死になって物事に取り組むこと。

(解説) 仏教語。もとは、修行者が悟りを得るために捨て身で精進したことから。「粉身砕骨」ともいう。

(用例) ＊傾きかけた家業を盛り返すことができたのは、母の**粉骨砕身**の働きがあったからこそです。
＊皆さんが**粉骨砕身**して成果を出したので、当社は今期も黒字になりました。

文質彬彬《ぶんしつひんぴん》

外見と内面がよく調和していること。教養と人徳がみごとにそろっていること。

(解説)「彬彬」は調和していること。孔子《こうし》が理想とした姿。教養と人徳のどちらかが突出しては、君子とはいえないということから。

(用例)＊生徒たちは、**文質彬彬**たる老先生の薫陶よろしきを得て、にわかに勉学に励むようになった。

(出典)「論語《ろんご》」雍也《ようや》

粉飾決算《ふんしょくけっさん》

企業などが行う不正な会計処理。意図的に利益や損失を過大または過小に見積もり、収支をごまかすこと。

(解説)「粉飾」は見栄えをよくするために、うわべだけ飾りつくろうこと。「扮飾」とも書くが、「紛飾」「粉色」は誤り。「決算」は、企業などが一定期間内の財務状況を明らかにすること。

(用例)＊**粉飾決算**していた企業が、廃業に追い込まれた。
＊国税庁によって**粉飾決算**が暴かれた。

文人墨客《ぶんじんぼっかく》

(類義)騒人墨客《そうじんぼっかく》

詩文や書画など、風雅の道に携わる人のこと。文学者や芸術家。

(解説)「文人」は詩や文章を書く人。「墨客」は書道家や画家。「ぼっきゃく」とも読む。

(用例)＊水墨画に造詣の深いことがきっかけで、多くの**文人墨客**と親交を結ぶようになった。
＊実業家として名高い祖父は、芸術にも明るい**文人墨客**で、画壇でももてはやされている。

文武両道《ぶんぶりょうどう》

類義 允文允武《いんぶんいんぶ》・経文緯武《けいぶんいぶ》
文事武備《ぶんじぶび》・右文左武《ゆうぶんさぶ》

学問(学芸)と武芸(武術)の二つの道。また、その両方に優れていること。

解説「文武」は文事と武事、学問と武芸。「両道」は二つの道、二つの方面。

用例 ＊この学校からは**文武両道**の名士を輩出している。
＊祖父は**文武両道**に秀でた、評判の青年だった。
＊**文武両道**の模範生だったのに、こんな事件を起こすなんて信じられない。

文明開化《ぶんめいかいか》

人々の知力が進んで世の中が開け、科学技術や文化が進歩・向上すること。

解説 特に、明治時代初期に西欧文明を積極的に取り入れ、近代化を推進した時代風潮をさしていう。当時は「散切《ざんぎ》り頭をたたいてみれば文明開化の音がする」と歌われた。「開化」は、人知や物事が開けること。「開花」と書くのは誤り。「開化文明」ともいう。

用例 ＊外交を始めた当時が当社の、いわば**文明開化**だ。

弊衣破帽《へいいはぼう》

類義 弊衣破袴《へいいはこ》・弊衣蓬髪《へいいほうはつ》
蓬首散帯《ほうしゅさんたい》・蓬頭乱髪《ほうとうらんぱつ》

ぼろぼろの衣服と破れた帽子。また、そのように粗野でむさ苦しいさま。

解説 旧制高等学校の生徒が好んだバンカラ風の身なりのこと。「弊」は「敝」とも書く。「破帽弊衣」ともいう。

用例 ＊豊かな時代になったせいか、近頃は**弊衣破帽**の学生の姿を見かけなくなった。
＊今でこそ身なりに気を遣っていますが、以前は**弊衣破帽**に下駄《げた》履きでそこらを歩いていました。

へ

平穏無事《へいおんぶじ》

類義 安穏無事《あんのんぶじ》・無事息災《ぶじそくさい》
対義 多事多難《たじたなん》・物情騒然《ぶつじょうそうぜん》

平和で穏やかなこと。何事にも煩わされない、心穏やかな状態。

解説「平穏」は、変わったこともなく穏やかなこと。対義語は「不穏」。「無事平穏」ともいう。

用例 ＊私は親子水入らずで**平穏無事**に暮らしています。
＊いざこざがおさまって、ようやく**平穏無事**な毎日が戻ってきた。
＊株主総会が、珍しく**平穏無事**に終わった。

平身低頭《へいしんていとう》

類義 三拝九拝《さんぱいきゅうはい》・奴顔婢膝《どがんひしつ》
対義 傲岸不遜《ごうがんふそん》

ひれ伏して頭を低く垂れ、恐れ入ること。また、ひたすら恐縮して謝ること。土下座すること。

解説「平身」は体をかがめること。「低頭」は頭を低く垂れること。「低頭平身」ともいう。

用例 ＊この事故はこちらに全面的に非があるのだから、**平身低頭**するしかない。
＊ものすごい剣幕で苦情を訴える客に、**平身低頭**の彼はたじたじで、冷や汗をかきっぱなしだ。

平談俗語《へいだんぞくご》

類義 俗談平話《ぞくだんへいわ》・平談俗話《へいだんぞくわ》
対義 佶屈聱牙《きっくつごうが》

日常の会話で使う、ごくふつうのことば。

解説「平談」は、ふだんの会話。「俗語」は日常の社会生活に使われる、くだけたことば。ちなみに「清談」は、学問や芸術についての高尚な話題。

用例 ＊お見合いだからとそうかしこまらず、リラックスして**平談俗語**で話せばいい。
＊あの代議士は難解な政策を**平談俗語**に説明してくれるので、わかりやすいと評判だ。

平平凡凡《へいへいぼんぼん》

(類義) 無声無臭《むせいむしゅう》
(対義) 奇想天外《きそうてんがい》

ごくありふれているさま。ごくふつうで、とくに優れたところや変わったところがないこと。

(解説)「平凡」を繰り返して、意味を強調している。

(用例) ＊娘には、**平平凡凡**とした生活でいいから、いつまでも幸せであってほしい。
＊**平平凡凡**な私は、明るく健康に暮らせさえすればそれで満足です。
＊**平平凡凡**そうだが、じつは書画の大家らしい。

変幻自在《へんげんじざい》

(類義) 千変万化《せんぺんばんか》・臨機応変《りんきおうへん》
(対義) 千篇一律《せんぺんいちりつ》・千篇一体《せんぺんいったい》

自由に、変化したり出没したりすること。また、変わり身が早いさま。

(解説)「変幻」は、すばやく現れたり消えたりすること。「自在」は思いのままであること。

(用例) ＊ステージで舞うダンサーが**変幻自在**にくるくると衣装を改め、満座の客から喝采を浴びた。
＊深い霧に包まれた霊山は、**変幻自在**で有名だ。
＊寸劇で、**変幻自在**な怪盗の役を演じた。

辺幅修飾《へんぷくしゅうしょく》

外見をつくろうこと。また、うわべを飾りたてて、見栄を張ること。

(解説)「辺幅」は布地の縁。「修飾」はつくろい飾ること。布の縁をかがって、ほころばないようにすることから。「修飾辺幅」ともいう。

(用例) ＊きみの**辺幅修飾**ぶりには驚くほかないが、しょせんむだなことだよ。

(出典)「後漢書《ごかんじょ》」馬援伝《ばえんでん》

暴飲暴食《ぼういんぼうしょく》

類義 牛飲馬食《ぎゅういんばしょく》・鯨飲馬食《げいいんばしょく》

むやみに飲み食いすること。度が過ぎるほど食べたり飲んだりすること。

解説「暴」は程度がはなはだしいということ。

用例 ＊健康を保つには、まずは**暴飲暴食**をやめて、食事の量を腹八分目にすることです。
＊腹も身のうちだ。そんなふうに**暴飲暴食**をしていると、いまにからだを壊してしまうぞ。
＊若い頃の**暴飲暴食**がたたって今は入院生活です。

法界悋気《ほうかいりんき》

自分と関係のないことに嫉妬すること。また、他人の恋を妬むこと。おかやき。

解説「法界」は仏教語で、宇宙万物のすべて。「ほっかい」とも読む。「悋気」は嫉妬のこと。

用例 ＊そんなことで**法界悋気**を起こしても、わが身をさいなむだけだから、やめたほうがよい。
＊きみに対しての悪口は**法界悋気**なだけだから、気にすることないよ。

放歌高吟《ほうかこうぎん》

類義 放歌高唱《ほうかこうしょう》
対義 浅斟低唱《せんしゃくていしょう》

周りを気にせず大声で歌うこと。辺りかまわず大声を張り上げること。

解説「高吟放歌」「高歌放吟」ともいう。

用例 ＊近くに繁華街があるせいか酔っぱらいの**放歌高吟**がやかましくて、毎晩ゆっくり眠れない。
＊学生時代は夜中に**放歌高吟**しながら下宿に帰って、近所の住民によく怒られたものだ。
＊二次会が終わっても**放歌高吟**は続いていた。

判《ほう》官《がん》贔《びい》屓《き》

弱い立場の者に同情し、味方すること。

(解説)「判官」は官職の名で、ここでは平安時代末期にその職にあった源《みなもとの》義経《よしつね》をさす。義経の不幸に世間が同情を寄せたことから。「はんがん」とも読む。

(用例)＊勝敗は目に見えていたが、観客は**判官贔屓**で、劣勢の挑戦者に熱い声援を送った。
＊毎年最下位に甘んじているが、**判官贔屓**からか応援してくれるファンがたくさんいる。

暴《ぼう》虎《こ》馮《ひょう》河《が》

(類義)猪突猛進《ちょとつもうしん》
(対義)謹小慎微《きんしょうしんび》

後先を考えず、無謀に振る舞うこと。勇みたって向こうみずな行動をとること。血気の勇。

(解説)虎に素手で殴りかかったり、大河を歩いて渡ったりするような無謀なことから。「暴虎馮河の勇」「暴虎馮河の命知らず」などと使う。

(用例)＊刃物を持った暴漢に素手で立ち向かうとは、まさに**暴虎馮河**、およしなさい。

(出典)「論語《ろんご》」述而《じゅつじ》

傍《ぼう》若《じゃく》無《ぶ》人《じん》

(類義)勝手気儘《かってきまま》・傲岸不遜《ごうがんふそん》
(対義)遠慮会釈《えんりょえしゃく》

人目を気にせず、勝手気ままに行動すること。周囲のことを考えず、無遠慮に振る舞うこと。

(解説)傍らに人がいないかのように振る舞うことから。「傍若」は「旁若」とも書く。

(用例)＊宴会の席とはいえ、あの振る舞いは**傍若無人**だ。
＊公共の場での周囲の迷惑を顧みない**傍若無人**な行動は黙認しがたい。

(出典)「史記《しき》」刺客伝《しかくでん》・荊軻《けいか》

呆然自失《ぼうぜんじしつ》

(類義) 瞠目結舌《どうもくけつぜつ》

あっけにとられて我を忘れること。気が抜けてどうしたらよいかわからなくなること。

(解説)「呆然」は「茫然」とも書く。

(用例) ＊全焼した自宅の前で立ちすくんだ家主は**呆然自失**し、声をかけられても返事すらできなかった。

＊とつぜん、離婚届を突きつけられ、**呆然自失**として妻を見やった。

(出典)「列子《れっし》」仲尼《ちゅうじ》

方底円蓋《ほうていえんがい》

(類義) 円孔方木《えんこうほうぼく》・円鑿方枘《えんさくほうぜい》

物事が食い違って、絶対に合わないこと。

(解説)「方底」は四角い底。「方低」と書くのは誤り。「円蓋」は円い蓋。四角い底の器に円い蓋では合うはずがないということ。

(用例) ＊歴史認識の違いは、根底にある哲学の相違によるものだから、**方底円蓋**で歩み寄ることはない。

＊二人の言い分は白と黒。**方底円蓋**だ。

(出典)「顔氏家訓《がんしかくん》」兄弟《けいてい》

豊年満作《ほうねんまんさく》

(類義) 五穀豊穣《ごこくほうじょう》

作物が豊かに実り、収穫の多い年であること。

(解説)「豊年」は農作物のよく実ること。また、実る年。「満作」は作物が十分に実ること。豊作。「万作」と書くのは誤り。

(用例) ＊ドラフトは長距離ヒッターやサウスポー投手など、学生・社会人を問わず**豊年満作**といえる。

＊初夏の関東平野は麦の穂が風に揺らいで、**豊年満作**を実感させてくれる。

捧腹絶倒《ほうふくぜっとう》

類義 呵呵大笑《かかたいしょう》・破顔大笑《はがんたいしょう》
捧腹大笑《ほうふくたいしょう》

腹を抱えてひっくり返りそうなほど大笑いすること。また、そのさま。

解説「捧腹」は腹を抱えること。「抱腹」とも書く。「絶倒」は転げるほど笑うこと。

用例 ＊むしゃくしゃしていたが、演芸場で**捧腹絶倒**し、すっかり気分転換ができた。
＊披露した失敗談に一同、**捧腹絶倒**だった。

出典「史記《しき》」日者伝《にっしゃでん》

報本反始《ほうほんはんし》

物事の基本に立ち返って、その恩に感謝すること。祖先などの恩に感謝し報いること。報徳。

解説「本」は天地、「始」は祖先のこと。

用例 ＊人間は、いつの世も**報本反始**の気持ちを忘れてはいけません。
＊せめてお盆くらいは墓参りをして、**報本反始**をご先祖様に示しなさい。

出典「礼記《らいき》」郊特牲《こうとくせい》

泡沫夢幻《ほうまつむげん》

類義 浮生若夢《ふせいじゃくむ》・夢幻泡影《むげんほうよう》

人生のはかないことのたとえ。一炊の夢。邯鄲《かんたん》の夢。

解説「泡沫」は水の泡。「夢幻」は夢まぼろし。はかないものを合わせたことば。「夢幻泡沫」ともいう。

用例 ＊いくら**泡沫夢幻**の世の中だからといって、その日その日を風まかせで暮らすなんて度がすぎる。
＊説教はよせ。どうせこの世は**泡沫夢幻**、生きたいように生きるまでだ。
＊**泡沫夢幻**を嘆いてもむなしくなるだけさ。

亡羊補牢《ぼうようほろう》

失敗した後で慌てて改めることのたとえ。泥縄。後の祭り。また、すぐに手当てをすれば災いを大きくせずにすむというたとえ。

(解説)「亡羊」は羊に逃げられること。「補牢」は囲いを直すこと。「捕牢」と書くのは誤り。

(用例)＊空き巣に入られてから家中の鍵を取り替えたって、**亡羊補牢**だよ。

(出典)「戦国策《せんごくさく》」楚策《そさく》

墨守成規《ぼくしゅせいき》

(類義) 頑迷固陋《がんめいころう》・旧套墨守《きゅうとうぼくしゅ》

古いしきたりや自分の考えをかたくなに変えないこと。

(解説)中国・戦国時代の思想家・墨子《ぼくし》の守備が巧みであったことから、固く守ることを「墨守」という。「成規」は過去に成立した規則。

(用例)＊**墨守成規**もけっこうだが、人にもそれを押しつけるのはいかがなものか。
＊いつまでも**墨守成規**を貫いていては早晩、時代に取り残されるだろう。

暮色蒼然《ぼしょくそうぜん》

夕暮れどきに、辺り一面が薄暗くなっていくさま。

(解説)「暮色」は日暮れの薄暗い光景のこと。「蒼然」は薄暗いこと。「蒼然暮色」ともいう。

(用例)＊この観覧車からは、**暮色蒼然**とした都心のビル群が一望でき、閉園間際の順番待ちは長蛇の列だ。
＊大賞作品は「静寂」の題目にもっともふさわしく、**暮色蒼然**が巧みに描かれている。

(出典)柳宗元《りゅうそうげん》「始《はじ》めて西山《せいざん》を得《え》て宴游《えんゆう》するの記《き》」

本末転倒《ほんまつてんとう》

(類義) 冠履倒易《かんりとうえき》・釈根灌枝《しゃくこんかんし》
舎本逐末《しゃほんちくまつ》・主客転倒《しゅかくてんとう》

物事の中心となる大事なことと、末端のささいなことを取り違えること。大切なことをないがしろにして、どうでもよいことに気を取られること。

(解説)「本末」は樹木の本《もと》と末《すえ》のこと。

(用例) ＊会社で居眠りをして、残った仕事を家でやるとは、**本末転倒**もはなはだしい。
＊勉強した成果を測るのがテストであって、テストのために勉強するのでは**本末転倒**だ。

真一文字《まいちもんじ》

漢字の「一」のように、まっすぐであること。一直線であること。

(解説) 語の構成は「真」＋「一文字」で、「真」は、ずれがない、また、「真実」の意味を表す接頭語。「一」を「ひと」、「文字」を「もじ」と読むのは誤り。

(用例) ＊業績不振の報告を受けた社長は、**真一文字**に口を結び黙って虚空をにらんでいた。
＊目標に向かって**真一文字**に突き進みましょう。

満場一致《まんじょういっち》

(類義) 衆議一決《しゅうぎいっけつ》・全会一致《ぜんかいいっち》
(対義) 甲論乙駁《こうろんおつばく》・賛否両論《さんぴりょうろん》

その場にいる人たちの意見や考えが、一つにまとまること。誰にも異論がなく、全員の意見が一致すること。

(解説) 会議などでよく使われる。「満場」は会場全体、また、その場にいる全員の意。「万場」と書くのは誤り。

(用例) ＊日本の将来を左右する重要案件が、衆議院の**満場一致**で可決された。
＊議案の採否に関しては、**満場一致**が原則です。
＊不安要素がないのだから、きっと**満場一致**さ。

満身創痍《まんしんそうい》

(類義) 百孔千瘡《ひゃっこうせんそう》・疲労困憊《ひろうこんぱい》
満身傷痍《まんしんしょうい》

全身が傷だらけであること。また、ほうぼうから非難を浴びて精神的に傷ついた状態にもいう。

(解説)「満身」はからだじゅう、全身の意。「創」「痍」は共に傷、切り傷のこと。

(用例) ＊崖から転落し、**満身創痍**となりながらも自力ではい上がって一命を取り留めた。
＊負傷してスランプに陥り、ファンに見限られて戦力外通告を受けた**満身創痍**の選手が引退した。

満目蕭条《まんもくしょうじょう》

(類義) 満目荒涼《まんもくこうりょう》・満目蕭然《まんもくしょうぜん》

辺り一面、うらぶれてもの寂しいさま。見渡す限りわびしげな風景が広がっていること。

(解説)「満目」は見渡す限り。「蕭」は蓬《よもぎ》などの雑草。「蕭条」は寂しいさま。

(用例) ＊冬の日本海は**満目蕭条**として、見る人を不思議とやるせなくさせる。
＊廃線となった駅周辺の**満目蕭条**たる眺めは、都会暮らしの人には想像もできないだろう。

密雲不雨《みつうんふう》

兆候があるのに、実際には事が起こらないこと。

(解説)「密雲」は雲が垂れ込めていること。「不雨」は雨が降っていないこと。雲が厚く雨模様なのに、まだ降らないことから、気配があるのに実が伴わないことや、恩沢が行き渡らないことをいう。

(用例) ＊今場所は平幕が大暴れ。横綱・大関にも勝てそうだが**密雲不雨**で、未《いま》だ金星なしだ。

(出典)「易経《えききょう》」小畜《しょうちく》

み

三日天下《みっかてんか》

(類義) 三日大名《みっかだいみょう》
(対義) 長期政権《ちょうきせいけん》

実権を握る期間が非常に短いこと。すぐに権力を失うことのたとえ。

(解説) 明智光秀《あけちみつひで》が、織田信長《おだのぶなが》を倒してすぐに豊臣秀吉《とよとみひでよし》に討たれたことから。「三日」は、ごく短い期間のたとえ。「天下」は「でんか」とも読む。

(用例) ＊念願の社長にせっかく就任したのに、1年足らずで解任では、**三日天下**でしかなかった。
＊連敗を喫し、**三日天下**の首位の座を明け渡した。

三日坊主《みっかぼうず》

(類義) 隠公左伝《いんこうさでん》・三月庭訓《みつきていきん》
雍也論語《ようやろんご》

飽きっぽくて、なにをやっても長続きしないこと。また、そのような人を嘲っていうことば。

(解説)「三日」は、ごく短い期間のたとえ。

(用例) ＊毎年正月になると、日記をつけだしたり禁煙を始めたりするが、けっきょくどれも**三日坊主**だ。
＊なにを決心してもいつも**三日坊主**の息子が、今度ばかりは真剣に頑張っているようだ。
＊**三日坊主**を自認するのだから、根気などない。

未来永劫《みらいえいごう》

(類義) 万劫末代《まんごうまつだい》・未来永永《みらいえいえい》
未来永久《みらいえいきゅう》・来来世世《らいらいせせ》

これから先ずっと。永遠に。非常に長い年月のたとえ。

(解説) 仏教語。「劫」はきわめて長い年月のこと。一つの世界の始まりから終わりまでを「一劫」という。「永劫」は「ようごう」とも読む。

(用例) ＊先ほど神前にて、**未来永劫**に変わらぬ愛を誓い合った新郎新婦のご入場です。
＊ご恩は**未来永劫**、けっして忘れないでしょう。
＊秘密を守り通すのは**未来永劫**です。

み

未練未酌《みれんみしゃく》

相手の気持ちや事情をくみとれず、心残りであること。

(解説)「未練」は心残りであること。「未酌」は斟酌《しんしゃく》できないこと、相手の気持ちをくめないこと。ふつうは「未練未酌がない」などと否定のことばと共に使い、きわめて冷淡で同情心のないさまをいう。

(用例)＊この映画を鑑賞して感動しないとは、なんて**未練未酌**のない男なんだろう。

＊とつぜんの別れでは、さぞ**未練未酌**でしょう。

無為徒食《むいとしょく》

(類義) 酔生夢死《すいせいむし》・靡衣婾食《びいとうしょく》
飽食終日《ほうしょくしゅうじつ》・無所用心《むしょようじん》

ぶらぶらと日々をむだに過ごすこと。価値のあることをなにもせず、ただ漫然と暮らすこと。

(解説)「無為」はなにもしないこと。「徒食」は、いたずらに食べること。むだ飯を食うこと。

(用例)＊失恋のショックのあまり、家に閉じこもって**無為徒食**の生活を送っている。

＊たとえ一生、安楽に暮らせるだけの財産があっても、**無為徒食**では生きている甲斐《かい》がない。

無為無策《むいむさく》

(類義) 拱手傍観《きょうしゅぼうかん》・無為無能《むいむのう》

なんの手も打たず、対策も立てないで手をこまねいて見ていること。傍観していること。

(解説)「無為」はなにもしないこと。「無策」は効果的な方策や対策がないこと。

(用例)＊事態を**無為無策**のまま放置したために、多大な損失を被る羽目になった。

＊世間では、政府の**無為無策**がこれだけの不況を招いたと評している。

無《む》我《が》夢《む》中《ちゅう》

(類義) 一意専心《いちいせんしん》・一心不乱《いっしんふらん》
無我無心《むがむしん》

物事に熱中して、ほかのことに気が回らなくなること。なにかに心を奪われ我を忘れること。

(解説)「無我」は仏教語で、自分への執着を断ち切った境地。「夢中」を「無中」「霧中」と書くのは誤り。

(用例) ＊私は、ただ自分が**無我夢中**になれることをやってきただけです。
＊「火事だ」という叫び声で目を覚まし、**無我夢中**で飛びだした。

無《む》芸《げい》大《たい》食《しょく》

(類義) 酒嚢飯袋《しゅのうはんたい》・冢中枯骨《ちょうちゅうここつ》

特技や才能はないのに、やたらと食べること、そのような人を罵っていう語。むだ飯食い。ごくつぶし。

(解説) 自分の働きがないことを謙遜して使うこともある。「大食」を「おおぐい」「だいしょく」と読むのは誤り。

(用例) ＊**無芸大食**でカラオケでも歌えない私は、宴会のたびに肩身の狭い思いだ。
＊自分のことを**無芸大食**と謙遜するが、あれでなかなかけっこうなやり手だ。

矛《む》盾《じゅん》撞《どう》着《ちゃく》

(類義) 自家撞着《じかどうちゃく》・自己矛盾《じこむじゅん》

前後のつじつまが合わず、食い違っていること。

(解説)「矛盾」「撞着」は共に、論理的に一貫しないこと。「矛盾」は、最強の矛で最強の盾を突いたらどうなるかと問われて返答に困ったという、中国・戦国時代の「韓非子《かんぴし》」にある故事から。「矛楯」「撞著」とも書くが、「童着」と書くのは誤り。

(用例) ＊聴講した科学者の論理は**矛盾撞着**の極みで、まったく噴飯ものだった。

無《む》知《ち》蒙《もう》昧《まい》

類義 愚《ぐ》昧《まい》無《む》知《ち》・無《む》知《ち》無《む》能《のう》
対義 全《ぜん》知《ち》全《ぜん》能《のう》

知恵や知識がないこと。物事の道理に暗く、愚かなこと。

解説「無知」は「無智」とも書くが、「無恥」と書くのは誤り。「蒙」「昧」は共に、物事の道理を知らないこと。「無知蒙昧の徒」「無知蒙昧の輩《やから》」などと使う。

用例 ＊**無知蒙昧**な私でも、事の善悪は承知している。
＊己の**無知蒙昧**を棚に上げ他人を嘲笑するな。
＊大衆を**無知蒙昧**と蔑んでいては、善政など望むべくもない。

無《む》手《て》勝《かつ》流《りゅう》

策略によって戦わずして勝つこと、その方法。また、自分で勝手にあみだした流儀。自己流。

解説「無手勝」は、武器や道具を持たずに勝つこと。剣豪・塚原卜伝《つかはらぼくでん》が武者修行者から真剣勝負を挑まれたときに策略を用いて戦わず、「戦わずして勝つのが無手勝流だ」と言ったとの逸話がある。

用例 ＊年末商戦になにもしないなんて……。**無手勝流**を気取っている場合か。

無《む》念《ねん》無《む》想《そう》

類義 虚《きょ》気《き》平《へい》心《しん》・心《しん》頭《とう》滅《めっ》却《きゃく》
対義 千《せん》思《し》万《ばん》考《こう》・多《た》情《じょう》多《た》恨《こん》

心に浮かぶすべての雑念を取り払い、なにも考えずに無我の境地に至ること。

解説「無念」は仏教語で、無我の境地に入って何事も思わないこと。「無想無念」ともいう。

用例 ＊最近は、煩悩を鎮め、**無念無想**を求めて禅寺の門をたたく人が増えた。
＊達人の**無念無想**の構えに、竹刀を交えずして自分の敗北を悟った。

無《む》病《びょう》息《そく》災《さい》

(類義) 一病息災《いちびょうそくさい》・息災延命《そくさいえんめい》
無《ぶ》事《じ》息災《そくさい》

病気にかからず、健康であること。達者で元気なこと。

(解説) 仏教語。「息」は、ここでは止める、防ぐの意で、「息災」は、もとは仏の力で衆生に降りかかる災難を除くこと。そこから、健康であることをいう。

(用例) ＊今の私には家族の**無病息災**だけが願いです。
＊初詣では毎年、家内安全と家族の**無病息災**を祈願することにしている。
＊なにはともあれ**無病息災**、仕事はからだが資本だ。

無《む》味《み》乾燥《かんそう》

物事になんの情趣もおもしろみもないこと。味気なくてつまらないこと。味も素っ気もない。

(解説)「味」は物事のよさやおもしろみ、持ち味のことをいう。「乾燥」は味わいや趣がないこと。

(用例) ＊単調で**無味乾燥**な仕事でも、心を込めてやればなにか得るものがあります。
＊生活に張り合いがなく、毎日が**無味乾燥**としていたので習い事を始めました。

無《む》欲《よく》恬淡《てんたん》

(類義) 雲心月性《うんしんげっせい》・清淡《せいたん》寡《か》欲《よく》
(対義) 東食西宿《とうしょくせいしゅく》

ものに執着がなく、あっさりしていること。欲がなく、こだわりがないこと。

(解説)「恬淡」は、あっさりしていてこだわらないこと。「恬憺」「恬澹」とも書く。

(用例) ＊兄は**無欲恬淡**なのか、服装にはあまり関心を払わないようだ。
＊**無欲恬淡**とした人だから、金儲《もう》けの話をしてもまったく興味を示さない。

無《む》理《り》算段《さんだん》

なんとかやりくりして融通をつけること。苦労してどうにか手に入れること。やりくり算段。

(解説)「算段」は、あれこれ手を尽くして都合すること。特に金銭を調達するときにいう。

(用例)＊急な話だったが、**無理算段**して追加の入場券を手配、確保できた。
＊新装開店のためにあちこち頼み込み、**無理算段**の末、ようやく資金を調達した。

無《む》理《り》難題《なんだい》

(類義) 無《む》理《り》無《む》体《たい》・無《む》理《り》無《む》法《ほう》

道理に合わない、とんでもない言いがかり。とうてい実現できない要求。

(解説)「無理」は道理に反することや、理屈に合わないこと。「難題」は簡単に解決できない問題、事態。

(用例)＊いくら私どもに落ち度があったとはいえ、そんな**無理難題**はのめません。
＊酔うといつも**無理難題**をふっかけるあの課長は、部下に嫌われている。

無《む》理《り》無《む》体《たい》

(類義) 無《む》理《り》往生《おうじょう》・無《む》理《り》難題《なんだい》
無《む》理《り》無《む》法《ほう》

物事を強引に進めること。相手のことを考えず、自分の都合だけを押し通すこと。

(解説)「無体」は道理に合わないことや、無理なこと。「ご無体な」などと使う。

(用例)＊親の私が良縁だと思っても、いやがる娘に見合いを**無理無体**に勧めることはできません。
＊これだけの仕事を３日で完成させよとは、いくらなんでも**無理無体**というものだ。

明《めい》鏡《きょう》止《し》水《すい》

(類義) 虚心坦懐《きょしんたんかい》・光風霽月《こうふうせいげつ》
(対義) 意馬心猿《いばしんえん》

心にわだかまりがなく、明るく澄みきって落ち着いた心境。また、執着を捨てて悟った気持ちになること。

(解説)「明鏡」は曇りのない鏡。「めいけい」とも読む。「止水」は静止した、澄んでいる水。

(用例)＊懸案がすべて解決した今は**明鏡止水**の境地です。
＊年老いて第一線を退いたら**明鏡止水**で静かに暮らしたいと思います。

(出典)「荘子《そうじ》」徳充符《とくじゅうふ》

明《めい》珠《しゅ》暗《あん》投《とう》

どんなに貴重なものでも贈るときに礼を失すれば、かえって誤解され恨みを買うことのたとえ。

(解説)「明珠」は貴重な宝玉、「暗投」は暗闇で投げ与える、の意。才能があるのに世に認められないことや、価値のわからない人が宝物を所有することにもいう。

(用例)＊御進物も、値札がついたままでは**明珠暗投**だよ。
＊**明珠暗投**だからビンテージもただのぶどう酒さ。

(出典)「史記《しき》」鄒陽伝《すうようでん》

明《めい》哲《てつ》保《ほ》身《しん》

(類義) 明哲防身《めいてつぼうしん》

聡明な人は、賢く時流を読んで身の安全を図ることができるということ。君子危うきに近寄らず。

(解説)小賢しく保身に長《た》けていることをさす場合もある。訓読で「明哲、身を保つ」という。

(用例)＊情勢はまだ不安定だから、ここは**明哲保身**を心がけて判断を保留しよう。
＊**明哲保身**、危険に飛び込むだけが能ではない。

(出典)「詩経《しきょう》」大雅《たいが》・烝民《じょうみん》

明眸皓歯《めいぼうこうし》

類義 紅口白牙《こうこうはくが》・皓歯蛾眉《こうしがび》
紅粉青蛾《こうふんせいが》・朱唇皓歯《しゅしんこうし》

澄んだ目元と、白く輝く美しい歯。また、そのような美しい女性の形容。

解説 もとは楊貴妃《ようきひ》の美貌を形容した、唐《とう》の詩人・杜甫《とほ》の詩の語。「皓」は「皎」とも書き、「皓歯明眸」ともいう。

用例 ＊**明眸皓歯**で気のやさしい彼女に一目惚《ひとめぼ》れした。
＊眉目秀麗《びもくしゅうれい》な新郎と**明眸皓歯**の新婦、他人がうらやむ理想のご夫婦といえましょう。

出典 曹植《そうしょく》「洛神賦《らくしんのふ》」

明明白白《めいめいはくはく》

対義 曖昧模糊《あいまいもこ》・暗中模索《あんちゅうもさく》
五里霧中《ごりむちゅう》・渾渾沌沌《こんこんとんとん》

非常にはっきりしていること。誰の目にも明らかで、疑いの余地がないこと。

解説 「明白」を重ねて意味を強調した語。

用例 ＊多くのデータや分析結果から、資金が足りないことは**明明白白**としている。
＊**明明白白**な証拠を突きつけられて、容疑者がようやく自供した。
＊態度から見てうそをついているのは**明明白白**だ。

名誉挽回《めいよばんかい》

類義 汚名返上《おめいへんじょう》・名誉回復《めいよかいふく》
面目一新《めんもくいっしん》

一度失ってしまった信用や名声を、その後の行いで取り戻すこと。

解説 「名誉」は、優れているという評価を得ること。名声。「挽回」は引き戻すこと、回復すること。

用例 ＊乱打を浴びたきのうの敗戦選手が、**名誉挽回**とばかりに連投を志願し、急きょ登板した。
＊この大学の入試を突破することこそが、私の**名誉挽回**策です。

明朗闊達《めいろうかったつ》

(類義) 英明闊達《えいめいかったつ》・明朗快活《めいろうかいかつ》

明るく朗らかで、ささいなことにはこだわらないこと。からっとして明るいこと。

(解説)「明朗」を「明郎」と書くのは誤り。「闊達」は「豁達」とも書く。「闊達明朗」ともいう。

(用例) ＊**明朗闊達**とした好青年だから、仲間の誰からも好かれている。
＊異文化交流会の会長に選ばれたのは**明朗闊達**な人柄を買われたからだそうだ。

名論卓説《めいろんたくせつ》

(類義) 高論卓説《こうろんたくせつ》・高論名説《こうろんめいせつ》

優れた主張や意見のこと。また、格調の高い議論。高説。

(解説)「卓」は優れて抜きんでること。卓抜していること。

(用例) ＊聴衆は、教授が唱える含蓄のある**名論卓説**に、時を忘れて聞き入っていた。
＊ただ今の先生の**名論卓説**をうかがいまして、目からうろこが落ちた気がします。
＊会議で多くの**名論卓説**が発表されたが、それを実行にどう結びつけるかが問題だ。

滅私奉公《めっしほうこう》

(類義) 奉公克己《ほうこうこっき》・奉公守法《ほうこうしゅほう》

私欲や私心を捨てて、国家や主君、公のために忠誠を尽くすこと。

(解説)「奉公」は国や主人のために身を捧《ささ》げ仕えること。「ぼうこう」とも読む。

(用例) ＊政治家なら、国民のために**滅私奉公**してほしい。
＊社員に**滅私奉公**の精神を強要するとは、時代錯誤もはなはだしい。

(出典)「戦国策《せんごくさく》」秦策《しんさく》

免許皆伝《めんきょかいでん》

武術や技芸などの極意を、師匠が弟子にすべて伝えること。また、すべてを伝え終えたことを認めること。

(解説)「免」「許」は共に、許すこと。「皆伝」は、すべての奥義を伝えられること。

(用例)＊剣豪と呼ばれた人は、剣の道にかけては誰もが**免許皆伝**の腕前を誇っていた。
＊この曲をきちんと演奏できればもう**免許皆伝**だ。
＊師からの**免許皆伝**でどうにか独立できそうです。

面従腹背《めんじゅうふくはい》

(類義)面従後言《めんじゅうこうげん》・面従腹誹《めんじゅうふくひ》

表向きは服従しているように見せかけて、内心では反抗していること。

(解説)面と向かっているときには従い、腹の中では背いているということから。

(用例)＊部下の**面従腹背**を疑ってばかりいないで、まず自分の指導力を考えるべきだ。
＊周囲は**面従腹背**の輩《やから》ばかりで、本当に信頼できる配下は数えるほどだ。

面壁九年《めんぺきくねん》

あることに専念して、辛抱強く努力すること。志を捨てず我慢強く耐えること。

(解説)達磨《だるま》大師が九年間も壁に向かって座禅を組み続け、悟りを得たという故事から。「九年面壁」ともいう。

(用例)＊下積みから始めて**面壁九年**、その甲斐《かい》があってようやく自分の店を持つことができました。
＊**面壁九年**の末、名人を狙えるところまできた。

(出典)「景徳伝灯録《けいとくでんとうろく》」

め

面目一新《めんもくいっしん》

類義 名誉挽回《めいよばんかい》・面目躍如《めんもくやくじょ》

世間の評判がそれまでとすっかり変わってよくなること。また、外見などをがらりと新しく変えること。

解説「面目」は、世間に対する体面や世間の評価。「めんぼく」とも読む。

用例 ＊あの会社は新しい社長を迎えて**面目一新**、一流企業へと成長した。

＊このままでは客が減るばかりだから、全面的な改装を行い、**面目一新**してやり直そう。

面目躍如《めんもくやくじょ》

類義 名誉挽回《めいよばんかい》・面目一新《めんもくいっしん》

世間の評価にふさわしい活躍をすること。また、人前でその人らしく生き生きと振る舞うこと。

解説「面目」は「めんぼく」とも読む。「躍如」は生き生きしていること。目の前に見えるようであること。

用例 ＊あのバイプレーヤーは、新作でも主役を食ったと評判で、まさに**面目躍如**の演技だった。

＊理詰めで相手に条件をのませる手腕は、理論派の**面目躍如**といったところだ。

綿裏包針《めんりほうしん》

類義 笑中有刀《しょうちゅうゆうとう》

表面上は穏やかで柔和だが、心の中ではひそかに悪意を抱いていること。綿裏の針《はり》。

解説「綿裏」は柔らかい綿の中、「包針」は針を包み隠すことで、柔らかい綿の中に悪意の針を隠しているということから。

用例 ＊あの人の言動には気をつけたほうがいい。**綿裏包針**なのが見えすいている。

出典 石徳玉《せきとくぎょく》「曲江池《きょくこうち》」

め

妄言多謝《もうげんたしゃ》

(類義) 暴言多罪《ぼうげんたざい》

自分のいいかげんな発言を重ね重ね詫《わ》びるということ。

(解説) 私見を披露した手紙の文末などに添えることば。「妄言」は理屈に合わない、でたらめやでまかせ。「ぼうげん」とも読むが、「盲言」と書くのは誤り。

(用例) ＊私の思いをそのまま書き連ねましたが、**妄言多謝**、お気に障りましたらお許しください。
＊**妄言多謝**などとんでもない、あなたのお気持ちはよくわかりました。

孟母三遷《もうぼさんせん》

(類義) 慈母三遷《じぼさんせん》・孟母三居《もうぼさんきょ》

子どもの教育には環境が大切であるということ。また、子どもの教育に熱心なこと。賢母の手本。

(解説) 孟子《もうし》の母が、わが子の教育に環境からの悪影響がないようにと、三度も転居したという故事から。ちなみに「教育は時に厳しさも必要」と、母親の甘やかしを戒める教えを「慈母敗子《じぼはいし》」という。

(用例) ＊**孟母三遷**のとおり、閑静な住宅街に引っ越した。

(出典) 「列女伝《れつじょでん》」鄒孟軻母《すうもうかぼ》

目指気使《もくしきし》

ことばにはせずに目配せや表情で指図し、目下の者をこき使うこと。また、勢いがさかんで傲慢《ごうまん》な態度のこと。

(解説) 「目指」は目で指図して人を使うこと。「気使」は口にすることなく素振りで人に指示すること。

(用例) ＊仕事の目的も期日も告げずに**目指気使**するだけでは、誰もついていけないよ。
＊不満続出も当然だ。ボスの**目指気使**は目に余る。

(出典) 「漢書《かんじょ》」貢禹伝《こううでん》

目食耳視《もくしょくじし》

衣食の本来の意義を忘れて、外観を飾るぜいたくな方向に走ること。

(解説)「目食」は、味のよしあしより、見た目に豪華なものを食べること。「耳視」はからだに合うかどうかより、うわさを気にして美しく着飾ること。「耳視目食」とも。

(用例)＊フレンチばかり食べていると、いまに**目食耳視**と言われるよ。

(出典)司馬光《しばこう》「迂書《うしょ》」官失《かんしつ》

百舌勘定《もずかんじょう》

勘定をする段になると、うまいことを言って自分だけ得をするよう仕向けること。

(解説)百舌はよく鳴くので、口がうまいとされた。百舌と鳩《はと》と鴫《しぎ》が買い物をしたとき、口達者な百舌が、鳩と鴫に代金を払わせ自分は払わなかったという昔話による。人を嘲るときに使うことば。

(用例)＊割り勘だと言っただろう？　いつも**百舌勘定**なんだから！

門外不出《もんがいふしゅつ》

貴重な宝物や秘伝などを厳重にしまい、外に持ちださないこと。奥義などを秘蔵していて、人に見せないこと。

(解説)「門外不出の家宝」「門外不出の秘伝書」などと使う。

(用例)＊この春、当博物館で、**門外不出**といわれた巻物が初公開されることになりました。

＊この銘菓は創業以来、**門外不出**の技法で製造し続けています。

＊**門外不出**ともったいぶらずに教えてほしい。

門戸開放《もんこかいほう》

制限をなくして、自由に出入りできるようにすること。特に外国に対して市場を開放し、経済活動や交易を自由にできるようにすること。

(解説)「門戸」を「もんと」と読むのも、「開放」を「解放」と書くのも誤り。

(用例)＊政府は、諸外国から自由競争を認めるよう**門戸開放**を強く迫られている。
＊当女子校は来年から男子にも**門戸開放**します。

門前雀羅《もんぜんじゃくら》

(対義) 千客万来《せんきゃくばんらい》・門巷填隘《もんこうてんあい》
門前成市《もんぜんせいし》

かつての人気や勢いがなくなり閑散とすること、寂れること。閑古鳥が鳴く。

(解説)「雀羅」は雀《すずめ》をつかまえるための網。門の前に、雀をつかまえる網を仕掛けられるほど人通りがないことから。ふつう「門前雀羅を張る」の形で使われる。

(用例)＊ブームが去り、店は**門前雀羅**を張るありさまだ。
＊現役を引退してからは**門前雀羅**の体《てい》だ。

(出典)「史記《しき》」汲鄭伝《きゅうていでん》

問答無用《もんどうむよう》

(類義) 問答無益《もんどうむえき》

話し合ってもむだなこと。

(解説)「問答」は問うことと答えることで、話し合い。「無用」は役にたたないこと。話し合いはむだである、と議論などを一方的に打ち切るときに使うことば。

(用例)＊会議の席で**問答無用**と声を荒らげ、椅子を蹴ったのは、いくらなんでも乱暴すぎたか。
＊父に無心したが、**問答無用**で拒否された。
＊規則違反者からは**問答無用**に罰金を取ります。

冶金踊躍《やきんようやく》

自分のおかれた現状に満足できないことのたとえ。

(解説)「冶金」は金属を溶かしたり加工したりすること。「治金」と書くのは誤り。「踊躍」は飛び跳ねること。坩堝《るつぼ》の中の溶けた金属が、跳ね上がって外に飛びだしそうになることから。

(用例)＊**冶金踊躍**なのはわかるが、「石の上にも三年」とも言うではないか。もうすこし辛抱したらどうだ。

(出典)「荘子《そうじ》」大宗師《たいそうし》

山雀利根《やまがらりこん》

一つのことだけにこだわり、世の中のことを広く知ろうとしないこと。また、小利口なこと。

(解説)「山雀」はシジュウカラ科の小鳥で、飼いならすと芸をするが、覚えた芸を繰り返すだけで応用がきかないことから。「利根」は生まれつき利口なこと。

(用例)＊自分の企画が一番いいと思い込んで、人の意見に耳を貸さないのを**山雀利根**というんだ。
＊クイズが得意だなんて、ただの**山雀利根**だろう。

夜郎自大《やろうじだい》

(類義)自高自大《じこうじだい》・唯我独尊《ゆいがどくそん》

自分の実力もわきまえずにいばること。独りよがりにうぬぼれること。遼東《りょうとう》の豕《いのこ》。

(解説)中国で夜郎国が、漢《かん》の強大さを知らずに自国の強さを誇った故事から。「自大」は尊大に構えること。「夜郎」を「野郎」、「自大」を「時代」と書くのは誤り。

(用例)＊シェフとして、**夜郎自大**にならないよう他店の視察研究も怠らなよう努めている。

(出典)「史記《しき》」西南夷伝《せいなんいでん》

や

唯《ゆい》一《いつ》無《む》二《に》

類義 不同不二《ふどうふじ》・無二無三《むにむさん》
唯一不二《ゆいいつふじ》

この世でただ一つのもの。ただ一つ絶対で、ほかに同じものはないということ。

解説「唯一」「無二」は共に、ただ一つしかない、二つとないこと。同義語を重ね意味を強調している。

用例 ＊こんな**唯一無二**の珍品が手に入るとは、なんて運がいいんだろう。
＊人から見ればくだらないものでも、これは**唯一無二**で、私にとっては宝物です。

唯《ゆい》我《が》独《どく》尊《そん》

類義 夜郎自大《やろうじだい》

自分だけが偉いとうぬぼれること。独善。井蛙《せいあ》の見《けん》。

解説 釈迦《しゃか》が生まれたとき、「天上天下《てんじょうてんげ》唯我独尊」と唱えたことから。現在は独りよがりにうぬぼれること。

用例 ＊実力はあるものの**唯我独尊**だから、人の意見に耳を貸そうとしないのが難点だ。
＊教師は、子どもたちに囲まれて**唯我独尊**になることなく社会にも目を向けていなくてはなりません。

出典「長阿含経《ちょうあごんきょう》」

勇《ゆう》往《おう》邁《まい》進《しん》

類義 獅子奮迅《ししふんじん》・直往邁進《ちょくおうまいしん》
猪突猛進《ちょとつもうしん》・勇往猛進《ゆうおうもうしん》

自分の目的や目標に向かって、ためらわずにひたすら突き進むこと。まっしぐらに前進すること。

解説「勇往」は勇んで前進すること。「邁進」は、ひるむことなく進むこと。

用例 ＊市民の安全を守る警察官として、**勇往邁進**をモットーとしています。
＊リーダーにはどんな障害にも屈せず**勇往邁進**する、気骨のある人がふさわしい。

邑犬群吠《ゆうけんぐんばい》

取るに足りない者たちが集まって、悪口などをあれこれ言いたてること。また、つまらない者たちが寄り集まって賢人を非難することのたとえ。

(解説)「邑犬」は村里の犬。「群吠」は「ぐんべい」とも読む。村里の犬が群がってさかんに吠《ほ》えたてることから。

(用例)＊分をわきまえない物言いでは**邑犬群吠**と不評を買うぞ。

(出典)「楚辞《そじ》」九章《きゅうしょう》・懐沙《かいさ》

雄材大略《ゆうざいたいりゃく》

優れた才能と偉大な計画のこと。

(解説)「雄」は秀でる、優れるの意で、「雄材」は傑出した才能のこと。「ゆうさい」とも読む。「大略」は大きな計画、はかりごと。軍事上の作戦や、大事業の計画などについて使われる。

(用例)＊原子力に代わる新しいエネルギーを開発するという教授の**雄材大略**に、とても感銘を受けました。

(出典)「漢書《かんじょ》」武帝紀《ぶていき》・賛《さん》

優柔《ゆうじゅう》不《ふ》断《だん》

(類義) 意志薄弱《いしはくじゃく》・優柔寡断《ゆうじゅうかだん》
(対義) 剛毅果断《ごうきかだん》・勇猛果敢《ゆうもうかかん》

ぐずぐずといつまでも煮えきらないこと。なかなか決断を下さないこと。また、そのような態度。

(解説)「優柔」は、ぐずぐずとはっきりしないこと。「不断」は思いきりが悪いこと。決断力に乏しいこと。

(用例)＊仕事はてきぱきとこなすのに私生活は**優柔不断**で、服一着買うにもあれこれ迷う。
＊選択を先延ばしにして**優柔不断**な態度をとっていると、周囲の不審を招きかねない。

優勝劣敗《ゆうしょうれっぱい》

(類義) 自然淘汰《しぜんとうた》・弱肉強食《じゃくにくきょうしょく》
適者生存《てきしゃせいぞん》

優れた者が勝ち残り、劣った者が敗れ去ること。弱者が強者に虐げられること。

(解説) 強者や環境に適した者が生き残り、弱者が滅びる生存競争で使う。

(用例) ＊ビジネス社会は**優勝劣敗**、知恵をしぼって成果を上げた者だけが生き残る。
＊一度失敗したぐらいで弱音を吐いているようでは、**優勝劣敗**のこの世界でやっていけないぞ。

融通無碍《ゆうずうむげ》

(類義) 異類無碍《いるいむげ》・無碍自在《むげじざい》
(対義) 四角四面《しかくしめん》・杓子定規《しゃくしじょうぎ》

考えや行動が先入観などにとらわれず、自由でのびのびとしていること。

(解説)「融通」は通りがよいこと。「無碍」はなんの障害もないこと。「無礙」とも書く。

(用例) ＊教師たるもの、それぞれの子どもの個性に合わせて**融通無碍**の指導を心がけるべきだ。
＊当社では、**融通無碍**に発想できる個性的で行動派の人材を求めています。

誘導尋問《ゆうどうじんもん》

質問者が、自分の望む答えを聞きだすために、相手に意図的な質問をすること。また、その質問。

(解説)「誘導」は人やものをある地点に導くこと。「尋問」は相手に質問すること。「訊問」とも書く。刑事訴訟では、禁止や制限をする場合がある。

(用例) ＊無実の人間を犯罪者にしかねないとして、**誘導尋問**は問題視されている。
＊妻の**誘導尋問**に引っかかり、うそがばれた。

有《ゆう》名《めい》無《む》実《じつ》

(類義) 兎葵燕麦《ときえんばく》・名存実亡《めいそんじつぼう》
(対義) 名実一体《めいじついったい》

名前ばかりで、実質がそれに伴っていないこと。また、集団などが名ばかりで形骸《けいがい》化していること。

(解説)「名」は名前や格、評判。「実」は実体や事実。

(用例) ＊うちは組合といっても会社の言いなりだから、**有名無実**の存在に等しい。
＊昇進して幹部になったけれど実権はないから、肩書きは**有名無実**だ。

(出典)「国語《こくご》」晋語《しんご》

勇《ゆう》猛《もう》果《か》敢《かん》

(類義) 剛毅果断《ごうきかだん》・勇猛精進《ゆうもうしょうじん》
(対義) 優柔不断《ゆうじゅうふだん》

思いきりがよくて勇ましいこと。決断力があってたけだけしいこと。また、そのような性質。

(解説)「勇猛」は勇ましくて勢いのあること。「果敢」は決断力に富み勇敢なこと。

(用例) ＊初出場ながら強豪相手に臆することなく、**勇猛果敢**に攻めたてた。
＊**勇猛果敢**な彼ならボディーガードにぴったりだ。

(出典)「漢書《かんじょ》」翟方進伝《てきほうしんでん》

ゆ

悠《ゆう》悠《ゆう》自《じ》適《てき》

(類義) 閑雲野鶴《かんうんやかく》・採薪汲水《さいしんきゅうすい》
悠悠閑閑《ゆうゆうかんかん》・悠悠自得《ゆうゆうじとく》

世俗のわずらわしさを避け、ゆったりと心静かに暮らすこと。のんびりと日々を過ごすこと。

(解説)「悠悠」は、ゆったりとしているさま。「自適」は思いのままに何事にもとらわれずに楽しむこと。

(用例) ＊老齢ながらいたって健康、現役時代に築いた巨万の富で、今では**悠悠自適**だ。
＊定年後は田舎に帰って菜園でも始め、**悠悠自適**の生活を送るつもりです。

輸写心腹《ゆしゃしんぷく》

類義 傾心吐胆《けいしんとたん》

心に思っていることを、隠さず相手に打ち明けること。

解説「輸」は吐露すること、「写」は心を写すことで、「輸写」は心中を打ち明けること。「しゅしゃ」とも読む。「心腹」は心の奥底、本心。

用例 ＊よく言ってくれた。きみの**輸写心腹**のおかげで、このいざこざも解決するだろう。

＊隠し事はつらい。**輸写心腹**してすっきりした。

出典「漢書《かんじょ》」趙広漢伝《ちょうこうかんでん》

油断大敵《ゆだんたいてき》

類義 油断強敵《ゆだんきょうてき》

気を緩めると大きな失敗を招くことになる。目的を達するのに最大の敵となるのは、自分が注意を怠ることだという戒め。油断は失敗のもと。

解説「油断」は仏教語で気をゆるし注意を怠ること。「大敵」は強敵のこと。

用例 ＊今は順調でも**油断大敵**、最後まで気を抜かずにやり遂げよう。

出典「涅槃経《ねはんぎょう》」

余韻嫋嫋《よいんじょうじょう》

音が鳴りやんでも、その名残が長くかすかに続くさま。また、詩文などの余情や、のちのちまで心に残る趣。

解説「嫋嫋」は途切れることなく細く長く続く音。

用例 ＊最後の演奏が終わっても、会場は**余韻嫋嫋**として、誰一人すぐに帰ろうとはしなかった。

＊名作を読み終え、**余韻嫋嫋**たる結末に、しばらく我を忘れていた。

出典 蘇軾《そしょく》「前赤壁賦《ぜんせきへきのふ》」

用意周到《よういしゅうとう》

細かいところにまで準備や心配りが行き届いていて、手抜かりがないこと。用心深い段取り。

(解説)「周到」は細かいところまで気が行き届いていること。「周倒」と書くのは誤り。

(用例)＊パーティーは**用意周到**な計画どおり滞りなく進み、無事終了した。

＊**用意周到**だから会場と客席は万全、あとは当日の晴天を祈るだけだ。

羊頭狗肉《ようとうくにく》

(類義) 牛首馬肉《ぎゅうしゅばにく》・羊質虎皮《ようしつこひ》
羊頭馬脯《ようとうばほ》

外見は立派でも、実質が伴っていないこと。見かけ倒し。看板に偽りあり。

(解説)羊の頭を看板に掲げておきながら、実際には狗《いぬ》(犬)の肉を売っているということから。

(用例)＊看板につられて入ったがこの味では**羊頭狗肉**だ。

＊テーマに期待して聴きに行った講演だったが、**羊頭狗肉**で得るものはなにもなかった。

(出典)「晏子春秋《あんししゅんじゅう》」

容貌魁偉《ようぼうかいい》

顔だちやからだつきが堂々としていて、たくましいさま。いかにも強そうで立派なこと。偉丈夫。

(解説)「魁」は大きいこと。「偉」は堂々としていること。「怪異」と書くのは誤り。

(用例)＊かばんをひったくって逃げた男の前に、**容貌魁偉**の警官が立ちはだかった。

＊顔が**容貌魁偉**だから、年のわりに貫禄《かんろく》がある。

(出典)「後漢書《ごかんじょ》」郭太伝《かくたいでん》

抑揚頓挫《よくようとんざ》

ことばの調子を、高くしたり低く抑えたり中断したりして、全体的な効果をはかること。また、話の勢いが途中で急に弱まってしまうこと。

(解説)「抑揚」は、上がったり下がったりすること。「頓挫」は急にくじけること。

(用例)＊緊張からかスピーチで**抑揚頓挫**してしまい、冷や汗をかきどおしだった。

(出典)陸機《りくき》「遂志賦《すいしふ》」

余裕綽綽《よゆうしゃくしゃく》

(類義)泰然自若《たいぜんじじゃく》

落ち着いて、ゆったりと構えていること。堂々として、物事に動じないさま。

(解説)「余裕」は、ゆとりのこと。「綽」は緩やかなこと、ゆったりとしていること。

(用例)＊報道陣に囲まれたが、**余裕綽綽**たる表情で応じた。＊さすがに優勝の呼び声高いチームだけに、決勝戦を前日に控えていても**余裕綽綽**だ。

(出典)「孟子《もうし》」公孫丑《こうそんちゅう》

落穽下石《らくせいかせき》

人の弱みにつけ込んで、さらに危害を加えること。

(解説)「穽」は落とし穴で、「落穽」は落とし穴に落ちた人。「下石」は石を落とすこと。落とし穴に落ちた人に、さらに上から石を投げ落とす意から。「落井下石」ともいうが、この場合は井戸に落ちる意。

(用例)＊落選したうえに選挙違反で逮捕とは。これでは**落穽下石**で、復帰は絶望だろう。

(出典)韓愈《かんゆ》「柳子厚墓誌銘《りゅうしこうぼしめい》」

落筆点蠅《らくひつてんよう》

過ちを上手に取りつくろって、逆にうまく仕上げること。画家の優れた技術のたとえ。

(解説)「落筆」は筆を落とすこと。「点蠅」の「点」は描くことで、蠅《はえ》を描く意。中国・三国時代の呉《ご》の画家・曹不興《そうふこう》が、筆を誤って落として墨の汚れをつけたが、それを蠅としてうまく描き変えたという故事から。

(用例)＊会見での失言を**落筆点蠅**し感動の逸話と化した。

(出典)「呉志《ごし》」趙達伝《ちょうたつでん》・注

落花流水《らっかりゅうすい》

晩春の風景。そこから、物事が衰え滅びゆくこと。また、男女が慕い合う気持ちが通じ、相思相愛になること。

(解説)散る花は流水に任せて去りたい、流水は落花を運びたい、ということを男女の心情になぞらえた。「落花」を「落下」と書くのは誤り。「流水落花」ともいう。

(用例)＊丘のベンチに腰を下ろし**落花流水**を写生した。
＊二人は**落花流水**のごとく惹《ひ》かれ合った。

(出典)高駢《こうべん》の詩

落花狼藉《らっかろうぜき》

(類義)杯盤狼藉《はいばんろうぜき》・乱暴狼藉《らんぼうろうぜき》

花が散り乱れるように、物が散らかっているさま。また、女性に乱暴をはたらくこと。

(解説)「狼藉」は、物がひどく散らかっているさま。狼《おおかみ》が寝た跡は敷いていた草が乱れている、ということから。「花」を「下」、「狼」を「浪」、「藉」を「籍」と書くのは誤り。

(用例)＊男やもめの部屋だ、**落花狼藉**などはしかたない。
＊酒席で**落花狼藉**に及ぶのは絶対に許せない。

(出典)「和漢朗詠集《わかんろうえいしゅう》」

蘭摧玉折《らんさいぎょくせつ》

優れた人物や美しい女性が、その魅力をすべて発揮しないうちに、若くして亡くなること。

(解説)「摧」は砕けること。「催」と書くのは誤り。みごとに開花した蘭が散り美しい玉が砕け割れることから。

(用例)＊美貌でならした名女優の死はまさに**蘭摧玉折**で、映画界の損失ははかりしれない。

＊青年発明家の夭逝《ようせい》が**蘭摧玉折**として報じられた。

(出典)「世説新語《せせつしんご》」言語《げんご》

利害得失《りがいとくしつ》

(類義) 利害損得《りがいそんとく》・利害得喪《りがいとくそう》

利益と損害。得ることと失うこと。また、それについて考慮すること。

(解説)「利害」も「得失」も、損得の意の同類語。2語を重ねて意味を強調している。

(用例)＊目先の**利害得失**にとらわれていては、国家百年の大計を成し遂げることはできない。

＊互いの**利害得失**を勘案すると、このさい合併して、新会社を発足させるのが最善の策と思われます。

力戦奮闘《りきせんふんとう》

(類義) 奮闘努力《ふんとうどりょく》

力のかぎり戦うこと。懸命に努力すること。

(解説)「力戦」は全力を尽くして戦うこと。「りょくせん」とも読む。「奮闘」は、気力を奮い起こして力いっぱい戦うこと。

(用例)＊きみが**力戦奮闘**してくれたおかげで、全社もようやく一息つくことができたよ。

＊若手とベテランが一体となっての**力戦奮闘**の甲斐《かい》もなく、チームは今季も最下位だった。

離合集散《りごうしゅうさん》

(類義) 雲集霧散《うんしゅうむさん》・合従連衡《がっしょうれんこう》
分合集散《ぶんごうしゅうさん》

人が集まったり別れたりすること。主張や時流に応じて手を組んだり離れたりすること。

(解説)「離合」「集散」は、共に集まったり離れたりすること。「集散離合」「離散集合」ともいう。

(用例) ＊与党と野党、さらに各派閥が**離合集散**した結果、政局はますます混迷した。
＊戦国時代の武将たちは、**離合集散**によって勢力を拡大していった。

立身出世《りっしんしゅっせ》

(類義) 立身揚名《りっしんようめい》

社会的に高い地位に就いて名を上げること。

(解説)「立身」「出世」は共に、世間に認められて地位や名声を得ること。

(用例) ＊**立身出世**して地位や名誉を得るよりも、好きなことをやって生きていきたいと思っています。
＊社長に就任し、大企業での**立身出世**という野望をみごとに遂げた。
＊故郷を出るときは**立身出世**の夢を抱いていた。

理非曲直《りひきょくちょく》

(類義) 是是非非《ぜぜひひ》・是非曲直《ぜひきょくちょく》
是非善悪《ぜひぜんあく》

道理に合っていることとはずれていること。誤っていることと正しいこと。事の是非。

(解説)「理非」は、道理にかなっていることとそうでないこと。「曲直」は、曲がっていることとまっすぐなこと。

(用例) ＊不祥事に対しては、**理非曲直**を正すべきだ。
＊疑惑の**理非曲直**が明らかになった。
＊「**理非曲直**の判別もできない人間にはなるな」が父の口癖だった。

柳《りゅう》暗《あん》花《か》明《めい》

(類義) 鳥語花香《ちょうごかこう》・桃紅柳緑《とうこうりゅうりょく》
柳緑花紅《りゅうりょくかこう》

春の野の美しい景色。また、遊郭などの花街をさすこともある。

(解説) 柳が生い茂ってほの暗いところに、花が明るく咲いているさまから。

(用例) ＊毎年、春にはこの**柳暗花明**の地を訪れます。
＊芸術家の中には、**柳暗花明**に足繁く通って色恋にあけくれる人も多い。

(出典) 王維《おうい》の詩

流《りゅう》言《げん》蜚《ひ》語《ご》

(類義) 街談巷説《がいだんこうせつ》・造言蜚語《ぞうげんひご》
流言流説《りゅうげんりゅうせつ》

根拠のない、いいかげんなうわさ。根も葉もないこと。当て推量。デマ。

(解説) 「流言」も「蜚語」も、世間で交わされる根拠のないうわさ。「蜚」は稲の害虫のことで、飛ぶの意。「蜚語」は「飛語」とも書くが「非語」「卑語」「秘語」は誤り。

(用例) ＊弊社が倒産の危機との**流言蜚語**が飛びかっていますが、けっしてそのような事実はございません。
＊**流言蜚語**に惑わされて判断するのは早計だ。

竜《りゅう》攘《じょう》虎《こ》搏《はく》

(類義) 竜戦虎争《りゅうせんこそう》・竜挐虎擲《りゅうだこてき》
両雄相闘《りょうゆうそうとう》

力が互角の英雄どうしが争うこと。強い者どうしが激しく闘うこと。

(解説) 竜はなぎ倒し、虎は打ちかかるということから。「竜攘」は「りょうじょう」とも読む。「攘」を「擾」「壌」、「搏」を「迫」「膊」「博」などと書くのは誤り。

(用例) ＊決勝戦は、**竜攘虎搏**の対決だから、きっと壮絶な争いになるだろう。
＊首位攻防戦は**竜攘虎搏**、両者譲らず引き分けた。

竜頭蛇尾《りゅうとうだび》

(類義) 虎頭蛇尾《ことうだび》・有頭無尾《ゆうとうむび》
(対義) 有終完美《ゆうしゅうかんび》

始めた当初は勢いがあるが、終盤につれて衰え、勢いがなくなること。頭でっかち尻すぼみ。

(解説) 頭は立派な竜だが、尾は細い蛇であるということから。「竜頭」は「りょうとう」とも読む。

(用例) ＊大河小説を思わせる書きだしにつられて読み始めたが、結末が陳腐な**竜頭蛇尾**でがっかりした。
＊なんでも勇んでやりだすが最後は投げやりで、仕事はいつも**竜頭蛇尾**だ。

粒粒辛苦《りゅうりゅうしんく》

(類義) 艱難辛苦《かんなんしんく》・苦心惨憺《くしんさんたん》
辛労辛苦《しんろうしんく》・千辛万苦《せんしんばんく》

物事を成し遂げるために、こつこつと努力を重ね、苦心しぬくこと。地道に努力すること。

(解説)「粒粒」は、農民が苦労してつくった米の一粒一粒。「粒粒皆《みな》辛苦」の略。「辛苦」を「心苦」と書くのは誤り。

(用例) ＊この論文は、研究に**粒粒辛苦**した労作です。
＊長年にわたるあなたの**粒粒辛苦**を思えば、私の協力など、たいしたことではありません。

(出典) 李紳《りしん》の詩

り

柳緑花紅《りゅうりょくかこう》

(類義) 柳暗花明《りゅうあんかめい》

人の手をすこしも加えていない、自然のあるがままの美しさ。また、春の美しい景色。

(解説) 柳は緑に、花は紅色で自然のままの意から。「柳緑花紅をめでる」などと使う。「花紅柳緑」ともいう。

(用例) ＊その地域では、住民一人一人が**柳緑花紅**の風景を宅地造成などから守っている。
＊夫婦でゆっくりと**柳緑花紅**を楽しむのは、何年ぶりだろう。

陵谷遷貿《りょうこくせんぼう》

(類義) 滄海桑田《そうかいそうでん》・陵谷変遷《りょうこくへんせん》

世の中の移り変わりが激しいこと。滄桑《そうそう》の変。

(解説)「陵」は丘陵。高い丘陵が谷になり、谷がまた丘陵になるような大きな変化のこと。

(用例) ＊このところの経済情勢は**陵谷遷貿**で、円相場の浮き沈みと共に投機家の泣き笑いも激しい。

＊海外にたった３年赴任していただけで故国は**陵谷遷貿**、まるで浦島太郎《うらしまたろう》になった気分だ。

(出典)「詩経《しきょう》」小雅《しょうが》・十月之交《じゅうげつしこう》

良妻賢母《りょうさいけんぼ》

よい妻であると同時に賢い母でもあること。また、そのような女性。

(解説)「賢母」を「兼母」と書くのは誤り。

(用例) ＊家内は**良妻賢母**として、家事から子どもの教育までよくやってくれています。

＊かつて**良妻賢母**が、女性の理想像として女子教育のスローガンとされていた。

＊私は**良妻賢母**などとほめられるのは嫌いです。

理路整然《りろせいぜん》

(類義) 順理成章《じゅんりせいしょう》

(対義) 支離滅裂《しりめつれつ》・乱雑無章《らんざつむしょう》

話の筋道が通っていること。考えや主張がきちんと秩序だっていること。

(解説)「理路」は考えや話の筋道。「整然」は、きちんと秩序正しくととのっているさま。

(用例) ＊店長の**理路整然**とした説明に、苦情を訴えたお客様が納得して帰られた。

＊先生の**理路整然**たる論文は、わかりやすいと評判です。

臨《りん》機《き》応《おう》変《へん》

(類義) 当機立断《とうきりつだん》・変幻自在《へんげんじざい》
(対義) 杓子定規《しゃくしじょうぎ》・不識時務《ふしきじむ》

時と場合に応じて適切な行動をとること。

(解説)「臨機」は、その場に居合わせること。「応変」は、突然の変化に適切に対処すること。訓読は「機に臨み変に応ず」という。

(用例) ＊この問題については相手のあることですし、原則にこだわらずに**臨機応変**にしたいと思います。
＊アクシデントに見舞われたが、担当者の**臨機応変**のおかげで事なきを得た。

縷《る》縷《る》綿《めん》綿《めん》

だらだらと中身のない話が続くこと。くどくどと事細かに話すこと。

(解説)「縷縷」はこまごまと話すこと。「綿綿」は長々と続いて絶え間がないこと。

(用例) ＊飲みに誘った居酒屋で、同僚の**縷縷綿綿**の愚痴を聞かされた。
＊珍しく息子から手紙が来たと思ったら、窮状を**縷縷綿綿**と訴えた金の無心だった。

る

冷《れい》汗《かん》三《さん》斗《と》

(類義) 汗顔無地《かんがんむち》・冷水三斗《れいすいさんと》

恐怖や恥ずかしさのあまり、冷や汗をかくこと。突然のできごとにうろたえること。

(解説)「斗」は計量単位で、升の10倍。一斗は約18リットルで、「三斗」は量が多いことのたとえ。

(用例) ＊初舞台でせりふを忘れてしまい、**冷汗三斗**でその場をどうにかしのいだ。
＊いきなり子どもが飛びだしてきて急ブレーキをかけたときは、**冷汗三斗**の思いだった。

烈士徇名《れっしじゅんめい》

(対義) 貪夫徇財《たんぷじゅんざい》

道理を大切にする人は、自分の命をかけて名誉を守るということ。

(解説)「烈士」は道理の通った正しい行いをする人。「徇」は命をささげること。利益や地位などに動かされることなく、道理に殉じて名誉を守るという意。

(用例) ＊どんなに敵が多くても心意気は**烈士徇名**です。
＊主君に諫言《かんげん》したあの男こそ、**烈士徇名**の鑑《かがみ》だ。

(出典)「史記《しき》」伯夷伝《はくいでん》

連鎖反応《れんさはんのう》

一つのできごとがきっかけとなって別の、同様の反応が次々と引き起こされ、進行すること。

(解説)「連鎖」は鎖のようにつながること。もともとは、外部からエネルギーを摂取することなく次々と、連鎖的に全体の反応が進行するという化学反応の現象からきたことば。

(用例) ＊ニューヨークで始まった暴落が**連鎖反応**を引き起こし、全世界の同時株安に至った。

廉恥功名《れんちこうみょう》

清らかで欲がなく恥を知れば、手柄をたてて名をあげられるということ。

(解説)「廉恥」は心が清くて恥を知ること。「功名」は手柄をたて名をあげること。

(用例) ＊世俗にまみれた今の自分には、**廉恥功名**など口が裂けても言えない。
＊あの寺の大僧正は、**廉恥功名**のお手本のような人生を送られた。

弄巧成拙《ろうこうせいせつ》

(類義) 弄巧反拙《ろうこうはんせつ》

技巧がすぎて、かえって仕上がりを失敗すること。また、よけいに凝りすぎること。

(解説)「拙」はまずい、つたないこと。「巧を弄び拙を成すは、蛇を偽りて足を添えるが如《ごと》し」とある「蛇足」の出典になった詩句から。

(用例) ＊フォワードの動きが奇をてらいすぎるんだ。**弄巧成拙**を繰り返すだけでは、得点にはつながらない。

(出典) 黄庭堅《こうていけん》「拙軒頌《せっけんのしょう》」

狼子野心《ろうしやしん》

(類義) 狼子獣心《ろうしじゅうしん》

凶暴な人は、正しい方向へ教化しがたいことのたとえ。また、凶暴な人間が野心を抱くこと。

(解説)「狼子」は狼《おおかみ》の子、「野心」は野獣の心。狼の子どもは飼いならそうとしても野性の心を失わず、凶暴性を発揮するということから。

(用例) ＊次男坊が**狼子野心**で、ほとほと手を焼いている。

＊荒くれ者が**狼子野心**の本性を現し暴走を始めた。

(出典)「春秋左氏伝《しゅんじゅうさしでん》」宣公《せんこう》四年

ろ

老少不定《ろうしょうふじょう》

(類義) 無常迅速《むじょうじんそく》

老いた者が先に死に、若い者が後で死ぬとは限らないということ。人の寿命は予測がつかないということ。

(解説) 仏教語。「不定」は不確かなこと、定まらないこと。「ふてい」と読むのは誤り。

(用例) ＊**老少不定**とはいえ、わが子を亡くしてしまった彼女に、慰めのことばもない。

＊健康そのもののように見えていても、**老少不定**、人の寿命ははかりがたい。

老若男女《ろうにゃくなんにょ》

年齢・性別に関係なく、すべての人々。

(解説)「老若」は老人と若者や子ども、「男女」に重ね、すべての人々のこと。「ろうじゃくだんじょ」とも読む。

(用例)＊クライマックスシーンでは、**老若男女**を問わず観客すべてがむせび泣いた。
＊最近ではこの神社もパワースポットといわれ、**老若男女**の参拝客でにぎわうようになった。
＊町民であれば**老若男女**、どなたでも入れます。

老婆心切《ろうばしんせつ》

老婆のような、必要以上の世話焼き。過剰な親切。

(解説)語の構成は「老婆心」+「切」。「老婆心」は、年老いた女性が子や孫を慈しむ心。「切」は切実、懇切の意。もとは禅語で、自分の親切心を謙遜することばとしても使う。

(用例)＊**老婆心切**ながら一言、忠告しようと思います。
＊これは**老婆心切**の発露だから非難はよそう。

(出典)「碧巌録《へきがんろく》」

六根清浄《ろっこんしょうじょう》

(類義)六根自在《ろっこんじざい》

六根から生じる迷いを断ち、心身共に清らかになること。修行者がお参りするときなどに唱えることば。

(解説)「六根」は目・耳・鼻・舌・身・意の六つの感覚器官。人間の意識や感覚の源。ここから生じる煩悩を断ち切ることを「清浄」という。略して「六根浄」とも。「根」を「魂」と書くのも、「清」を「せい」と読むのも誤り。

(用例)＊修行者の一行は**六根清浄**を唱えながら、ひたすら霊峰の頂上をめざしていた。

論功行賞《ろんこうこうしょう》

(類義) 信賞必罰《しんしょうひつばつ》

功績の有無や大小に応じて、それに見合ったほうびを与えること。

(解説)「論功」は、功績・手柄の程度を論じ調べること。「論功」を「論考」と、また「論行功賞」と書くのは誤り。

(用例) ＊大ヒット商品を開発した**論功行賞**で、一躍部長に抜擢《ばってき》された。

＊明らかに公正さを欠いている**論功行賞**だ。

(出典)「魏志《ぎし》」明帝紀《めいていき》

論旨明快《ろんしめいかい》

(類義) 論旨明瞭《ろんしめいりょう》

(対義) 不得要領《ふとくようりょう》・論旨不明《ろんしふめい》

文章や議論の主旨・要旨がはっきりとしていて道筋が通り、わかりやすいさま。

(解説)「論旨」は議論などの要点。「明快」は、道筋がはっきりとしていること。「明解」と書くのは誤り。

(用例) ＊先方は**論旨明快**だから、商談もすぐにまとまる。

＊偉そうに語っていても**論旨明快**な意見には太刀打ちできないので世話がない。

＊説明が**論旨明快**で相手もすぐに納得してくれた。

和気藹藹《わきあいあい》

(類義) 和気靄然《わきあいぜん》・和気洋洋《わきようよう》

うちとけて和やかな気分が満ちているさま。皆が仲よく、くつろいでいるさま。

(解説)「和気」は穏やかな気分のこと。「藹藹」は和やかなさま。「靄靄」とも書く。

(用例) ＊当社は**和気藹藹**としているが、仕事になれば緊張感をもっていそしんでいる。

＊10年続くクラス会は参加者の多寡にかかわらず、いつもながら**和気藹藹**だ。

和光同塵《わこうどうじん》

類義 内清外濁《ないせいがいだく》・和光垂迹《わこうすいじゃく》

自分の才能や威光を包み隠し、俗世間で目だたないように暮らすこと。

解説「同塵」は塵《ちり》、つまり世俗の中に交じること。もとは、仏が本来の姿を隠して衆生の中に現れ、人々を救うことをいった。

用例 ＊先生は優れた研究者ですが、すこしも高ぶることなく**和光同塵**の生活を送っておられます。

出典「老子《ろうし》」

和魂漢才《わこんかんさい》

類義 和魂洋才《わこんようさい》

日本古来の精神を保持したまま、中国伝来の知識や学問を吸収することを強調したことば。

解説「和魂」は日本固有の精神のこと。「漢才」は中国の学識や知識のこと。

用例 ＊古代の日本人は、**和魂漢才**の心構えで大陸からの異文化を吸収していた。

＊**和魂漢才**の学識を買われ中国訪問団に誘われた。

出典 菅原道真《すがわらのみちざね》「菅家遺誡《かんけいかい》」

和洋折衷《わようせっちゅう》

日本風のものと西洋風のものをうまく取り合わせること。また、そのもの。

解説「和洋」は和風と洋風。「折衷」は、両方のよい点を取り入れ、ほどよく調和させること。「折中」とも書く。

用例 ＊和風の瓦屋根にマントルピースの煙突が立つ、**和洋折衷**の建物を見学した。

＊このレストランは、**和洋折衷**の食材を使ったオリジナルメニューで評判だ。

手紙の書き出しで使える「時候・季節」の四字熟語

《春》 一陽来復《いちようらいふく》　東風解凍《とうふうかいとう》　春風駘蕩《しゅんぷうたいとう》　桜花爛漫《おうかららんまん》
柳暗花明《りゅうあんかめい》　春寒料峭《しゅんかんりょうしょう》

● 庭の梅の花が咲きました。**一陽来復**、待ちに待った春です。
● **東風解凍**、春ですね。例年にも増して穏やかな日が続いています。
● **春風駘蕩**のころ、吹く風が気持ちのいいこのごろです。
● **桜花爛漫**、満開の桜の下で飲むお酒はいつにも増しておいしいものですね。
● 旅先から書いています。小高い丘から眺めた景色がすばらしくてペンをとりました。とりどりの花の色、日を反射して光る緑。**柳暗花明**の美しさでした。
● 新緑のころだというのに、**春寒料峭**、この数日は寒さがぶり返し、まるで冬に戻ったよう。お変わりありませんか？

　＊一陽来復　→ 20 ページ
　＊東風解凍　東風が厚い氷を解かし始めること。初春
　＊春風駘蕩　→ 154 ページ
　＊桜花爛漫　→ 43 ページ
　＊柳暗花明　→ 309 ページ
　＊春寒料峭　春になって寒さがぶり返し肌寒く感じられるさま

《夏》 九《きゅう》夏《か》三伏《さんぷく》

- うっとうしい梅雨が明けてほっとしたのもつかの間、じっとしていても汗の吹き出る**九夏三伏**のころとなりました。

　＊九夏三伏　夏のもっとも暑い盛り。土用のころ

《秋》 秋高《しゅうこう》馬《ば》肥《ひ》　秋風冽冽《しゅうふうれつれつ》　露《ろ》往霜来《おうそうらい》

- 空は高く透き通るような青。頬をなでる風がやさしい。**秋高馬肥**、待ちに待ったスポーツの秋の到来です。
- 冬の訪れを予感させるような**秋風冽冽**のこのごろです。
- **露往霜来**、私の家のあたりでは今朝、初霜が降りました。秋が終わろうとしています。

　＊秋高馬肥　秋のさわやかで気持ちのよい天候
　＊秋風冽冽　秋風が厳しく冷たく吹く様子
　＊露往霜来　露が降りる秋が去り、霜の降りる冬が到来すること。転じて、時の過ぎるのが早いたとえ

《冬》 滴水成氷《てきすいせいひょう》　三寒《さんかん》四《し》温《おん》

- 異動になって初めての冬。**滴水成氷**といいますが、こちらの冬の寒さは想像以上です。
- **三寒四温**、朝晩の寒さも心なしかゆるんできたように感じられる今日このごろです。春がそこまできているのですね。

　＊滴水成氷　冬の厳しい寒さのこと、極寒の地のこと。滴る水が氷になる意味
　＊三寒四温　→ 122 ページ

年賀状で使える「賀詞・十二支」の四字熟語

《**子**(ねずみ)》

情勢は厳しいものがありますが、**窮鼠噛猫**《きゅうそごうびょう》とも申します。追い込まれてこそチャンスと信じ、努力するつもりです。

＊窮鼠噛猫　弱者も追い詰められると思いもよらぬ力を発揮し、強者を倒すことがあること

《**丑**(うし)》

丑年だからと**牛飲馬食**《ぎゅういんばしょく》にならぬよう気をつけ、今年は健康第一を旨とし、仕事に邁進する所存です。

＊牛飲馬食　→ 74 ページ

《**寅**(とら)》

虎穴虎子《こけつこし》。リスクを恐れていてはなにも得られません。一歩を踏みだす勇気を大切にしたいと思っています。

＊虎穴虎子　危険を冒さなければ、大きな利益や成果は得られないこと

《**卯**(うさぎ)》

暮れに念願の社会部に配属されました。卯年にならって**鳶目兎耳**《えんもくとじ》を目標に、労を惜しまず歩き回る所存です。

＊鳶目兎耳　鳶《とび》のように目が利き、兎《うさぎ》のように耳が早い人。報道関係者をいうことが多い

《**辰**(たつ)》

画竜点睛《がりょうてんせい》を欠くことのないよう、最後まで細心の注意を払い、このプロジェクトが成就すべく頑張ります。

＊画竜点睛　→ 56 ページ

《**巳**(へび)》

昨年は地区 3 位でした。今年は巳年。**常山蛇勢**《じょうざんのだせい》、隙のない戦い方を目指します。目標は優勝！

＊常山蛇勢　隙のない戦法、隙や欠点がないこと。文章などで乱れがないこと

《午(うま)》

上京して30年。胡馬北風《こばほくふう》に依る。年のせいでしょうか、故郷忘れがたく、望郷の念が強くなる春の日です。

＊胡馬北風　→116ページ

《未(ひつじ)》

些事《さじ》に振り回される毎日ですが、気持ちだけは羊裘垂釣《ようきゅうすいちょう》の境地。心だけでも静かに穏やかにと願う初春です。

＊羊裘垂釣　羊のかわごろもを着て、釣り糸を垂れること、隠者のたとえ

《申(さる)》

意馬心猿《いばしんえん》から逃れて心静かにと願う年の初めです。本年もよろしくお願いいたします。

＊意馬心猿　→31ページ

《酉(とり)》

社員20人の小さな会社に就職が決まりました。しかし鶏口牛後《けいこうぎゅうご》のたとえもあります。僕が会社を大きくしてみせる、そんな気構えで頑張ります。

＊鶏口牛後　→92ページ

《戌(いぬ)》

今年は戌年。陶犬瓦鶏《とうけんがけい》にならぬよう、十分注意して周囲の期待に応えるべく努力するつもりです。

＊陶犬瓦鶏　→232ページ

《亥(いのしし)》

一竜一猪《いちりゅういっちょ》といいます。亥年ですが、よく学び、私は竜になりたい。ご指導よろしくお願いいたします。

＊一竜一猪　学びによって、大きな賢愚の差ができること。努力の程度により、差ができること

祝宴・披露宴で使える「賛辞・祝辞」の四字熟語

《賛辞①（町内会の納会で）》

来年の町内会旅行は2泊、参加希望者が80名を超えます。扱う金額も大きく、間違いや不明があってはいけませんから一騎当千《いっきとうせん》の大島さんにぜひともお願いしたいと思います。不正などもってのほかです。その点も清廉潔白《せいれんけっぱく》、公平無私《こうへいむし》を旨とする大島さんなら心配いりません。

＊一騎当千　→ 22 ページ
＊清廉潔白　→ 180 ページ
＊公平無私　→ 107 ページ

《賛辞②（大ヒット商品開発の祝賀会で）》

思わず手を貸したくなるようなか弱き女性といった田中さんですが、外柔内剛《がいじゅうないごう》、外見を裏切る芯の強さがあります。また、失敗しても失敗しても挑戦をやめない不撓不屈《ふとうふくつ》の精神も。深夜にあっても実験を繰り返す、その姿を尊敬しておりました。

＊外柔内剛　→ 49 ページ
＊不撓不屈　→ 270 ページ

《祝辞①（披露宴）》

雲ひとつない晴天。時折そよ風に舞う花びらが、花嫁の美しさをさらに引きたてます。まさに錦上添花《きんじょうてんか》、よき日おめでとうございます。本日は初夏を思わせる日差し、人影もくっきりと映ります。ものの形とその影は離れることがありません。形影一如《けいえいいちにょ》、片時も離れず夫婦仲むつまじく、すてきな家庭を築いてください。おふたりの末永いお幸せをお祈りいたします。

＊錦上添花　→ 86 ページ

＊形影一如　仲むつまじい夫婦のたとえ

《祝辞②（米寿を祝う）》

千秋万歳《せんしゅうばんざい》。おじいちゃん、八十八回目のお誕生日おめでとうございます。校長先生だったおじいちゃんにいろんなところに連れていってもらいました。行く先々で「佐藤先生のお孫さん？　そっくりねえ」とかわいがってもらいました。寛仁大度《かんじんたいど》なおじいちゃんは誰にも尊敬されていたから、私もかわいがってもらえたのね。今も教育委員会や町内会の相談役として元気に働いているおじいちゃんは私の自慢です。延年転寿《えんねんてんじゅ》、ますますお元気で。

＊千秋万歳　→188ページ
＊寛仁大度　→62ページ
＊延年転寿　長生きすること。安楽に長命を保つこと

《祝辞③（M&Aに成功の祝賀会）》

まさに旭日昇天《きょくじつしょうてん》の勢いですね。このたびの買収で、業界で5本の指に入ることになりました。まことにおめでとうございます。業を起こされてまだ10年。ここまでの急成長は驚天動地《きょうてんどうち》、奇跡といっても過言ではありません。この大躍進の要因の第一はなんといっても高橋社長の智勇兼備《ちゆうけんび》にあるでしょう。深謀《しんぼう》遠慮《えんりょ》、それでいて大胆不敵《だいたんふてき》。打つ手打つ手があたる読みのよさに驚くばかりです。しかしながら、久美子夫人の内助の功も忘れてはなりません。一心同体《いっしんどうたい》で支える夫人の陰の力があればこそです。

＊旭日昇天　→80ページ
＊驚天動地　→78ページ
＊智勇兼備　知恵と勇気をあわせもつこと
＊深謀遠慮　→171ページ
＊大胆不敵　→205ページ
＊一心同体　→27ページ

付録

葬儀・壮行で使える「弔辞・送別」の四字熟語

《弔辞①（友人に送る）》

佳人薄命《かじんはくめい》ということばが憎らしく思えます。幸子さんあなたは、英華発外《えいかはつがい》の人でした。内面の美しさ、やさしさが姿、面立ち、振る舞いに表れている人でした。気配りが行き届き、すてきな人でした。そんなあなたがかわいい坊やとご主人をのこして逝くなんて信じられません。去年の夏、家族ぐるみでバーベキューをしましたね。お酒も飲んではしゃいで……あのときの子どものような清浄無垢《せいじょうむく》な笑顔が昨日のことのように思いだされます。

＊佳人薄命　→ 52 ページ
＊英華発外　内面のすぐれた精神や美しさなどが表面に表れること
＊清浄無垢　清らかで汚れのないこと

《弔辞②（恩師に送る）》

会者定離《えしゃじょうり》は人の定めとはいえ、突然の別れにただただ驚くばかりです。現実として受け止めることができずにいます。先生にはたくさんのことを教えていただきました。先生は解衣推食《かいいすいしょく》の人でした。また、一視同仁《いっしどうじん》の人でもありました。

＊会者定離　→ 41 ページ
＊解衣推食　人に恩を施すたとえ。人を深く思いやるたとえ
＊一視同仁　→ 24 ページ

《送別①（転勤の同僚に）》

雄材大略《ゆうざいたいりゃく》を見込まれての本社へのご栄転、まことにおめでとうございます。高橋先輩からは百折不撓《ひゃくせつふとう》の精神を学びました。見習います。こちらにご用のあ

る際は、ぜひ立ち寄り、豪快な呵呵大笑《かかたいしょう》の声を聞かせてください。

＊雄材大略　→300ページ
＊百折不撓　→259ページ
＊呵呵大笑　→50ページ

《送別②(結婚退職の同僚に)》

先日ご主人となる鈴木さんを紹介されましたが、並んでたつおふたりを見て、才子佳人《さいしかじん》とはこのこととうらやましく思いました。ご主人のご両親と生活されるということですが、麻里子さんは和光同塵《わこうどうじん》の慎み深いお人柄、ご主人のご両親にもかわいがられることでしょう。

＊才子佳人　→121ページ
＊和光同塵　→317ページ

《送別③(卒業)》

少々のことではへこたれない、負けない堅忍不抜《けんにんふばつ》の強い精神力を持ってください。そして粒粒辛苦《りゅうりゅうしんく》してください。そうすれば陰徳陽報《いんとくようほう》があります。どこかで誰かが、絶え間ない努力、善行を見ているものです。

＊堅忍不抜　→98ページ
＊粒粒辛苦　→310ページ
＊陰徳陽報　人知れず善行を積めば、必ずよい報いとなって返ってくること

《壮行(大会出場のサッカーチームに)》

百戦錬磨《ひゃくせんれんま》の相手です。竜攘虎搏《りゅうじょうこはく》の戦いになることでしょう。しかし、決して勝てない相手ではない。精神一到《せいしんいっとう》、いくぞ！

＊百戦錬磨　→260ページ
＊竜攘虎搏　→309ページ
＊精神一到　精神を集中して事にあたればどんな難事でもできないことはない

テーマ別索引

●本書に収録した見出し語になっている主な四字熟語を、場面や用途別に分類し、テーマごとに五十音順に配列した。

人間

▶有能・賢者・善人

一騎当千《いっきとうせん》……22
鬼面仏心《きめんぶっしん》……73
挙足軽重《きょそくけいちょう》……82
謹厳実直《きんげんじっちょく》……85
金口木舌《きんこうぼくぜつ》……85
金声玉振《きんせいぎょくしん》……87
高材疾足《こうざいしっそく》……102
国士無双《こくしむそう》……111
古今無双《ここんむそう》……112
才気煥発《さいきかんぱつ》……120
才子佳人《さいしかじん》……121
才色兼備《さいしょくけんび》……121
三面六臂《さんめんろっぴ》……125
聖人君子《せいじんくんし》……176
千軍万馬《せんぐんばんば》……184
全知全能《ぜんちぜんのう》……190
大器晩成《たいきばんせい》……202
泰山北斗《たいざんほくと》……204
多士済済《たしせいせい》……208
天下無双《てんかむそう》……226
当意即妙《とういそくみょう》……231
飛耳長目《ひじちょうもく》……257
百戦錬磨《ひゃくせんれんま》……260
品行方正《ひんこうほうせい》……262
伏竜鳳雛《ふくりゅうほうすう》……267
文質彬彬《ぶんしつひんぴん》……273
文武両道《ぶんぶりょうどう》……274
明哲保身《めいてつほしん》……290
雄材大略《ゆうざいたいりゃく》……300
勇猛果敢《ゆうもうかかん》……302

▶無能・愚者・悪人

有象無象《うぞうむぞう》……36
鶏鳴狗盗《けいめいくとう》……94
尸位素餐《しいそさん》……126
酒嚢飯袋《しゅのうはんたい》……153
浅学非才《せんがくひさい》……183
走馬看花《そうばかんか》……198
陶犬瓦鶏《とうけんがけい》……232
伴食宰相《ばんしょくさいしょう》……254
無為無策《むいむさく》……285
無芸大食《むげいたいしょく》……286
無知蒙昧《むちもうまい》……287

▶良い人柄、性格

一視同仁《いっしどうじん》……24
一刀両断《いっとうりょうだん》……30
軽妙洒脱《けいみょうしゃだつ》……94
言行一致《げんこういっち》……96
質実剛健《しつじつごうけん》……138
実践躬行《じっせんきゅうこう》……138
洒洒落落《しゃしゃらくらく》……145
胆大心小《たんだいしんしょう》……213
訥言敏行《とつげんびんこう》……238
不言実行《ふげんじっこう》……267
面目躍如《めんもくやくじょ》……294

▶悪い人柄、性格

悪逆無道《あくぎゃくむどう》……5
慇懃無礼《いんぎんぶれい》……33
依怙贔屓《えこひいき》……41
口蜜腹剣《こうみつふくけん》……107
極悪非道《ごくあくひどう》……110
自暴自棄《じぼうじき》……142
針小棒大《しんしょうぼうだい》……167
人面獣心《じんめんじゅうしん》……171
責任転嫁《せきにんてんか》……181
装模作様《そうもさくよう》……198
大言壮語《たいげんそうご》……203
朝蠅暮蚊《ちょうようぼぶん》……219
田夫野人《でんぷやじん》……230
腐敗堕落《ふはいだらく》……271
舞文曲筆《ぶぶんきょくひつ》……271
辺幅修飾《へんぷくしゅうしょく》……276
亡羊補牢《ぼうようほろう》……281
三日坊主《みっかぼうず》……284

面従腹背《めんじゅうふくはい》……293
綿裏包針《めんりほうしん》……294
邑犬群吠《ゆうけんぐんばい》……300
落穽下石《らくせいかせき》……305
狼子野心《ろうしやしん》……314

▶容姿・容貌

一笑千金《いっしょうせんきん》……26
佳人薄命《かじんはくめい》……52
眼光炯炯《がんこうけいけい》……60
傾城傾国《けいせいけいこく》……92
才色兼備《さいしょくけんび》……121
羞月閉花《しゅうげつへいか》……147
朱唇皓歯《しゅしんこうし》……152
眉目秀麗《びもくしゅうれい》……259
明眸皓歯《めいぼうこうし》……291
容貌魁偉《ようぼうかいい》……304

▶運命

一世一代《いっせいちだい》……28
有為転変《ういてんぺん》……35
運否天賦《うんぷてんぷ》……39
雲翻雨覆《うんぽんうふく》……39
栄枯盛衰《えいこせいすい》……40
会者定離《えしゃじょうり》……41
佳人薄命《かじんはくめい》……52
吉凶禍福《きっきょうかふく》……72
乾坤一擲《けんこんいってき》……97
才子多病《さいしたびょう》……121
盛者必衰《じょうしゃひっすい》……156
生者必滅《しょうじゃひつめつ》……156
諸行無常《しょぎょうむじょう》……160
千載一遇《せんざいいちぐう》……186
前途多難《ぜんとたなん》……191
前途洋洋《ぜんとようよう》……191
天佑神助《てんゆうしんじょ》……231
飛花落葉《ひからくよう》……256
泡沫夢幻《ほうまつむげん》……280
蘭摧玉折《らんさいぎょくせつ》……307
老少不定《ろうしょうふじょう》……314

行動・感情

▶意志が強い

外柔内剛《がいじゅうないごう》……49
確乎不抜《かっこふばつ》……54
旗幟鮮明《きしせんめい》……69
堅忍不抜《けんにんふばつ》……98
剛毅果断《ごうきかだん》……101
剛毅木訥《ごうきぼくとつ》……101
金剛不壊《こんごうふえ》……118
士気高揚《しきこうよう》……128
志操堅固《しそうけんご》……135
七転八起《しちてんはっき》……136
秋霜烈日《しゅうそうれつじつ》……148
初志貫徹《しょしかんてつ》……160
即断即決《そくだんそっけつ》……200
鉄心石腸《てっしんせきちょう》……224
徹頭徹尾《てっとうてつび》……224
万死一生《ばんしいっしょう》……253
百折不撓《ひゃくせつふとう》……259
不惜身命《ふしゃくしんみょう》……268
不撓不屈《ふとうふくつ》……270
烈士徇名《れっしじゅんめい》……313

▶意志が弱い

唯唯諾諾《いいだくだく》……10
意志薄弱《いしはくじゃく》……12
右顧左眄《うこさべん》……36
内股膏薬《うちまたこうやく》……37
玩物喪志《がんぶつそうし》……65
狐疑逡巡《こぎしゅんじゅん》……110
首鼠両端《しゅそりょうたん》……152
遅疑逡巡《ちぎしゅんじゅん》……214
薄志弱行《はくしじゃっこう》……246
付和雷同《ふわらいどう》……272
優柔不断《ゆうじゅうふだん》……300

▶勢いがある

意気軒昂《いきけんこう》……10
意気揚揚《いきようよう》……11

▶勢いがない

▶努力・苦労

▶協力

▶慎重

▶誠実・無私

夫唱婦随《ふしょうふずい》……269
法界悋気《ほうかいりんき》……277
落花流水《らっかりゅうすい》……306

▶不安・動揺・迷い

暗中模索《あんちゅうもさく》……9
意馬心猿《いばしんえん》……31
右往左往《うおうさおう》……35
隔靴搔痒《かっかそうよう》……54
疑心暗鬼《ぎしんあんき》……70
跼天蹐地《きょくてんせきち》……81
五里霧中《ごりむちゅう》……117
思案投首《しあんなげくび》……126
周章狼狽《しゅうしょうろうばい》……147
小心翼翼《しょうしんよくよく》……158
戦戦兢兢《せんせんきょうきょう》……190
輾転反側《てんてんはんそく》……229
風声鶴唳《ふうせいかくれい》……264
冷汗三斗《れいかんさんと》……312

▶苦しみ・悲しみ

愛別離苦《あいべつりく》……3
阿鼻叫喚《あびきょうかん》……6
怨憎会苦《おんぞうえく》……47
鬼哭啾啾《きこくしゅうしゅう》……68
求不得苦《ぐふとくく》……90
孤影悄然《こえいしょうぜん》……109
五陰盛苦《ごおんじょうく》……110
七転八倒《しちてんばっとう》……136
七難八苦《しちなんはっく》……137
悲憤慷慨《ひふんこうがい》……258

▶喜び・笑い

呵呵大笑《かかたいしょう》……50
歓天喜地《かんてんきち》……64
旱天慈雨《かんてんじう》……64
喜色満面《きしょくまんめん》……70
狂喜乱舞《きょうきらんぶ》……76
欣喜雀躍《きんきじゃくやく》……84
破顔一笑《はがんいっしょう》……245
捧腹絶倒《ほうふくぜっとう》……280

▶その他の感情

遺憾千万《いかんせんばん》……10
一喜一憂《いっきいちゆう》……22
一顰一笑《いっぴんいっしょう》……31
陰陰滅滅《いんいんめつめつ》……33
感慨無量《かんがいむりょう》……57
顔厚忸怩《がんこうじくじ》……60
感情移入《かんじょういにゅう》……62
喜怒哀楽《きどあいらく》……72
驚天動地《きょうてんどうち》……78
胡馬北風《こばほくふう》……116
残念無念《ざんねんむねん》……123
情緒纏綿《じょうちょてんめん》……158
切歯扼腕《せっしやくわん》……182
多情多感《たじょうたかん》……209
得意満面《とくいまんめん》……236
忍気呑声《にんきどんせい》……242
悲喜交交《ひきこもごも》……257
不倶戴天《ふぐたいてん》……267
呆然自失《ぼうぜんじしつ》……279
未練未酌《みれんみしゃく》……285

▶悟り・境地

安心立命《あんじんりつめい》……8
雲煙過眼《うんえんかがん》……38
雲散霧消《うんさんむしょう》……38
円満具足《えんまんぐそく》……43
虚無恬淡《きょむてんたん》……83
行雲流水《こううんりゅうすい》……99
光風霽月《こうふうせいげつ》……106
自然法爾《じねんほうに》……141
寂滅為楽《じゃくめついらく》……144
則天去私《そくてんきょし》……200
知足安分《ちそくあんぶん》……215
無念無想《むねんむそう》……287
明鏡止水《めいきょうしすい》……290
六根清浄《ろっこんしょうじょう》……315

【社会生活】

▶夫婦・親子・家庭

安車蒲輪《あんしゃほりん》……8
一族郎党《いちぞくろうどう》……17
一家団欒《いっかだんらん》……21
一子相伝《いっしそうでん》……24
温凊定省《おんせいていせい》……46
偕老同穴《かいろうどうけつ》……50
琴瑟相和《きんしつそうわ》……86
慈烏反哺《じうはんぽ》……126
子子孫孫《ししそんそん》……133
破鏡重円《はきょうじゅうえん》……245
比翼連理《ひよくれんり》……261
夫唱婦随《ふしょうふずい》……269
良妻賢母《りょうさいけんぼ》……311

▶衣食住・健康

医食同源《いしょくどうげん》……13
一汁一菜《いちじゅういっさい》……16
羽化登仙《うかとうせん》……36
乳母日傘《おんばひがさ》……47
閑雲野鶴《かんうんやかく》……57
牛飲馬食《ぎゅういんばしょく》……74
行住坐臥《ぎょうじゅうざが》……77
金殿玉楼《きんでんぎょくろう》……87
健康寿命《けんこうじゅみょう》……96
紅灯緑酒《こうとうりょくしゅ》……105
五臓六腑《ごぞうろっぷ》……114
困苦欠乏《こんくけつぼう》……118
才子多病《さいしたびょう》……121
自給自足《じきゅうじそく》……129
身体髪膚《しんたいはっぷ》……169
酔眼朦朧《すいがんもうろう》……172
翠帳紅閨《すいちょうこうけい》……173
頭寒足熱《ずかんそくねつ》……174
晴耕雨読《せいこううどく》……175
浅酌低唱《せんしゃくていしょう》……188
粗衣粗食《そいそしょく》……194
大廈高楼《たいかこうろう》……201
大兵肥満《だいひょうひまん》……206
暖衣飽食《だんいほうしょく》……210
箪食瓢飲《たんしひょういん》……212
珍味佳肴《ちんみかこう》……221
不老不死《ふろうふし》……272
暴飲暴食《ぼういんぼうしょく》……277
無病息災《むびょうそくさい》……288
目食耳視《もくしょくじし》……296
悠悠自適《ゆうゆうじてき》……302
和洋折衷《わようせっちゅう》……317

▶規則・道徳

規矩準縄《きくじゅんじょう》……68
規制緩和《きせいかんわ》……71
金科玉条《きんかぎょくじょう》……84
綱紀粛正《こうきしゅくせい》……101
公序良俗《こうじょりょうぞく》……103
克己復礼《こっきふくれい》……115
杓子定規《しゃくしじょうぎ》……143
秋霜烈日《しゅうそうれつじつ》……148
醇風美俗《じゅんぷうびぞく》……154
情状酌量《じょうじょうしゃくりょう》……157
紳士協定《しんしきょうてい》……164
信賞必罰《しんしょうひつばつ》……167
総量規制《そうりょうきせい》……199
大義名分《たいぎめいぶん》……203
治外法権《ちがいほうけん》……214
朝令暮改《ちょうれいぼかい》……220
年功序列《ねんこうじょれつ》……243
破邪顕正《はじゃけんしょう》……249
繁文縟礼《はんぶんじょくれい》……255
風紀紊乱《ふうきびんらん》……263
理非曲直《りひきょくちょく》……308

▶処世・付き合い

意気投合《いきとうごう》……11
以心伝心《いしんでんしん》……13
一衣帯水《いちいたいすい》……14
一蓮托生《いちれんたくしょう》……20

一心同体《いっしんどうたい》……27
一張一弛《いっちょういっし》……29
益者三友《えきしゃさんゆう》……41
音信不通《おんしんふつう》……46
肝胆楚越《かんたんそえつ》……63
高山流水《こうざんりゅうすい》……103
呉越同舟《ごえつどうしゅう》……109
採長補短《さいちょうほたん》……122
社交辞令《しゃこうじれい》……144
出処進退《しゅっしょしんたい》……153
晨星落落《しんせいらくらく》……168
相即不離《そうそくふり》……197
大信不約《たいしんふやく》……205
天涯比隣《てんがいひりん》……226
同床異夢《どうしょういむ》……233
拈華微笑《ねんげみしょう》……243
杯酒解怨《はいしゅかいえん》……244
八面玲瓏《はちめんれいろう》……249
抜茅連茹《ばつぼうれんじょ》……251
表裏一体《ひょうりいったい》……261
不協和音《ふきょうわおん》……266
不即不離《ふそくふり》……269
和気藹藹《わきあいあい》……316

▶駆け引き

雲集霧散《うんしゅうむさん》……39
円転滑脱《えんてんかつだつ》……42
合従連衡《がっしょうれんこう》……54
虚虚実実《きょきょじつじつ》……80
権謀術数《けんぼうじゅっすう》……98
狡兎三窟《こうとさんくつ》……106
最後通牒《さいごつうちょう》……120
斟酌折衷《しんしゃくせっちゅう》……166
先声後実《せんせいこうじつ》……189
先手必勝《せんてひっしょう》……191
率先垂範《そっせんすいはん》……201
樽俎折衝《そんそせっしょう》……201
朝三暮四《ちょうさんぼし》……217
敵本主義《てきほんしゅぎ》……224
手練手管《てれんてくだ》……225
反間苦肉《はんかんくにく》……252
半推半就《はんすいはんしゅう》……255
誘導尋問《ゆうどうじんもん》……301
離合集散《りごうしゅうさん》……308

▶権力・権勢

栄耀栄華《えいようえいが》……40
逆取順守《ぎゃくしゅじゅんしゅ》……73
強幹弱枝《きょうかんじゃくし》……76
群雄割拠《ぐんゆうかっきょ》……91
鶏口牛後《けいこうぎゅうご》……92
三者鼎立《さんしゃていりつ》……123
四面楚歌《しめんそか》……143
弱肉強食《じゃくにくきょうしょく》……144
人権蹂躙《じんけんじゅうりん》……164
生殺与奪《せいさつよだつ》……176
勢力伯仲《せいりょくはくちゅう》……179
適者生存《てきしゃせいぞん》……223
牝鶏牡鳴《ひんけいぼめい》……262
門前雀羅《もんぜんじゃくら》……297
優勝劣敗《ゆうしょうれっぱい》……301
立身出世《りっしんしゅっせ》……308
竜攘虎搏《りゅうじょうこはく》……309

▶利益・利害

一樹百穫《いちじゅひゃっかく》……16
一粒万倍《いちりゅうまんばい》……20
一攫千金《いっかくせんきん》……21
一石二鳥《いっせきにちょう》……28
一殺多生《いっせつたしょう》……28
一得一失《いっとくいっしつ》……31
職権濫用《しょっけんらんよう》……161
私利私欲《しりしよく》……161
党同伐異《とうどうばつい》……234
党利党略《とうりとうりゃく》……235
薄利多売《はくりたばい》……248
風評被害《ふうひょうひがい》……264
粉飾決算《ふんしょくけっさん》……273

百舌勘定《もずかんじょう》……296
利害得失《りがいとくしつ》……307

▶政治・社会情勢

安寧秩序《あんねいちつじょ》……9
王道楽土《おうどうらくど》……44
救世済民《きゅうせいさいみん》……74
挙国一致《きょこくいっち》……81
経世済民《けいせいさいみん》……92
五風十雨《ごふうじゅうう》……116
鼓腹撃壌《こふくげきじょう》……116
千里同風《せんりどうふう》……194
治乱興亡《ちらんこうぼう》……221
天下泰平《てんかたいへい》……226
時世時節《ときよじせつ》……235
内政干渉《ないせいかんしょう》……239
内憂外患《ないゆうがいかん》……239
八紘一宇《はっこういちう》……250
富国強兵《ふこくきょうへい》……268
物情騒然《ぶつじょうそうぜん》……270
文明開化《ぶんめいかいか》……274
平穏無事《へいおんぶじ》……275
三日天下《みっかてんか》……284
門戸開放《もんこかいほう》……297

▶議論

蛙鳴蟬噪《あめいせんそう》……7
侃侃諤諤《かんかんがくがく》……58
鳩首凝議《きゅうしゅぎょうぎ》……74
議論百出《ぎろんひゃくしゅつ》……84
喧喧囂囂《けんけんごうごう》……95
甲論乙駁《こうろんおつばく》……108
高論卓説《こうろんたくせつ》……108
賛否両論《さんぴりょうろん》……124
衆議一決《しゅうぎいっけつ》……146
諸説紛紛《しょせつふんぷん》……160
多事争論《たじそうろん》……208
談論風発《だんろんふうはつ》……214
丁丁発止《ちょうちょうはっし》……218
博引旁証《はくいんぼうしょう》……246
百家争鳴《ひゃっかそうめい》……260
満場一致《まんじょういっち》……282
名論卓説《めいろんたくせつ》……292

▶会話・発言・言葉

異口同音《いくどうおん》……12
一言半句《いちごんはんく》……15
意味深長《いみしんちょう》……32
音吐朗朗《おんとろうろう》……47
開口一番《かいこういちばん》……48
街談巷説《がいだんこうせつ》……49
甘言蜜語《かんげんみつご》……59
恐惶謹言《きょうこうきんげん》……77
舌先三寸《したさきさんずん》……136
千言万語《せんげんばんご》……184
談言微中《だんげんびちゅう》……211
爆弾発言《ばくだんはつげん》……247
罵詈雑言《ばりぞうごん》……252
煩言砕辞《はんげんさいじ》……253
美辞麗句《びじれいく》……257
平談俗語《へいだんぞくご》……275
抑揚頓挫《よくようとんざ》……305
流言蜚語《りゅうげんひご》……309
理路整然《りろせいぜん》……311
縷縷綿綿《るるめんめん》……312
論旨明快《ろんしめいかい》……316

▶知識・学問・読書

一知半解《いっちはんかい》……29
韋編三絶《いへんさんぜつ》……32
温故知新《おんこちしん》……46
格物致知《かくぶつちち》……50
汗牛充棟《かんぎゅうじゅうとう》……58
眼光紙背《がんこうしはい》……60
故事来歴《こじらいれき》……114
師資相承《ししそうしょう》……132
実事求是《じつじきゅうぜ》……138
熟読玩味《じゅくどくがんみ》……150
通暁暢達《つうぎょうちょうたつ》……222

読書三到《どくしょさんとう》……236
博学多才《はくがくたさい》……246
博覧強記《はくらんきょうき》……248
皮相浅薄《ひそうせんぱく》……258
和魂漢才《わこんかんさい》……317

▶文学・芸術

一字千金《いちじせんきん》……15
一唱三嘆《いっしょうさんたん》……25
印象批評《いんしょうひひょう》……34
雅俗折衷《がぞくせっちゅう》……52
花鳥諷詠《かちょうふうえい》……53
換骨奪胎《かんこつだったい》……61
気韻生動《きいんせいどう》……66
高山流水《こうざんりゅうすい》……103
神韻縹渺《しんいんひょうびょう》……163
断章取義《だんしょうしゅぎ》……212
彫心鏤骨《ちょうしんるこつ》……218
同工異曲《どうこういきょく》……232
風流韻事《ふうりゅういんじ》……264
不易流行《ふえきりゅうこう》……265
文人墨客《ぶんじんぼっかく》……273
余韻嫋嫋《よいんじょうじょう》……303
落筆点蠅《らくひつてんよう》……306

▶戒め・教訓

悪因悪果《あくいんあっか》……4
悪事千里《あくじせんり》……5
悪木盗泉《あくぼくとうせん》……6
一期一会《いちごいちえ》……15
一罰百戒《いちばつひゃっかい》……18
一粒万倍《いちりゅうまんばい》……20
一刻千金《いっこくせんきん》……23
一宿一飯《いっしゅくいっぱん》……25
一張一弛《いっちょういっし》……29
因果応報《いんがおうほう》……33
飲水思源《いんすいしげん》……34
遠慮近憂《えんりょきんゆう》……43
瓜田李下《かでんりか》……55
拳拳服膺《けんけんふくよう》……96
色即是空《しきそくぜくう》……129
自業自得《じごうじとく》……131
寸善尺魔《すんぜんしゃくま》……174
積厚流光《せきこうりゅうこう》……180
先憂後楽《せんゆうこうらく》……194
度徳量力《たくとくりょうりょく》……207
天罰覿面《てんばつてきめん》……230
反面教師《はんめんきょうし》……255
風林火山《ふうりんかざん》……265
明珠暗投《めいしゅあんとう》……290
孟母三遷《もうぼさんせん》……295
油断大敵《ゆだんたいてき》……303

その他

▶時間・歳月

一日千秋《いちじつせんしゅう》……16
一刻千金《いっこくせんきん》……23
一朝一夕《いっちょういっせき》……30
烏兎匆匆《うとそうそう》……37
光陰流転《こういんるてん》……99
古往今来《こおうこんらい》……109
古今東西《ここんとうざい》……112
時時刻刻《じじこくこく》……132
四六時中《しろくじちゅう》……162
千秋万歳《せんしゅうばんざい》……188
造次顛沛《ぞうじてんぱい》……196
天壌無窮《てんじょうむきゅう》……228
年年歳歳《ねんねんさいさい》……243
年百年中《ねんびゃくねんじゅう》……244
未来永劫《みらいえいごう》……284

▶自然・季節・景観

一衣帯水《いちいたいすい》……14
一望千里《いちぼうせんり》……18
一陽来復《いちようらいふく》……20
桜花爛漫《おうからんまん》……43
花鳥風月《かちょうふうげつ》……53
金枝玉葉《きんしぎょくよう》……86
五風十雨《ごふうじゅうう》……116

収録語総合索引

●見出し語・類義語・対義語として収録した四字熟語、1911 語を五十音順に配列した。
●太字の数字は見出し語、細字は類義語・対義語の掲載ページを示した。

あ

い

意識不明《いしきふめい》……………165・185
意志堅固《いしけんご》………12
意志薄弱《いしはくじゃく》……………**12**・135・246・300
石部金吉《いしべきんきち》………**12**
意匠惨憺《いしょうさんたん》………90
医食同源《いしょくどうげん》………**13**
以心伝心《いしんでんしん》……………**13**・243
異人同辞《いじんどうじ》………12
衣帯一江《いたいいっこう》………14
異体同心《いたいどうしん》………27
衣帯不解《いたいふかい》………27
為蛇画足《いだがそく》………53
為蛇添足《いだてんそく》………53
異端異説《いたんいせつ》………13
異端邪宗《いたんじゃしゅう》………13
異端邪説《いたんじゃせつ》………**13**
一意専心《いちいせんしん》……………**14**・26・27・286
一衣帯水《いちいたいすい》………**14**
一言一行《いちげんいっこう》………23
一言居士《いちげんこじ》………**14**
一言千金《いちげんせんきん》………15
一期一会《いちごいちえ》………**15**
一伍一什《いちごいちじゅう》………18
一言半句《いちごんはんく》……………**15**・184
一言片句《いちごんへんく》………15
一字千金《いちじせんきん》………**15**
一日千秋《いちじつせんしゅう》………**16**
一字百金《いちじひゃっきん》………15
一汁一菜《いちじゅういっさい》……………**16**・212
一樹百穫《いちじゅひゃっかく》………**16**
一時流行《いちじりゅうこう》……265
一字連城《いちじれんじょう》………15
一族郎党《いちぞくろうどう》………**17**
一諾千金《いちだくせんきん》 **17**・93
一読三嘆《いちどくさんたん》………25
一人当千《いちにんとうせん》………22
一念発起《いちねんほっき》 **17**・85
一念発心《いちねんほっしん》………17
一罰百戒《いちばつひゃっかい》………**18**
一病息災《いちびょうそくさい》……288
一部始終《いちぶしじゅう》………**18**
一分自慢《いちぶじまん》……127
一望千頃《いちぼうせんけい》………18
一望千里《いちぼうせんり》………**18**
一望無垠《いちぼうむぎん》………18
一枚看板《いちまいかんばん》………**19**
一網打尽《いちもうだじん》………**19**
一網無遺《いちもうむい》………19
一目即了《いちもくそくりょう》………19
一目瞭然《いちもくりょうぜん》……………4・**19**・63・117
一陽来復《いちようらいふく》………**20**
一落千丈《いちらくせんじょう》………75
一利一害《いちりいちがい》 30・31
一粒万倍《いちりゅうまんばい》………**20**
一蓮托生《いちれんたくしょう》………**20**
一六勝負《いちろくしょうぶ》………97
一路順風《いちろじゅんぷう》………21
一路平安《いちろへいあん》………**21**
一攫千金《いっかくせんきん》………**21**
一攫万金《いっかくばんきん》………21
一家眷族《いっかけんぞく》………17
一家相伝《いっかそうでん》………24
一家団欒《いっかだんらん》………**21**
一喜一怒《いっきいちど》………22
一喜一憂《いっきいちゆう》……………**22**・31・257
一気呵成《いっきかせい》 **22**・25
一簣十起《いっきじっき》………6

隠忍自重《いんにんじちょう》 **35**・91
允文允武《いんぶんいんぶ》……274
飲流懐源《いんりゅうかいげん》………34

う

有為転変《ういてんぺん》…………………**35**・160
有為無常《ういむじょう》…………………35・160
右往左往《うおうさおう》…………**35**・147・205
羽化登仙《うかとうせん》………**36**
右顧左眄《うこさべん》……**36**・110・152・214
有象無象《うぞうむぞう》…………………**36**・171
内股膏薬《うちまたこうやく》……………36・**37**・69
有頂天外《うちょうてんがい》 76・84
烏鳥私情《うちょうのしじょう》……126
烏兎匆匆《うとそうそう》 **37**・99
烏白馬角《うはくばかく》………73
烏飛兎走《うひとそう》………37
海千河千《うみせんかわせん》………37
海千山千《うみせんやません》…………**37**・184・260
紆余曲折《うよきょくせつ》…………………**38**・253
雲雨巫山《うんうふざん》……217
雲煙過眼《うんえんかがん》………**38**
雲合霧集《うんごうむしゅう》 38・39
雲散鳥没《うんさんちょうぼつ》………38
雲散霧消《うんさんむしょう》………**38**
雲集霧散《うんしゅうむさん》…………**39**・54・308
雲消雨散《うんしょううさん》………38
雲心月性《うんしんげっせい》……288
運否天賦《うんぷてんぷ》………**39**
雲翻雨覆《うんぽんうふく》………**39**
雲遊萍寄《うんゆうひょうき》………99

え

影駭響震《えいがいきょうしん》……264
永久不変《えいきゅうふへん》…………………35・185
栄枯盛衰《えいこせいすい》…………………**40**・156
栄枯浮沈《えいこふちん》………40
郢書燕説《えいしょえんせつ》………**40**
英明闊達《えいめいかったつ》……292
栄耀栄華《えいようえいが》………**40**
益者三友《えきしゃさんゆう》………**41**
依怙贔屓《えこひいき》 24・**41**
会者定離《えしゃじょうり》…………………**41**・156
越権行為《えっけんこうい》………**42**
越俎代庖《えっそだいほう》………42
越鳥南枝《えっちょうなんし》……116
得手勝手《えてかって》………55
円滑洒脱《えんかつしゃだつ》………42
塩香風色《えんこうふうしょく》………73
円孔方木《えんこうほうぼく》……279
円鑿方枘《えんさくほうぜい》……279
円転滑脱《えんてんかつだつ》………**42**
鉛刀一割《えんとういっかつ》………**42**
円満具足《えんまんぐそく》………**43**
鳶目兎耳《えんもくとじ》……257
遠慮会釈《えんりょえしゃく》……278
遠慮近憂《えんりょきんゆう》………**43**

お

桜花爛漫《おうからんまん》………**43**
応急処置《おうきゅうしょち》………44
応急措置《おうきゅうそち》………**44**
横行闊歩《おうこうかっぽ》……219

王道楽土《おうどうらくど》………44
大盤振舞《おおばんぶるまい》………44
傍目八目《おかめはちもく》………45
屋下架屋《おくかかおく》………45
屋上架屋《おくじょうかおく》 45・53
汚名返上《おめいへんじょう》………291
親子団欒《おやこだんらん》………21
恩威並行《おんいへいこう》………167
温厚篤実《おんこうとくじつ》………45
温故知新《おんこちしん》………46
温柔敦厚《おんじゅうとんこう》………45
怨親平等《おんしんびょうどう》………24
音信不通《おんしんふつう》………46
温清定省《おんせいていせい》………46
怨憎会苦《おんぞうえく》………3・47
音吐清朗《おんとせいろう》………47
音吐朗朗《おんとろうろう》………47
乳母日傘《おんばひがさ》………47
温良篤厚《おんりょうとっこう》………45

か

外円内方《がいえんないほう》………49
外寛内明《がいかんないめい》………49
開口一番《かいこういちばん》………48
外交辞令《がいこうじれい》………144
外剛内柔《がいごうないじゅう》………49
回光返照《かいこうへんしょう》………48
回山倒海《かいざんとうかい》………250
海市蜃楼《かいししんろう》………89
鎧袖一触《がいしゅういっしょく》………48・179
外柔内剛《がいじゅうないごう》………49
下意上達《かいじょうたつ》………155
海内無双《かいだいむそう》………112・226
街談巷議《がいだんこうぎ》………49
街談巷語《がいだんこうご》………49
街談巷説《がいだんこうせつ》………49・234・309
怪誕不経《かいたんふけい》………105
快刀乱麻《かいとうらんま》 30・49
偕老同穴《かいろうどうけつ》………50・261
呵呵大笑《かかたいしょう》………50・280
隔岸観火《かくがんかんか》………77
各人各様《かくじんかくよう》………149
格物究理《かくぶつきゅうり》………50
格物窮理《かくぶつきゅうり》………50
格物致知《かくぶつちち》………50
加持祈禱《かじきとう》………51
家常茶飯《かじょうさはん》………241
過小評価《かしょうひょうか》………51
過剰防衛《かじょうぼうえい》………178
臥薪嘗胆《がしんしょうたん》………51
佳人薄命《かじんはくめい》………52・121
嘉辰令月《かしんれいげつ》………52・105
苛政猛虎《かせいもうこ》………56
雅俗混淆《がぞくこんこう》………52
雅俗折衷《がぞくせっちゅう》………52
家族団欒《かぞくだんらん》………21
過大評価《かだいひょうか》………51
画蛇添足《がだてんそく》 45・53
花鳥諷詠《かちょうふうえい》………53
花鳥風月《かちょうふうげつ》………53・264
隔靴搔痒《かっかそうよう》………54
隔靴爬痒《かっかはよう》………54
活計歓楽《かっけいかんらく》………177
確乎不動《かっこふどう》 54・69
確乎不抜《かっこふばつ》 54・69
活殺自在《かっさつじざい》………176
合従連横《がっしょうれんおう》………54

冠履倒易《かんりとうえき》……282
閑話休題《かんわきゅうだい》……**66**

【き】

気韻生動《きいんせいどう》……**66**
気宇軒昂《きうけんこう》……66
気宇壮大《きうそうだい》……**66**・248
気宇雄豪《きうゆうごう》……66
気炎万丈《きえんばんじょう》……**67**
奇怪至極《きかいしごく》……67
奇怪千万《きかいせんばん》……67
帰家本能《きかほんのう》……71
危機一髪《ききいっぱつ》 26・**67**
奇奇怪怪《ききかいかい》……**67**
奇奇妙妙《ききみょうみょう》……67
起居動作《ききょどうさ》……82
規矩準縄《きくじゅんじょう》……**68**
規矩縄墨《きくじょうぼく》……68
規行矩歩《きこうくほ》……262
鬼哭啾啾《きこくしゅうしゅう》……**68**
旗鼓堂堂《きこどうどう》……128
偽詐術策《ぎさじゅっさく》……98
起死回骸《きしかいがい》……68
起死回生《きしかいせい》……**68**
起死再生《きしさいせい》……68
旗幟鮮明《きしせんめい》……37・54・**69**・152
貴耳賤目《きじせんもく》……**69**
鬼出電入《きしゅつでんにゅう》……166
希少価値《きしょうかち》……**69**
喜笑顔開《きしょうがんかい》……70
起承転結《きしょうてんけつ》……**70**
起承転合《きしょうてんごう》……70
嬉笑怒罵《きしょうどば》……72
喜色満面《きしょくまんめん》……**70**・236
疑心暗鬼《ぎしんあんき》……**70**・82・264
規制緩和《きせいかんわ》……**71**
規制強化《きせいきょうか》……71
奇絶怪絶《きぜつかいぜつ》……67
奇想天外《きそうてんがい》……**71**・276
帰巣本能《きそうほんのう》……**71**
気息奄奄《きそくえんえん》……**72**・254
規則縄墨《きそくじょうぼく》……68
吉日良辰《きちじつりょうしん》……105
吉凶禍福《きっきょうかふく》……**72**
佶屈聱牙《きっくつごうが》……275
喜怒哀楽《きどあいらく》……**72**
驥服塩車《きふくえんしゃ》……223
季布一諾《きふのいちだく》 17・93
鬼面仏心《きめんぶっしん》……**73**・171
亀毛蛇足《きもうだそく》……73
亀毛兎角《きもうとかく》……**73**
逆取順守《ぎゃくしゅじゅんしゅ》……**73**
牛飲馬食《ぎゅういんばしょく》……**74**・277
牛驥同皁《ぎゅうきどうそう》……81
窮山通谷《きゅうざんつうこく》……164
窮山幽谷《きゅうざんゆうこく》……164
九死一生《きゅうしいっしょう》……253
旧習墨守《きゅうしゅうぼくしゅ》……75
鳩首会談《きゅうしゅかいだん》……74
鳩首協議《きゅうしゅきょうぎ》……74
鳩首凝議《きゅうしゅぎょうぎ》……**74**
鳩首談義《きゅうしゅだんぎ》……74
牛首馬肉《ぎゅうしゅばにく》……304
鳩首密議《きゅうしゅみつぎ》……74
救世済民《きゅうせいさいみん》 **74**・92
旧態依然《きゅうたいいぜん》……**75**・241

急転直下《きゅうてんちょっか》……**75**
旧套墨守《きゅうとうぼくしゅ》……**75**・281
窮途末路《きゅうとまつろ》……182
鏡花水月《きょうかすいげつ》……**76**
強幹弱枝《きょうかんじゃくし》……**76**
恐恐謹言《きょうきょうきんげん》……77
狂喜乱舞《きょうきらんぶ》……64・**76**・84
恐懼再拝《きょうくさいはい》……77
僑軍孤進《きょうぐんこしん》……111・117
教外別伝《きょうげべつでん》……13・243
恐惶謹言《きょうこうきんげん》……**77**
恐惶敬白《きょうこうけいはく》……77
驕奢淫逸《きょうしゃいんいつ》……145
行住坐臥《ぎょうじゅうざが》……**77**・82・157
拱手傍観《きょうしゅぼうかん》……**77**・285
共存共栄《きょうぞんきょうえい》……**78**・144・267
驚天駭地《きょうてんがいち》……78
驚天動地《きょうてんどうち》……**78**・170
器用貧乏《きようびんぼう》……**78**
堯風舜雨《ぎょうふうしゅんう》……226
興味索然《きょうみさくぜん》……79
興味津津《きょうみしんしん》……**79**
興味本位《きょうみほんい》……**79**
狂瀾怒濤《きょうらんどとう》……**79**・140
虚気平心《きょきへいしん》……287
虚虚実実《きょきょじつじつ》……**80**
曲意逢迎《きょくいほうげい》……7
局外中立《きょくがいちゅうりつ》……97
曲学阿世《きょくがくあせい》……**80**
旭日昇天《きょくじつしょうてん》……**80**
旭日東天《きょくじつとうてん》……80
玉石混淆《ぎょくせきこんこう》……**81**
玉石雑糅《ぎょくせきざつじゅう》……81
玉石同架《ぎょくせきどうか》……81
玉石同匱《ぎょくせきどうき》……81
曲折浮沈《きょくせつふちん》……38
跼天蹐地《きょくてんせきち》……**81**
挙国一致《きょこくいっち》……**81**
挙止進退《きょししんたい》……82
虚心坦懐《きょしんたんかい》……31・70・**82**・106・290
虚静恬淡《きょせいてんたん》 38・83
挙足軽重《きょそくけいちょう》……**82**
挙措進退《きょそしんたい》 77・**82**
挙措動作《きょそどうさ》……82
挙動不審《きょどうふしん》……**83**
毀誉褒貶《きよほうへん》……**83**
虚無恬淡《きょむてんたん》……**83**
岐路亡羊《きろぼうよう》……207
議論百出《ぎろんひゃくしゅつ》……58・**84**・108・124・146・214・260
錦衣玉食《きんいぎょくしょく》……194・210
金甌無欠《きんおうむけつ》……63
金科玉条《きんかぎょくじょう》……**84**
金科玉律《きんかぎょくりつ》……84
琴歌酒賦《きんかしゅふ》 53・57
欣喜雀躍《きんきじゃくやく》……64・76・**84**
緊急措置《きんきゅうそち》……44
緊急防衛《きんきゅうぼうえい》……178
謹厳温厚《きんげんおんこう》……85
謹厳実直《きんげんじっちょく》……**85**
謹厳重厚《きんげんじゅうこう》……85
謹言慎行《きんげんしんこう》……85

く

け

こ

後生大事《ごしょうだいじ》……**113**
孤城落月《こじょうらくげつ》……113
孤城落日《こじょうらくじつ》……111・**113**・117・143
古色古香《こしょくここう》……114
古色蒼然《こしょくそうぜん》……**114**
故事来歴《こじらいれき》……**114**
五臓六腑《ごぞうろっぷ》……**114**
誇大妄想《こだいもうそう》……**115**・167・203
克己復礼《こっきふくれい》……**115**
刻苦精励《こっくせいれい》……115
刻苦勉学《こっくべんがく》……115
刻苦勉励《こっくべんれい》……**115**・180
滑稽洒脱《こっけいしゃだつ》……94
虎頭蛇尾《ことうだび》……310
胡馬北風《こばほくふう》……**116**
五風十雨《ごふうじゅうう》……**116**
鼓腹撃壌《こふくげきじょう》……**116**
鼓舞激励《こぶげきれい》……**117**・139
虎吻鴟目《こふんしもく》……171
孤立無援《こりつむえん》……111・113・**117**・143
五里霧中《ごりむちゅう》……4・9・19・**117**・291
困苦窮乏《こんくきゅうぼう》……118
困苦欠乏《こんくけつぼう》……**118**
金剛堅固《こんごうけんご》……118
金剛不壊《こんごうふえ》……**118**
言語道過《ごんごどうか》……118
言語道断《ごんごどうだん》……**118**
渾渾沌沌《こんこんとんとん》……291
懇切周到《こんせつしゅうとう》……119
懇切丁寧《こんせつていねい》……**119**
渾然一体《こんぜんいったい》……**119**
懇到切至《こんとうせっし》……119

さ

斎戒沐浴《さいかいもくよく》……**119**・157
才気横溢《さいきおういつ》……120
才気煥発《さいきかんぱつ》……**120**
再起不能《さいきふのう》……68
最後通牒《さいごつうちょう》……**120**
再三再四《さいさんさいし》……**120**
才子佳人《さいしかじん》……**121**
才子多病《さいしたびょう》……52・**121**
才色兼備《さいしょくけんび》……**121**
採薪汲水《さいしんきゅうすい》……302
細心翼翼《さいしんよくよく》……158
載籍浩瀚《さいせきこうかん》……58
採長補短《さいちょうほたん》……**122**
西方浄土《さいほうじょうど》……111
才貌両全《さいぼうりょうぜん》……121
作繭自縛《さくけんじばく》……134
削株掘根《さくしゅくっこん》……251
坐作進退《ざさしんたい》……77
砂上楼閣《さじょうのろうかく》……89
坐薪懸胆《ざしんけんたん》……51
三寒四温《さんかんしおん》……**122**
三跪九叩《さんききゅうこう》……124
三跪九拝《さんききゅうはい》……124
山窮水尽《さんきゅうすいじん》……182
三三五五《さんさんごご》……**122**
山紫水明《さんしすいめい》……**123**・263
三者三様《さんしゃさんよう》……149
三者鼎立《さんしゃていりつ》……**123**
三汁七菜《さんじゅうしちさい》……16
斬新奇抜《ざんしんきばつ》……71
山清水秀《さんせいすいしゅう》……123
残息奄奄《ざんそくえんえん》……72

……**146**・227
衆議一決《しゅうぎいっけつ》……84・108・124・**146**・160・282
羞月閉花《しゅうげつへいか》……**147**
衆口一致《しゅうこういっち》……146
衆口鑠金《しゅうこうしゃくきん》……269
重厚長大《じゅうこうちょうだい》……93
終始一貫《しゅうしいっかん》……224
自由自在《じゆうじざい》……146・**147**
十日一雨《じゅうじついちう》……116
袖手傍観《しゅうしゅぼうかん》……77
周章狼狽《しゅうしょうろうばい》……35・**147**・205
衆人環視《しゅうじんかんし》……**148**
修身斉家《しゅうしんせいか》……**148**
十全十美《じゅうぜんじゅうび》……63・190
秋霜烈日《しゅうそうれつじつ》……135・**148**・154
周知徹底《しゅうちてってい》……125・**149**
十人十色《じゅうにんといろ》……**149**・186
十年一日《じゅうねんいちじつ》……75・241
秋風索寞《しゅうふうさくばく》……**149**
秋風寂寞《しゅうふうせきばく》……149
秋風落寞《しゅうふうらくばく》……149
聚蚊成雷《しゅうぶんせいらい》……269
自由奔放《じゆうほんぽう》……**150**
十万億土《じゅうまんおくど》……111
自由無碍《じゆうむげ》……147
衆目環視《しゅうもくかんし》……148
酒甕飯嚢《しゅおうはんのう》……153
主客転倒《しゅかくてんとう》……282
熟思黙想《じゅくしもくそう》……221
熟読玩味《じゅくどくがんみ》……32・60・**150**
熟慮断行《じゅくりょだんこう》……91・**150**・162・200・220
取捨選択《しゅしゃせんたく》……**151**
取捨分別《しゅしゃぶんべつ》……151
種種雑多《しゅじゅざった》……**151**
種種様様《しゅじゅさまざま》……151
衆生済度《しゅじょうさいど》……**151**
朱唇皓歯《しゅしんこうし》……**152**・291
朱唇榴歯《しゅしんりゅうし》……152
首鼠両端《しゅそりょうたん》……36・110・**152**
酒池肉林《しゅちにくりん》……**152**
取長補短《しゅちょうほたん》……122
出処進退《しゅっしょしんたい》……**153**
酒嚢飯袋《しゅのうはんたい》……**153**・286
首尾一貫《しゅびいっかん》……37・224
手舞足踏《しゅぶそくとう》……64・76・84
春蛙秋蟬《しゅんあしゅうぜん》……7
純一無雑《じゅんいつむざつ》……154
春花秋月《しゅんかしゅうげつ》……53
順逆一視《じゅんぎゃくいっし》……22
春日遅遅《しゅんじつちち》……**153**・154
純情可憐《じゅんじょうかれん》……154
純真無垢《じゅんしんむく》……**154**・225・228
純粋無垢《じゅんすいむく》……154
春風駘蕩《しゅんぷうたいとう》……148・153・**154**
醇風美俗《じゅんぷうびぞく》……**154**
順風満帆《じゅんぷうまんぱん》……**155**

す

せ

提耳面命《ていじめんめい》……125
泥車瓦狗《でいしゃがこう》……232
手枷足枷《てかせあしかせ》……**223**
適材適所《てきざいてきしょ》……**223**
適者生存《てきしゃせいぞん》……135・144・**223**・301
敵本主義《てきほんしゅぎ》……**224**
鉄意石心《てついせきしん》……224
鉄肝石腸《てっかんせきちょう》……224
徹上徹下《てつじょうてっか》……224
鉄心石腸《てっしんせきちょう》……98・**224**
徹頭徹尾《てっとうてつび》……160・**224**
哲婦傾城《てっぷけいせい》……262
手前勝手《てまえがって》……55
手前味噌《てまえみそ》……127
手練手管《てれんてくだ》……98・**225**
天衣無縫《てんいむほう》……**225**・228
天涯一望《てんがいいちぼう》……18
天涯孤独《てんがいこどく》……57・**225**
天涯比隣《てんがいひりん》……**226**
天下泰平《てんかたいへい》……79・116・209・**226**・239
天下多事《てんかたじ》……226
天下法度《てんかはっと》……220
天下無双《てんかむそう》……111・204・**226**
天下無敵《てんかむてき》……204
天空海闊《てんくうかいかつ》……107・146・**227**
甜言蜜語《てんげんみつご》……59
天高海闊《てんこうかいかつ》……227
電光石火《でんこうせっか》……139・140・**227**
電光朝露《でんこうちょうろ》……227
天災地変《てんさいちへん》……230
天井桟敷《てんじょうさじき》……**227**
天壌無窮《てんじょうむきゅう》……**228**
天真爛漫《てんしんらんまん》……225・**228**
点睛開眼《てんせいかいがん》……56
恬淡寡欲《てんたんかよく》……**228**
天地万象《てんちばんしょう》……171
天地万物《てんちばんぶつ》……171
天地無用《てんちむよう》……**229**
天長地久《てんちょうちきゅう》……228
点鉄成金《てんてつせいきん》……61
輾転反側《てんてんはんそく》……**229**
天然自然《てんねんしぜん》……**229**
天罰覿面《てんばつてきめん》……**230**
田夫野人《でんぷやじん》……**230**
田夫野老《でんぷやろう》……230
天変地異《てんぺんちい》……**230**
天変地変《てんぺんちへん》……230
天網恢恢《てんもうかいかい》……230
天佑神助《てんゆうしんじょ》……**231**

と

当意即妙《とういそくみょう》……**231**
冬温夏凊《とうおんかせい》……46
頭会箕斂《とうかいきれん》……56
東海桑田《とうかいそうでん》……195
凍解氷釈《とうかいひょうしゃく》……**231**
当機立断《とうきりつだん》……200・312
陶犬瓦鶏《とうけんがけい》……**232**
同工異曲《どうこういきょく》……206・**232**
倒行逆施《とうこうぎゃくし》……**232**
刀光剣影《とうこうけんえい》……26

な

に

ひ

粉粧玉琢《ふんしょうぎょくたく》……147
紛擾雑駁《ふんじょうざっぱく》……35
粉飾決算《ふんしょくけっさん》……**273**
文人墨客《ぶんじんぼっかく》……**273**
奮闘努力《ふんとうどりょく》……307
粉白黛墨《ふんぱくたいぼく》……147
文武両道《ぶんぶりょうどう》……**274**
紛紛聚訴《ふんぷんしゅうそ》……160
分崩離析《ぶんぽうりせき》……141
文明開化《ぶんめいかいか》……**274**
奮励努力《ふんれいどりょく》……180

へ

弊衣破袴《へいいはこ》……274
弊衣破帽《へいいはぼう》……**274**
弊衣蓬髪《へいいほうはつ》……274
平穏無事《へいおんぶじ》……79・209・239・270・**275**
兵荒馬乱《へいこうばらん》……8
平身低頭《へいしんていとう》……124・**275**
平談俗語《へいだんぞくご》……**275**
平談俗話《へいだんぞくわ》……275
平平凡凡《へいへいぼんぼん》……71・**276**
碧血丹心《へきけつたんしん》……176
変幻自在《へんげんじざい》……193・**276**・312
片言隻句《へんげんせきく》……15・184
偏袒扼腕《へんたんやくわん》……182
辺幅修飾《へんぷくしゅうしょく》……**276**

ほ

豊衣足食《ほういそくしょく》……210
暴飲暴食《ぼういんぼうしょく》……74・**277**
鳳凰在笯《ほうおうざいど》……267
法界悋気《ほうかいりんき》……**277**
放歌高吟《ほうかこうぎん》……188・**277**
放歌高唱《ほうかこうしょう》……277
判官贔屓《ほうがんびいき》……**278**
暴虐非道《ぼうぎゃくひどう》……5
豊頬曲眉《ほうきょうきょくび》……147
飽経風霜《ほうけいふうそう》……37・184・260
放言高論《ほうげんこうろん》……203
暴言多罪《ぼうげんたざい》……295
奉公克己《ほうこうこっき》……292
奉公守法《ほうこうしゅほう》……292
暴虎馮河《ぼうこひょうが》……220・**278**
傍若無人《ぼうじゃくぶじん》……100・**278**
蓬首散帯《ほうしゅさんたい》……274
法性自爾《ほうしょうじに》……141
飽食終日《ほうしょくしゅうじつ》……285
呆然自失《ぼうぜんじしつ》……**279**
方底円蓋《ほうていえんがい》……**279**
鵬程万里《ほうていばんり》……191・192
蓬頭乱髪《ほうとうらんぱつ》……274
法爾法然《ほうにほうねん》……141
豊年満作《ほうねんまんさく》……112・**279**
暴風怒濤《ぼうふうどとう》……79・140
捧腹絶倒《ほうふくぜっとう》……**280**
捧腹大笑《ほうふくたいしょう》……280
報本反始《ほうほんはんし》……**280**
泡沫夢幻《ほうまつむげん》……**280**
亡羊補牢《ぼうようほろう》……**281**
墨守成規《ぼくしゅせいき》……65・**281**

輔車相依《ほしゃそうい》……165
暮色蒼然《ぼしょくそうぜん》……**281**
奔放自在《ほんぽうじざい》……150
奔放不羈《ほんぽうふき》……150
本末転倒《ほんまつてんとう》……**282**

ま

真一文字《まいちもんじ》……**282**
麻姑掻痒《まこそうよう》……54
股座膏薬《またぐらこうやく》……37
万劫末代《まんごうまつだい》……284
満場一致《まんじょういっち》……84・108・124・146・160・**282**
満身傷痍《まんしんしょうい》……262・283
満身創痍《まんしんそうい》……262・**283**
満目荒涼《まんもくこうりょう》……283
満目蕭条《まんもくしょうじょう》……**283**
満目蕭然《まんもくしょうぜん》……283

み

密雲不雨《みつうんふう》……**283**
三日大名《みっかだいみょう》……284
三日天下《みっかてんか》……**284**
三日法度《みっかはっと》……220
三日坊主《みっかぼうず》……**284**
三月庭訓《みつきていきん》……284
未来永永《みらいえいえい》……284
未来永久《みらいえいきゅう》……284
未来永劫《みらいえいごう》……**284**
未練未酌《みれんみしゃく》……**285**

む

無為徒食《むいとしょく》……126・173・**285**
無為無策《むいむさく》……**285**
無為無能《むいむのう》……285
無我無心《むがむしん》……286
無我夢中《むがむちゅう》……14・26・27・**286**
無芸大食《むげいたいしょく》……153・**286**
無碍自在《むげじざい》……301
夢幻泡影《むげんほうよう》……280
無私無偏《むしむへん》……107
矛盾撞着《むじゅんどうちゃく》……128・**286**
無常迅速《むじょうじんそく》……314
無所用心《むしょようじん》……285
無声無臭《むせいむしゅう》……276
無知無能《むちむのう》……190・287
無知蒙昧《むちもうまい》……**287**
無手勝流《むてかつりゅう》……**287**
無二無三《むにむさん》……145・299
無念千万《むねんせんばん》……10・123
無念無想《むねんむそう》……210・**287**
無病息災《むびょうそくさい》……**288**
無味乾燥《むみかんそう》……**288**
無欲恬淡《むよくてんたん》……38・**288**
無欲無私《むよくむし》……161
無理往生《むりおうじょう》……289
無理算段《むりさんだん》……**289**
無理難題《むりなんだい》……**289**・289
無理無体《むりむたい》……289・**289**
無理無法《むりむほう》……289
無量無数《むりょうむすう》……193

無量無辺《むりょうむへん》……193

め

冥頑不霊《めいがんふれい》……65
明鏡止水《めいきょうしすい》……31・82・106・**290**
銘肌鏤骨《めいきるこつ》……218
名実一体《めいじついったい》……302
明珠暗投《めいしゅあんとう》……**290**
名声赫赫《めいせいかくかく》……106
名声嘖嘖《めいせいさくさく》……106
名存実亡《めいそんじつぼう》……302
明哲防身《めいてつぼうしん》……290
明哲保身《めいてつほしん》……**290**
明眸皓歯《めいぼうこうし》……152・**291**
明明白白《めいめいはくはく》……4・9・19・117・**291**
明目張胆《めいもくちょうたん》……205・246
名誉回復《めいよかいふく》……291
名誉挽回《めいよばんかい》……**291**・294
明朗快活《めいろうかいかつ》……292
明朗闊達《めいろうかったつ》……**292**
名論卓説《めいろんたくせつ》……108・**292**
滅私奉公《めっしほうこう》……**292**
免許皆伝《めんきょかいでん》……**293**
面従後言《めんじゅうこうげん》……293
面従腹背《めんじゅうふくはい》……**293**
面従腹誹《めんじゅうふくひ》……293
面壁九年《めんぺきくねん》……**293**
面目一新《めんもくいっしん》……291・**294**・294
面目躍如《めんもくやくじょ》……294・**294**
綿裏包針《めんりほうしん》……**294**

も

妄画蛇足《もうがだそく》……53
妄言多謝《もうげんたしゃ》……**295**
猛虎伏草《もうこふくそう》……267
妄誕無稽《もうたんむけい》……105
孟母三居《もうぼさんきょ》……295
孟母三遷《もうぼさんせん》……**295**
朦朧模糊《もうろうもこ》……4
目指気使《もくしきし》……**295**
目食耳視《もくしょくじし》……**296**
百舌勘定《もずかんじょう》……**296**
門外不出《もんがいふしゅつ》……**296**
門巷塡隘《もんこうてんあい》……297
門戸開放《もんこかいほう》……**297**
門前雀羅《もんぜんじゃくら》……184・**297**
門前成市《もんぜんせいし》……184・297
問答無益《もんどうむえき》……297
問答無用《もんどうむよう》……**297**

や

冶金踊躍《やきんようやく》……**298**
山雀利根《やまがらりこん》……**298**
夜郎自大《やろうじだい》……**298**・299

ゆ

唯一不二《ゆいいつふじ》……299
唯一無二《ゆいいつむに》……**299**
唯我独尊《ゆいがどくそん》……298・**299**
維摩一黙《ゆいまいちもく》……13・243
勇往邁進《ゆうおうまいしん》……133・**299**

よ

ら

り

編集協力・DTP組版　株式会社 日本レキシコ
執筆協力　新山耕作
校　　正　株式会社 鷗来堂

実用四字熟語新辞典　ポケット判

編　者　高橋書店編集部
発行者　高橋秀雄
編集者　髙橋秀行
発行所　**株式会社 高橋書店**
〒170-6014
東京都豊島区東池袋3-1-1 サンシャイン60 14階
電話　03-5957-7103

ISBN978-4-471-17227-5　V-7-⑨

本書の内容についてのご質問は「書名、質問事項（ページ、内容）、お客様のご連絡先」を明記のうえ、郵送、FAX、ホームページお問い合わせフォームから小社へお送りください。
回答にはお時間をいただく場合がございます。また、電話によるお問い合わせ、本書の内容を超えたご質問にはお答えできませんので、ご了承ください。
本書に関する正誤等の情報は、小社ホームページもご参照ください。

【内容についての問い合わせ先】

書　面　〒170-6014　東京都豊島区東池袋3-1-1
サンシャイン60 14階　高橋書店編集部
FAX　03-5957-7079
メール　小社ホームページお問い合わせフォームから
（http://www.takahashishoten.co.jp/）

【不良品についての問い合わせ先】

ページの順序間違い・抜けなど物理的欠陥がございましたら、電話03-5957-7076へお問い合わせください。ただし、古書店等で購入・入手された商品の交換には一切応じられません。